Themes in Language, Education & Development in Kenya

Edited by

Nathan Oyori Ogechi

Copyright © November 2011 Nsemia Inc. Publishers
All rights reserved.

This publication may not be reproduced, in whole or in part, by any means including photocopying or any information storage or retrieval system, without the specific and prior written permission of the publisher.

This book is sold subject to the condition that it shall not, by way of trade or otherwise, be re-sold, hired out, or otherwise circulated without the author's or publisher's prior consent in any form of binding or cover other than that in which it is published and without a similar condition including this condition being imposed on the subsequent purchaser.

First Edition: November 2011
Published by Nsemia Inc. Publishers (www.nsemia.com)

Edited By: Nathan Oyori Ogechi
Cover Concept Illustration & Design: Kemunto Matunda
Production Consultant: Matunda Nyanchama

Note for Librarians:
A cataloguing record for this book is available from
Library and Archives Canada.

ISBN: 978-1-926906-06-5 Paperback

ACKNOWLEDGEMENTS

The preparation of this book has taken quite some time. During this time, many people and institutions have made invaluable contributions to its success. I would like to express my sincere thankfulness to those individuals, institutions and organizations. It is not possible to name all of them but it will be so remis of me not to mention a few of them.

First, the authors of the chapters spared their time to prepare the chapters and up date them to their current form. A large number of these chapters are either revised parts of the authors' investigations for higher degrees or papers presented in learned conferences. I wish to thank the universities in which the authors work for giving them an enabling environment to conduct research.

Second, I wish to thank my employer, Moi University and especially colleagues in the Department of Kiswahili and Other African Languages, for their cooperation that has eased my work as their chair and given me time to do research. At the same time, my friend - Bitugi Matundura - deserves special mention for his greetings and constantly challenging me to continue with writing. Indeed, it is through one of his 2010 publications that I got to know the prestigious publisher of this book.

Last, but certainly not least, I wish to thank my immediate family for putting up with my many hours of concentration on the manuscript. They accepted to forego the 2010 Christmas holiday away from the house as I did the final touches on the document. I say thank you a thousandfold to my dear wife, Emily, and my daughters, Valentine and Mechthild.

Nathan Oyori Ogechi
Eldoret, January 2011

TABLE OF CONTENTS

Acknowledgements - i

Notes on contributors - v

Introduction - ix

SECTION ONE

THEORETICAL LINGUISTICS AND LANGUAGE IN SOCIETY

Chapter One - 3
Comparative Morphosyntax of Ekegusii and Kiswahili Nathan Oyori Ogechi

Chapter Two - 25
Agreement and Concord in Bantu
Ogoti Ongarora

Chapter Three - 41
Njeo na Hali Katika Kiswahili na Lugha Teule za Kibantu
Nathan Oyori Ogechi

Chapter Four - 53
Morphophonemic adaptation of English and Kiswahili Loanwords into Dholuo and Ateso
Odhiambo Kenneth and Oduma Robinson

Chapter Five - 65
Kiswahili Kama Silaha ya Africa
Nathan Oyori Ogechi

Chapter Six - 79
Language Turf Wars in Kenya
Nathan Oyori Ogechi

Chapter Seven - 95
"Double-Edged Sword?": The Case of Kiswahili
Nathan Oyori Ogechi

SECTION TWO
LANGUAGE AND EDUCATION

Chapter Eight - 109
Code Switching in the Classroom
Julius O. Jwan

Chapter Nine - 127
Experiential English Language Teaching for Behaviour change in Higher Education
Wilphredian Okumu-Bigambo

Chapter Ten - 145
The English Language Factor in Education in Kenya
Peter L. Barasa

Chapter Eleven - 155
How to Teach Poems to Kenyan Secondary School Students
Paul Chepkuto

Chapter Twelve - 165
Terminologies in Tertiary Kiswahili Teacher Training Programmes in Kenya
Isaac Ipara Odeo

SECTION THREE
LANGUAGE AND DEVELOPMENT

Chapter Thirteen - 183
Lugha, Mawasiliano na Maendeleo Mashambani
Naomi Luchera Shitemi

Chapter Fourteen - 219
Literacy and Development : A Case Study of Kenya with Special Reference to Jack Goody
James N. Ogutu

Notes on Contributors

BARASA, Peter (PhD University of Hull, UK) is an Associate Professor of Language Education, a curriculum and programme developer, and a consummate thespian. He is currently teaching in the Department of Curriculum, Instruction and Educational Media, School of Education at Moi University, Kenya. Previously he taught English and was Head of Department in two high schools for 16 years. He has written and published on English language teaching and learning in Kenya (policy, training and practice), drama in education and the English language curriculum. He has supervised and examined postgraduate students for over a decade. Prof. Barasa is the co-ordinator of Postgraduate Studies in the School of Education and Chief Editor of the Moi University School of Education journal, the Educator. He is also a founder member of the Association of English Language Educators and Researchers (ASELER).

CHEPKUTO, Paul Kiprop is a Senior Lecturer in Communication Studies at Moi University, Kenya, where he teaches contemporary issues in communication studies and research. He holds a PhD in Linguistics from University of Jawaharlal Nehru, India besides a Bachelor of Education degree from Stirling University, UK and a Master of Science degree in Applied Linguistics from Edinburgh University in the UK. Dr. Chepkuto has vast experience as a high school teacher, university lecturer and is presently the Director of the Privately Self-Sponsored Students' Programme (PSSP) at Moi University.

JWAN, Julius O. holds a PhD in Educational Leadership & Management and MSc in Educational Research Methods from The Open University, UK. He also has a MPhil degree in Education Communication & Management from Norsk Lærerakademi - NLA, Bergen, Norway and another MPhil in Linguistics from Moi University, Kenya. He is currently a Senior Lecturer of Leadership & Management and Research Methods at the School of Human Resource and Development, Moi University, Kenya.

ODEO, Isaac Ipara is a Kenyan scholar and writer. He is currently an Associate Professor in Kiswahili language education and Director of the School of Open Learning and Continuing Education at Masinde Muliro University of Science and Technology (MMUST), Kakamega. He holds a Doctor of Philosophy degree from Moi University and has published widely on language and literature education, and sociolinguistics. His areas of interest include language pedagogy and book publishing. Prof. Odeo has taught various undergraduate and post-graduate courses at Moi University and MMUST. He has supervised and served as External Examiner for a number of M.Phil, M.ED and Ph.D theses. He has also served as a consultant for several organizations. He is the current Chairman of the East African Kiswahili Association (CHAKAMA).

ODHIAMBO, Ken holds a PhD in linguistics from Maseno University, Kenya. Before the, he had obtained Master of Philosophy in linguistics and Bachelor of Education (Arts) degrees from Moi University, Kenya. Dr. Odhiambo is a Lecturer in the Department of Linguistics, Language and Literature at Maseno University, Kenya. His research interests are in courtroom discourse, sociolinguistics and morphophonology.

ODUMA, Robinson is a lecturer at Department of Language and Literature Education of Masinde Muliro University of Science and Technology, Kenya. He has research interests in the areas of African linguistics, sociolinguistics, language contact and language change, semantics and pedagogy. He holds an MPhil degree in Linguistics from Moi University, Kenya, and is currently a DPhil candidate at Egerton University, Kenya.

OGECHI, Nathan Oyori holds a PhD in African Linguistics from the Afrika-Asien Institut, University of Hamburg, Germany. In addition, he holds B.Ed. (Arts) and MPhil. degrees from Moi University, Kenya. He has published many journal articles and book chapters on issues of morphosyntax, language rights, codeswitching, urban youth varieties, language education, communication, language and HIV/AIDS. He is the author of Mbinu za Mawasiliano kwa Kiswahili, 2002 (Communication Skills in Kiswahili, 2002). He is also the co-editor of Language Planning for Development in Africa, 2006; Nadharia katika Taaluma ya Kiswahili na Lugha za Kiafrika, 2008 (Theory in Kiswahili and African Languages, 2008, co-author of Linguistic Human Rights and the Language Policy in the Kenyan Educational System, 2009 and Harmonization and Standardization of Orthographies of Kenyan Languages. Ogechi is Associate Professor and Chairman of the Department of Kiswahili and Other African Languages at Moi University, Kenya. He has over 17 years of experience in university teaching, graduate students'supervision and research besides being external examiner in four universities. Among others, Prof. Ogechi has offered consultancy to the GTZ, Reproductive health Programme in Nairobi, Kenya, and the Pan-African Parliament in South Africa.

OGUTU, James N. graduated with a PhD in Writing Communication and French Studies from Besancon University, France. He also holds Master of Education and Bachelor of Arts degrees from Monpellier III University, France, in addition to a Bachelor of Education degree from Kenyatta University, Kenya. He is a Senior Lecturer in the Department of Linguistics and Foreign Languages at Moi University in Kenya. His research interests and publications are in written communication and applied linguistics.

OKUMU-BIGAMBO, Wilphredian holds a PhD from Moi University, Kenya besides a MA degree from Edinburgh, UK, a BA degree from University of Nairobi and a PGDE from Kenyatta University, Kenya. Dr. Okumu-Bigambi is a Senior Lecturer in Communication Studies at Moi University, Kenya. He teaches communication and public relations and has published immensely in Language and Communication; Public Relations; Ethics; Education; and Human Resource Management. He is a member of local and international organizations in Africa, Europe, Canada, and USA.

ONGARORA, David Ogoti holds a PhD in Linguistics from the University of Jawaharlal Nehru, India. In addition, he has a Master of Arts degree in English and Linguistics from Egerton University, Kenya and Bachelor of Education (Arts) degree from Kenyatta University, Kenya. Dr. Ongarora is a lecturer in the Department of Linguistics, Language and Literature at Maseno University, Kenya. His research interests are in morphosyntax, formal and theoretical linguistics.

SHITEMI, Naomi Luchera holds a PhD in Kiswahili from Moi University. She is a Professor of Kiswahili at Moi University Eldoret, Kenya. She is a sociolinguist with a focus on language use, communication and translations. In her works, she endeavours to dialogue aspects of language in development and policy, especially the place of African languages (Kiswahili) from pragmatic and functional dimensions amongst other interests in language use. She also applies the Critical Discourse Analysis framework amongst others in looking at current and emerging issues in language and society and the instrumentation of language for social change and development. Emerging issues of language and globalization; and related localization strategies inspire her research and practice in the area of translation for mediated communication, information packaging and access.

INTRODUCTION

Issues of language, education and development in research are now in vogue (e.g. Wollf 2002, 2006; Webb & Kembo-Sure 2000; Kembo-Sure et al 2006). All human endeavours are geared towards achieving development for the common good of man. According to Okigbo (1995: 8), development is "freeing man (and women) from nature's servitude, from economic backwardness and oppressive technological institutions, from cultural and psychic alienation – in short from all life's 'inhuman agencies'". In the light of this, the absence of development can be equated with poverty, which encompasses not only material depletion but also low achievement in education and health (Ong'ang'a 2002: 6). The essence of development is particularly urgent in the poor and so-called developing countries of the world including Kenya. Any discussion on development in Kenya must take cognizance of what the government considers challenges of development. Although the challenges are many, three key challenges have been identified, namely, ignorance, disease and poverty. These were first spelt out two years after independence as the country's priority problems in the *Sessional Paper No. 1 of 1965 on African Socialism and its Application to Planning in Kenya*. Numerous other sessional papers and national development plans (5 years each) have repeatedly highlighted the problems. From time to time, the Kenya government has set development targets in various sectors such as providing clean piped water, health, basic education, etc. by a given year. Unfortunately, many of these targets are either missed or achieved after the target year. The latest target is the *Vision 2030* when the government hopes to have achieved certain development goals.

It is important to note that Kenya is part of the global community and has mostly subscribed to most United Nations resolutions. The United Nations has also from time to time come up with development packages to alleviate poverty in the world. Kenya's development priorities are directly in tandem with five of the eight Millennium Development Goals (MDGs) adopted by all the world's governments as a blueprint for building a better world in the 21st century. The MDGs that are relevant to Kenya's development priorities include:

Goal 1: Eradicate extreme poverty and hunger – poverty
Goal 2: Achieve universal primary education – ignorance
Goal 4: Reduce child mortality – disease, poverty and ignorance
Goal 5: Improve maternal health – disease and ignorance
Goal 6: Combat HIV/AIDS, malaria and other diseases – disease and ignorance

Kenya is one of the 147 states that adopted and signed the Millennium Declaration during the UN Millennium Summit in September 2000. Therefore, it is safe to assume that the relevance of the MDGs to Kenya's development challenges must have motivated her to sign and adopt them. In brief, one can safely argue that development – a better living environment - is the nexus of anything that man does. But how do we ensure that issues on development arising out of research and practice are discussed and disseminated to the people? Can meaningful development accrue if research findings and development are concentrated among a small section of society? Does language feature anywhere in the discourse on development?

In his essay on *The language factor in the discourse on development and education in Africa*, Wollf (2006: 1-2) wrote:

> "The existence of a close relationship between LANGUAGE, DEVELOPMENT, and EDUCATION, however, does not appear to be accepted in all intellectual, academic, political, and economic quarters, apart from almost esoteric groups of enlightened sociolinguistics and educationist. It is widely accepted that DEVELOPMENT may have something to do with EDUCATION, it is already much less widely understood and how language relates to EDUCATION, and not very many interested parties will see the constitutive interrelationship between DEVELOPMENT and LANGUAGE(s)."

Wollf (2006: 3) writes further:

> "Discourse on language matters is often considered esoteric and of marginal interest by members of the intellectual elites worldwide ("we all know at least one language, don't we, so where's is the problem?"). And indeed, on first sight, language appears to have little or nothing to do with the "real" and burning problems of economic development, spread of HIV/AIDS, and poverty alleviation. Browsing through the major documents relating to the African Renaissance and NEPAD, for instance, one is struck by the observation that "language" is a word that practically never occurs even when in the most important and fundamental papers and speeches!"

In spite of the assumptions that have been made, there is no gainsaying that language is crucial in all matters of life and development. The significance of language and development is particularly pronounced in multilingual and multicultural settings like Kenya. As Dalphinis (1985:1) noted, to speak a language means more than an exercise in the use of a given syntax and morphology, it implies the support of a whole culture and civilization. Moreover, it is in language that people learn, relate to each other as social animals in a material world of production, reproduction, distribution and exchange.

The present book is geared towards portraying this reality. It is good to learn the structural linguistics of our diverse languages in order to reveal their riches. But we also need to inculcate those languages' structures and semantics in the development discourse of our society. Meaningful educational and technological development can only accrue if language is factored in as Prah (e.g. 2003) has incessantly argued in his papers. Similarly, the present book attempts to show that Kenya's vast languages are rich for linguistic analysis and can be used for education and development purposes. It looks at the languages in a broad perspective - indigenous Kenyan languages, e.g. Kiswahili, EkeGusii, Luo, Ateso, etc. and appropriated languages that are widely used in Kenya, i.e. English and French. The book is useful to tertiary level and general readers interested in issues of language, linguistics, pedagogy and development. Thus students and lecturers of African linguistics, English, Kiswahili, Education and Sociology will greatly benefit from this book. As much as possible the authors have tried to anchor their arguments on relevant theoretical and conceptual frameworks. The chapters are written either in English or Kiswahili while the abstract is written in a different language from that of the body of the chapter. That is, if the chapter is in English then the abstract is in Kiswahili and vice versa.

The book has three broad sections. In section One, the chapters focus on linguistics. Ogechi attempts a comparative morphosyntactical analysis of two Bantu languages, EkeGusii and Kiswahili in Chapter One so as to ascertain the differences and similarities. Hence the claim on whether or not the two Bantu languages are closely related is deciphered through analysis of data on select linguistic categories in the two languages. Further, discussion of Bantu languages is attempted in Chapter Two where Ongarora puts to test data from EkeGusii, Kiswahili and other Bantu languages. His arguments are guided by theoretical linguistics so that the efficacy of some of Chomsky's claims on agreement and concord are tested. His chapter is particularly interesting to those who have a bias to theoretical morphosyntax. The issue of morphosyntax is addressed in two more chapters.

In Chapter Three, Oduma and Odhiambo treat the morphophonemics of English and Kiswahili loanwords in two Kenyan Nilotic languages, namely, Dholuo and Ateso. They look at words that have been borrowed from the two official languages in Kenya and show the nativization patterns that they undergo to fit in the lexicon of Dholuo and Ateso. The chapter ends by showing how the two languages are highly lexically related. In chapter Four, Ogechi comes back with the issue of tense and aspect in the morphology of EkeGusii. He shows how rich and conservative the language is in reflecting several aspects especially in the past tense, a characteristic that has been lost in other Bantu languages including Kiswahili.

Section One of the book ends with three more chapters on language and society in Kenya, all written by Ogechi focusing on Kiswahili and related aspects. In Chapter Five, he analogically argues that Kiswahili is a weapon that can be used against Africa's "enemies". The enemies singled out are the impediments to development but he contends that effective communication in Kiswahili can assist to mobilize the masses against the challenges in order to achieve meaningful development. According to the author, meaningful development especially in education is one where there is mass education as advocated by other Pan-Africanists (e.g. Prah 2003). The article gives evidence of the use of Kiswahili in the media such as radio, television and newspapers. However, it ends by cautioning that Kiswahili's efficacy as a weapon against enemies of development is only confined to the east and central African regions where the language is widely used. In Chapter Six, Ogechi expounds the discussion on the efficacy of Kiswahili in communication by showing how there exists language conflict in Kenya. Strong and stable triglossia no longer exists. Domains that were previously dominated by English and Kiswahili are now experiencing serious incursions from Sheng, Engsh and codeswitching. Worst hit in this scenario seems to be Standard Kiswahili whose domain especially radio is now being infiltrated by non-Standard Kiswahili from listeners making call-ins or "clowns" either imitating or using heavily mother-tongue-interfered with language who are employees of the radio stations. The chapter argues that this has serious negative effects to Standard Kiswahili which is undergoing language change through the introduction of new vocabulary and patterns of use that are not standard. But in Chapter Seven, the argument goes a notch higher as it raises controversies that have always been covered in Swahili studies, to the best of my knowledge. Here, the author shows that while Kiswahili is a powerful language that has been used in many positive respects throughout history, it has also been used by plunderers of society to achieve their selfish ends. Though likely to be controversial and contested by fellow Kiswahili scholars who may not wish to see any negative side of Kiswahili uncovered, this is the high noon and perhaps the major contribution of the section on language and society in this book.

Section two of the book has five chapters on language and education written by practitioners themselves. The papers here, in a way, interrogate whether language policy in education and practice are in tandem. They unmask what Wolff (2002: 129-148) calls the "African language question" in education. In Chapter Eight, Jwan presents practical language use in a Kenyan classroom in a special school for rehabilitating former street children. The learners are being rehabilitated back into mainstream life after spending time in the streets. There exists no official language of instruction policy concerning such special schools in Kenya; if anything, the language policy that obtains in regular schools should apply, namely, use the language of the catchment in the first three years and then transit to the English medium from Grade 4. In the rural areas, mother tongues apply while in peri-urban schools Kiswahili is the norm but in urban schools either English or Kiswahili is used. But what is the language of the street children? It is definitely not Kiswahili! Thus Jwan's chapter shows how creative the instructors in these rehabilitation centres are – they resort to codeswitching in the initial years to teach.

The role of lecturers and tutors of future language teachers plus the role of high school teachers of language is explored in Chapter Nine. Bigambo looks at the significant role that university and teacher training college lecturers of English play on the teachers they prepare for schools and subsequently the role of these teachers on the high school learners. His argument seems to show that communication in English has been compromised by the failure of the role models of English in the training institutions. They are the ones who bequeath bad English to the teachers who in turn pass it over to their learners. This line of argument seems to be closely followed by Barasa in Chapter Ten when he emphasizes the English language factor in education and development in Kenya. Falling from the arguments of other scholars in language education, Barasa contends that the problem with English language in education in Kenya seems to be a result of complacence from the English language educators. They either do not fully comprehend the importance of the English language factor in Kenya or they assume that all is well as long as the language is an official language in the country. Among other things, he argues that English is facing serious competition from Kiswahili. Since August 2010, Kiswahili is another official language and its scholars have aggressively marketed it and spoken about it through their associations. Barasa sees the formation of an association of English experts (that is being registered presently) as the only salvation to the future of English.

The arguments in chapters nine and ten are given breath in Chapter Eleven where Chepkuto, another language educationist argues that poetry is the heart of learning English. He shows that unless poems are well taught the learners may end up learning little. He thus provides tips on how a good poetry lesson should be planned and conducted. Those in pedagogy will particularly find the chapter interesting. While Chepkuto's focus is English, Ipara in Chapter Twelve directs our attention to the problems of teaching Kiswahili in tertiary teacher education programmes. To him, the greatest obstacle is the fact that Kiswahili was until 1984 not a compulsorily taught and examined subject in Kenyan primary and secondary schools. Thus terminologies for teaching it were non-existent and individual lecturers and institutions had to coin them as they went along teaching Kiswahili. Thus there were inconsistencies not only between different institutions but also even among lecturers in the same department of one institution. Ipara explores these problems and proposes the way forward.

The final section of the book is on language and development. It has two chapters that explore the role of language in development. In Chapter Thirteen, Shitemi shows how Kiswahili and other African languages are crucial in the NGO and CBO funded projects. She draws her anecdotes from the North Rift of Kenya where the people's poverty has been alleviated through the use of their languages to discuss and implement development projects. In particular, traditions of cattle rustling and female genital mutilation are given as examples that are being eradicated through the provision of alternatives that are explained to the people in the languages they understand very well. In a way, Shitemi seems to be in support of Wolff's (2006: 11) contention that "language(s), in particular the indigenous languages, must be treated as integral elements of any national (economic, social and cultural) development plan". Besides the indigenous languages, the authors of this book also want to show that Kenya is part of the global economy. Thus it has to co-exist with other cultures for its good. In Chapter Fourteen, Ogutu shows how other cultures can be inculcated into our Kenyan cultures through French to yield a hybrid that is superior enough to hasten development.

References

Okigbo, C. (ed.). 1995. *Media and Sustainable Development*. Nairobi: Africa Council for Communication Education.

Ong'ang'a, O. 2002. *Poverty and Wealth; Of Fisherfolks in the Lake Victoria Basin of Kenya*. Kendu Bay: Africa Herald Publishing House.

Prah, K. K. 2003. Going native: Language of instruction for education, development and African emancipation. In: B. Brock-Utne, Z. Desai & M. Qorro (eds.) *Language of Instruction in Tanzania and South Africa (LOI-*

TASA). Dar es salaam: E & D Limited.

Republic of Kenya. 2002. *National Development Plan 2002 – 2008; Effective Management for Sustainable Economic Growth and Poverty Reduction.* Nairobi: Government Printer.

Wollf, H. E. 2002. The heart of the "African language question" in education. In: F. R. Owino (ed.) *Speaking African; African Languages for Education and Development.* Cape Town: CASAS.

----- (2006). The language factor in discourse on development and education in Africa. In: Kembo-Sure, S. Mwangi & N. O. Ogechi (eds.) *Language Planning for Development* in Africa. Eldoret: Moi University Press.

SECTION ONE

THEORETICAL LINGUISTICS
AND
LANGUAGE IN SOCIETY

CHAPTER ONE

COMPARATIVE MORPHOSYNTAX OF EKEGUSII AND KISWAHILI

Nathan Oyori Ogechi
Department of Kiswahili & Other African languages
Moi University

Sura hii inajaribu kuchanganua kiulinganishi mofosintaksia ya Ekegusii na Kiswahili ambazo ni lugha za KiBantu. Kiswahili ni lugha ya taifa na rasmi shirikishi nchini Kenya na Tanzania. Imetafitiwa na kuandikiwa kimataifa. Ekegusii huzungumwa hasa katika eneo la kusini magharibi mwa Kenya na, kwa kiasi kikubwa, haijatafitiwa. Hata hivyo, kuna ari inayozidi kuongezeka kila uchao miongoni mwa wanaisimu kuhusiana na kuitafiti lugha hii. Mbali na kuonyesha jinsi lugha hizi zinavyolingana na kutofautiana kimosintaksia, sura hii inatoa mchango kwa kutoa data ambazo zitawafaa wanaisimu wanaolenga vipengele vingine vya Ekegusii na Kiswahili. Uchambuzi katika sura hii unalenga vipengele vya kitipolojia kama vile ngeli, idadi, mpangilio wa maneno/mofimu katika vipashio vya nomino na vitenzi na uradidi.

1.0 Introduction

This chapter makes a comparative presentation of some salient typological features of Ekegusii and Kiswahili regarding noun classification, number, word/morpheme order within the noun and verb phrases, and reduplication. For a long time, Ekegusii and Kiswahili have been mentioned as Bantu languages spoken in Kenya. However, whereas Kiswahili has received extensive research attention, to the best of my knowledge, Ekegusii is not extensively documented (Whiteley 1960, 1965, Kingston 1983, Bickmore 1998, Cammenga 2002 are exceptions). Apart from Cammenga's (2002) recent study of the phonology and morphology of Ekegusii, a lot needs to be done to unravel the syntax of Ekegusii. It is notable that Mbori's (1994) investigation is among the few studies by native speakers of Ekegusii. He discussed the noun phrase (NP) of Ekegusii as a basis for his analyses of the NP construction errors among Ekegusii speakers. The study did not deeply dwell on the language's morphosyntax. It is also notable that there is no comparative study of Ekegusii and Kiswahili to distinguish their similarities and differences. Ogechi's (2002) inquiry is an attempt by an Ekegusii native speaker to describe the morphosyntactic features of Ekegusii, Kiswahili and English. However, the investigation only went as far as the linguistic features discussed assisted the author to analyse his data on trilingual codeswitching involving Ekegusii, Kiswahili and English. Thus, the present study contributes to our knowledge about Ekegusii and Kiswahili through distinguishing some of their structural aspects.

The chapter is divided into five main sections. Section 2 gives background information about the languages studied. Section 3 highlights and unravels the typological details based on noun classification and word order in the nominal and verbal phrases. Section 4 focuses on reduplication and section 5 is the conclusion.

2.0 The languages studied

2.1 Ekegusii

Ekegusii is an Eastern Bantu language with close to 1.9 million speakers in the northern part of the region between the eastern shore of Lake Victoria and the eastern branch of the Great Rift Valley. It is spoken in the fertile highlands of Kisii, Guucha and Nyamira districts of Nyanza Province in Kenya. Guthrie (1971, vol. 2: 45, vol. 3: 13) labels Ekegusii as E.42. All her neighbouring languages are Nilotic, namely Kipsigis to the east, Maasai to the east and southeast, and Luo to the west and southwest. As some scholars (Whiteley 1959, 1965; Cammenga 2002) have noted, Igikuria (E. 43) is probably the most closely related Bantu language to Ekegusii. However, Igikuria, which extends into Tanzania, is separated from Ekegusii by a corridor of Luo and Maasai speakers.

Although some previous studies have cited lack of corroborative empirical evidence to support the existence of dialectal variation in Ekegusii (e.g. Whiteley 1960, 1965; Cammenga 2002), others (e.g. Mbori 1994 & Ogechi [ms.]) have noted that Ekegusii has two main dialects, namely Rogoro and Maate dialects. The Maate dialect is spoken in the South Mugirango administrative region of Guucha District, which neighbours with the Luo speakers. The Rogoro dialect is spoken in the rest of Gusii[1] . Maate and Rogoro are regional dialects that are based on systematic phonetic, lexical and semantic differences (Cammenga 2002: 27-33). The present study's author natively speaks the Rogoro dialect and all the examples presented here are drawn from it.

---

1 Gusii refers to the land occupied by the Ekegusii speakers

2.2 Kiswahili

Kiswahili is the indigenous language on the coast of East Africa stretching from Somalia in the north to Mozambique in the south. Nurse & Hinnebusch (1993: 14) claim that Kiswahili is one of the six Sabaki languages, the others being Mwani, Elwana, Pokomo, Mijikenda, and Comorian. The Sabaki languages share a Proto-Sabaki parent, which is in turn derived from Proto-Northeast Coast (Nurse & Hinnebusch 1993: 2). Nurse & Hinnebusch further say that Kiswahili has a number of different dialects, which derived from Proto-Swahili around 800c.e (p. 22). Besides the dialects derived from Proto-Swahili, other varieties of Kiswahili like Kisetla (Vitale 1980) and various shades of upcountry Kiswahili are spoken in Kenya. However, only Standard Kiswahili is formally learnt and taught in schools while the others are learnt informally. The standard dialect is the basis of the present chapter's comparative study.

3.0 Typology

Ekegusii and Kiswahili are highly agglutinative languages. Hence their words typically consist of a root and one or more affixes. Each affix represents a grammatical category or meaning:

(1) Ek[2] Omari   a-ka-mw-ancha   omw-ana.
          Omari   3S-PST-3S-like   CL1-child   'Omari liked the child.'
    Ks   Omari   a-ka-m-penda   m-toto.
          Omari   3S-PST-3S-like   CL1-child   'Omari liked the child.'

(2) Ek   N-in-koor-e   eme-remo   eye.
          STAB-1S-finish-FUT   CL4-work   this   'I will finish this work.'

    Ks   Ni-ta-i-maliza   kazi   hii.
          1S-FUT-OBJ-finish   work   this   'I will finish this work.'

The subject, object and tense in (1) and (2) are expressed in the agglutinating Ekegusii and Kiswahili through bound morphemes on the root of the verb. In addition, one of the functions of affixes is to mark number. For instance, number is indicated by the noun class 1 prefix **omw-** and m- on **omwana** and **mtoto** 'child' respectively in (1). Thus in most noun classes (as further exemplified in section 3.1), the prefixes are grouped

---
[2] Throughout the analyses the following abbreviations are used: Ek – Ekegusii, Ks – Kiswahili.

into singular and plural[3]:

(3) Singular   Plural
Ek   omo-te   omo-be   eme-te   eme-be
     CL3-tree   CL3-bad   'a bad tree'   CL4-tree   CL4-bad   bad trees'

Ks   m-ti   m-baya   mi-ti   mi-baya
     CL3-tree   CL3-bad   'a bad tree' CL4-tree   CL4-bad   'bad trees'

3.1 Noun Classes

One of the most notable characteristics of lexicons of the Bantu languages is the classification or subdivision of nouns into different classes (Prinsloo, Chuwa & Taljard 2000: 227). Ekegusii and Kiswahili nouns can be classified into classes. Four main methods have been used to classify nouns, namely based on a noun's prefix, using the prefixes of pairs of nouns for singular and plural, on the basis of grammatical agreement and finally based on a noun's prefix and its grammatical agreement (Kihore, Massamba & Msanjila 2001: 110-118). However, there is no consensus on what method to use. Hence, various scholars opt to use any of the four methods according to their treatment needs. For instance, based on the prefixes of nouns, a noun is typically classified as having a nominal prefix and a stem:

(4) Ks Prefix + Stem   Ek Aug + Prefix + Stem
    m-   + tu 'person'   o   + -mo[4] - + nto   'person'

It is worth noting that while Kiswahili nouns have a prefix before the root, Ekegusii nouns have a pre-prefix or augment as seen in (4). In the present study, the augment and prefix in Ekegusii are referred to by the term prefix for convenience. Tables 1, 2 and 3 present noun class prefixes for Proto-Bantu, Ekegusii and Kiswahili respectively.

Table 1: List of Proto-Bantu noun class prefixes
1   *mu
2   *ba
3   *mu
4   *mi

---

[3] It is traditionally argued that the classes are in pairs of singular and plural. However, this position has been challenged by some Africanists who argue that this is a European scholars' imposition (cf. Amidu 1994).
[4] An Ekegusii noun class prefix is disyllabic with an augment and prefix, e.g. *omo-* in *omonto* can be further segmented to o-mo- for Augment + Prefix and stem.

5	*i̧
6	*ma
7	*ki
8	*bi̧
9	*n
10	*n
11	*du
12	*ka
13	*tu
14	*bu
15	*ku
16	*pa
17	*ku
18	*mu
19	*pi̧
(24)	*(i)

Source: Meeussen (1980:97)

Table 2: List of noun classes in Ekegusii

1	omo-	omoremi ('a farmer')
1b	mo-	taata ('father')
2	aba-	abaremi ('farmers')
2b	aba-	abataata ('fathers')
3	omo-	omote ('tree')
4	eme-	emete ('trees')
5	eri-	erieta ('name')
6	ama-	amarieta ('names')
7	eke-	egesaku ('clan')
8	ebi-	ebisaku ('clans')
9	e-	ekabira ('tribe')
9a	e-n-	endaagera ('food')
10	ci-	cikabira ('tribes')
11	oro-	oroko ('firewood')
12	aka-	akaana (a small child')
14	obo-	obokoombe ('a hoe')
15	oko-	okogoro ('a leg')
16	a-	ase ('place')
21	ñ	ñamira ('a place name')

Source: Cammenga (2002: 198-200)

Table 3: List of noun classes in Kiswahili

1	mu-	muuguzi ('a nurse')
2	wa-	watu ('people')
3	mu-	mti ('tree')
4	mi-	miti ('trees')
5	ji/ø	jiwe (' a stone')
6	ma-	majani ('leaves')
7	ki-	kiti ('chair')
8	vi-	viti ('chairs')
9	n/ø-	nyumba ('house')
10	n/ø-	nyumba ('houses')
11	(L)u-	ubao ('a board')
14	u-	ugonjwa ('disease')
15	ku-	kuimba ('singing')
16	pa-	mahali panapofaa ('a good place')
17	ku-	mahali kunakofaa ('an unspecific good place')
18	ma-	mahali mnamofaa ('a specific good place')

Source: Kihore, Massamba & Msanjila (2001: 117-118)

Out of the 20 noun classes reconstructed for Proto-Bantu, Ekegusii has retained 20 noun classes (Cammenga 2002: 199) while Kiswahili has 17 noun classes[5]. Both languages share most of the noun classes between noun classes 1 and 16. However, differences exist concerning, on the one hand, noun classes 12 and, on the other, noun classes 16, 17 and 18. Ekegusii differs from Kiswahili in that the Ekegusii prefix for noun class 12 **aka**- is a marker of diminutive, augmentative and derogatory implication while Kiswahili has lost the noun class. In fact, Kihore, Massamba & Msanjila (2001: 112) have asserted that nouns classified as members of noun class 12, i.e. **katoto** (small inconsequential child), **kavulana** (small inconsequential boy) are a result of the influence of other Bantu languages. Such nouns are largely not acceptable in Standard Kiswahili. Kiswahili expresses both the diminutive and the augmentative idea through noun classes 7 and 8 (**ki-/vi-** for singular and plural respectively). Ashton (1974: 295) has noted that the **ki-/vi-** prefix "sometimes, but not necessarily always, conveys a derogatory implication as well". In upcountry Kenyan Kiswahili noun class 12 does exist and is notable through the use of the **ka-** affix on nouns and in subject/object-verb agreement. The use of the **ka-** affix in upcountry Kiswahili could be due to the contact of Kiswahili with other Bantu languages such as Ekegusii, which have retained noun class 12.

---

[5] The question of noun classification in Kiswahili has attracted the attention of many scholars. For an elaborate exposition see Amidu (1997) and Schadeberg (2001) among others.

Ekegusii has functionally merged noun classes 16, 17 and 18 for "place" into one noun class with the prefix **a-**, which relates it to noun class 16 etymologically. Kiswahili has retained noun classes 16, 17 and 18 for "place" (with proto-Bantu prefixes ***pa-**, ***ko-** and ***mo-** respectively). For instance, the examples given for Kiswahili in Table 1 vide prefixes **pa-, mu-** and **ku-** to denote "locative at", "locative inside" and "locative to" respectively can be expressed with a prefix in Ekegusii:

Table 4: Illustration of Kiswahili and Ekegusii locative noun prefix(es)

Class		Kiswahili	Ekegusii	
16	pa-	mahali panapofaa	a-	ase aisaine ('at a good place')
17	ku-	mahali kunakofaa	a-	ase aisaine ('inside a good place')
18	ma-	mahali mnamofaa	a-	ase aisaine ('to a good place')

As Table 4 illustrates, the agreement prefixes in the NPs in Kiswahili do change across the three classes. However, in Ekegusii the surface form of the prefixes does not change. The nouns in the three classes refer to locations which can be variously signalled in Kiswahili whereas Ekegusii does not do so.

3.2 Word and morpheme order

This section analyses the order of morphemes in a sentence. The order of both lexical and grammatical morphemes is addressed. This implies that I not only treat the order of free morphemes but I also analyze the order of bound morphemes where they are used to express grammatical functions.

Language typologists who study syntax have classified languages according to their characteristic unmarked order of the major sentence elements. The guiding factor has been the position of the verb. Thus, it is usual to distinguish verb-initial languages (VSO), verb-final languages (SOV), verb-medial languages (SVO) and verb-second languages (XVY). It is claimed that Kiswahili employs the SVO word order in simple declarative sentences (Vitale 1981: 18). Ekegusii also follows the same word order as (5) shows.

(5) Ek Oguku   o-simek-ire   omo-te.
      Oguku   3S-plant-PRF   CL3-tree   'Oguku has planted a tree.'

    Ks Oguku   a-me-panda   m-ti.
      Oguku   3S-PRF-plant   CL3-tree   'Oguku has planted a tree.'

However, the two languages display some differences. For instance, although Kiswahili is an SVO language, Mkude (1995: 9-10) has observed that a number of syntactic or semantic factors in ordinary communication may demand the change of word order. He lists the factors as indefiniteness, focus or emphasis and relative length of units. He supports his argument with the following examples:

(6) a. u-li-tokea   ubishi   ~   ubishi   u-li-tokea
     CL14-PST-occur   dispute   dispute   CL14-PST-occur
     'a dispute arose'   'the dispute arose'

   b. m-toto   ni-me-mw-acha ~   ni-me-mw-acha   m-toto
      CL1-child 1S-PRF-3S-leave   1S-PRF-3S-leave CL1-child
      'I have left the child.'   'I have left the child.'

   c. mw-alimu   a-li-wa-pa   wa-nafunzi   vi-tabu
      CL1-teacher 3S-PST-3S-give   CL2-student   CL8-books
      'The/a teacher gave the students books.'

      mw-alimu   a-li-wapa   vi-tabu   wa-nafunzi
      CL1-teacher 3S-PST-give   CL8-books   CL8-student
      'The/a teacher gave the students to students'.

Due to word order, the dispute in the first construction of (6a) is indefinite while the dispute is definite in the second construction. In the first construction of (6b), the focus is on the child. On the contrary, the child is not the focus in the second construction; rather, the speaker's act of leaving the child is focused. Concerning (6c), Mkude (1995: 10) says:

One should note that the normal order of elements in bitransitive sentences in Swahili is SVDO. However, when the D is considerably longer than the O, then, the O precedes the D as in the example given above. Nothing else is affected. The marker of D on the verb remains also unaffected.

The transposition witnessed in Kiswahili is also possible in Ekegusii only for purposes of topicalization and depending on the length of the sentence:

(7) a. omw-ana   n-na-mo-tiga   ~   n-na-mo-tiga   omw-ana
       CL1-child STAB-1S.PST-leave   STAB-1S.PST-leave CL1-child
       'I have left the/a child.'   'I have left the/a child.'

b. omw-arimu   a-ka-baa   aba-na   ebi-tabu
   CL1-teacher 3S-PST-give   CL2-child   CL8-books
   'The/a teacher gave children books.'

~

omw-arimu   a-ka-baa   ebi-tabu   aba-na
CL1-teacher   3S-PSt-give   CL8-book   CL2-child
'The teacher gave children books.'

Attempts to change the word order of a sentence so as to indicate definiteness or indefiniteness do not succeed in Ekegusii. The resulting sentence is grammatically acceptable but has a different meaning:

(7) c. e-riomana   ri-kaba   ~   ri-kaba   e-riomana
       CL5-dispute   CL5-PST.occur   CL5-PST.occur   CL5-dispute
       'A/the dispute occurred.'   'A/the dispute occurred.

Whereas the two constructions in (7c) are grammatically acceptable, they have different implications. The first sentence is used in narration where the narrator tells the audience a story with several incidences. So the sentence **eriomana rikaba** is used to introduce a new episode. The second sentence in (7c) can be (and is largely) used in ordinary speech. A speaker could use **rikaba eriomana** to imply that the sequel of the preceding activities is the occurrence of a dispute.

There also exist differences concerning the position of the question word in interrogative sentences. The interrogative word takes either sentence-initial or second position in Ekegusii while in Kiswahili it usually takes the sentence-final position:

(8) Ek   John ng'ai a-re ?   ~   Ng'ai John a-re?
          John INT   3S-is   INT   John 3S-is
          'Where is John ?'   Where is John ?'

    Ks   John yu-ko wapi?   ~   +Wapi yu-ko John?
          John CL1-is INT   INT   CL1-is John
          'Where is John?'   Where is John?'

The Kiswahili example shows that the movement of the question word from sentence-final to sentence-initial position results in ungrammaticality. However, if the context is clear, the placement of the interrogative word in the sentence-initial position is stylistically possible in Kiswahili. In addition, it appears that the placement of the question word sentence-initially is acceptable in spatial interrogative sentences. In this case, the referent must be definite:

(9) Ks a. Wapi   Juma?   b. Wapi   kalamu?
         Where   Juma   Where   pen
         Where is   Juma?'   'Where is the pen?'

It is also possible to have a Kiswahili interrogative pronoun used in sentence-initial position. As Ashton (1974:152) claims "when required as **subject** of a sentence, copulative phrasing is employed, and the interrogative forms the complement of NI. This NI is, however, generally omitted and this is when word order flexibility is possible:

(10) a.   Bei ya kawaida (ni) nini?   ~ (Ni) nini bei ya kawaida?
          'What is the ordinary price?'   'What is the ordinary price?'

     b.   Watoto hawa (ni) nani?   ~ (Ni) Nani watoto hawa?
          Who are these children?   'Who are these children?'
                                          (Ashton 1974: 152)

Though Ashton's thesis on the flexibility of word order concerning the interrogative pronoun **ni** is correct, it is not true that the interrogative **ni** is optional. It is obligatory if ambiguity has to be avoided.

The phenomenon of word order flexibility is more evidently attested when the word order in phrases such as NPs and VPs is considered.

Noun phrases

The word order in an NP can generally be either pre-modifying (i.e. head-last) or post-modifying (i.e. head-first). Ekegusii and Kiswahili are post-modifying languages:

(11)   Ek/Ks NP   --> N Modifiers

The modifiers considered here include adjectives, determiners (articles, demonstratives) and possessives.

Adjectives. From a semantic point of view, adjectives typically designate attributes. Thus they are syntactically used, though not exclusively, as modifiers. In certain cases, they may function as heads. When used as modifiers, adjectives in Ekegusii and Kiswahili usually come after the head:

(12) Ek   omo-gaambi   omo-be
           CL1-leader   CL1-bad   'a/the bad leader'

Ks	ki-ongozi	m-baya	
	CL7-leader	CL1-bad	'a/the bad leader'

The elements before 'bad' in the Ekegusii and Kiswahili examples are post-modified by the adjectives **omobe** and **mbaya** respectively. However, there is one exception. As Cammenga (2002: 344) has observed concerning the two languages studied, the adjective **kera** 'every' in Ekegusii and its Kiswahili equivalent **kila** 'every' precede the head:

(13) Ek kera omogaambi 'every leader'
Ks kila kiongozi 'every leader'

Articles. The concept of definiteness or indefiniteness need not be expressed in the same way across languages. Whereas some languages such as English have articles before a noun for indicating definiteness (the) or indefiniteness (a and an), the concept of definiteness in Ekegusii and Kiswahili is interpreted contextually. In (11), for instance, it is not clear whether **omogaambi omobe** and **kiongozi mbaya** are definite or indefinite in Ekegusii and Kiswahili.

Demonstratives. Differences between the two languages are explicit when word order flexibility concerning demonstratives is considered. Vitale (1981: 18) notes that Kiswahili is a positional language in which some word order variation is possible but only in unambiguous cases. It is notable that demonstratives usually appear after the head noun in both languages. However, the demonstratives can also appear before the head they modify in Kiswahili:

(14) a. Post-modification b. Pre-modification

Ks kalamu hii ~ hii kalamu
   pen this 'this pen' this pen'

   rais huyu "this president' ~ huyu rais
   president this 'this president'

Ek e-karamu eye ~ +eye e-karamu
   CL9-pen this 'this pen' this CL9-pen 'this pen'

   omo-rai oyo ~ +oyo omo-rai
   CL1-leader this 'this leader' this CL1-leader 'this leader'

The Ekegusii examples in (14) show that it is ungrammatical to use a demonstrative as a pre-modifier in Ekegusii. Hence, Ekegusii has no word order flexibility concerning demonstratives.

Possessives. Steinbergs (1998: 385) observes that there is a somewhat weaker preference for the N + Genitive order in SVO languages with respect to possessive structures. However, this type of possessive construction is widely used in the two languages studied:

(15) Ek   omosani + bwa Agoki
            friend   + of   Agoki   'friend of Agoki'

      Ks   rafiki   + ya Agoki
             friend   + of Agoki   'friend of Agoki'

Possessive constructions using a clitic or the Genitive + N pattern of possessive construction (Steinbergs 1998: 385) as in (16) are not possible in both Ekegusii and Kiswahili.

(16) a. 'Gesare's dog'   b. 'mother's tea'   c. 'Nyaboke's shoes'

Prepositions. A preposition is traditionally defined as a part of speech that precedes and syntactically governs a noun or pronoun, expressing the latter's relation to another word (Cammenga 2002: 196). Prepositions semantically perform and express relations of space, spatial order, or motion. Some languages such as English use free morpheme prepositions, i.e. *to the car, after the research, for a while* etc. However, Ekegusii and Kiswahili do not have many free morphemes but use other strategies in addition.

The free morpheme prepositions in Kiswahili include **kwa** ('to', 'from', 'at', 'with', 'through' etc.), **katika** ('in', 'to', 'at', 'from' etc.) or the connective **-a** or **na**. **Pasipo na** ('without'), **karibu na** ('near to') etc. are examples of complex prepositions combining with the simple preposition **na**. In addition, there are complex prepositions such as **juu ya** ('above'), **chini ya** ('below', 'under'), **nyuma ya** ('after', 'behind') and **mbele ya** ('in front of'). The free morpheme prepositions in Ekegusii include the simple preposition **ase** ('to', 'from', 'at', 'with' 'in', 'for', 'among', 'in the presence of', 'by' etc.), **ime** ('in'), **na** ('with', 'through'), and the complex preposition **igoro ya** ('on'). Examples are:

(17) Ek   N-ko-geenda   n-re   ase   omosani   one.
           1S-INF-go   1S-PRS   to   friend   mine
           'I am going to my friend's place.'

     Ks   Ni-na-enda   kwa   rafiki   yangu.
           1S-PRS-go   to   friend   mine
           'I am going to my friend's place.'

Ekegusii and Kiswahili also use verbal derivations to introduce additional participants in a construction, mainly by means of the applied form of the verb:

(18) Ek   Rug-er-a   aba-na
           cook-APPL-IND   CL2-child   'cook.for children'
     Ks   Pik-i-a   wa-toto
           cook-APPL-IND   CL2-child   'cook.for children'

New participants may also be introduced by a zero morpheme:

(19)
Ek   To-nyor-an-e   Hamburg
      1PL-meet-REC-SUBJ   Hamburg   'Let us meet in Hamburg.'

Ks   Tu-kut-an-e   Hamburg
      1PL-meet-REC-SUBJ   Hamburg   'Let's meet in Hamburg.'

Verbal Phrase

A verb in the agglutinating Ekegusii and Kiswahili languages takes on a number of grammatical affixes. In Kiswahili, a verb has six grammatically relevant positions before the root (Stephens 2000) and one after it. However, all these positions need not be filled up. Table 5 illustrates the positions and functions of the morphemes occupying them.

Table 5: Inflectional positions on a Kiswahili verb

1	2	3	4	5	6	7	8
Pre-initial Negative	Subject Concord (SCd)	Post-initial Negative	Tense Marker (TM)	Relative Concord (RCd)	Object Concord (OCd)	Verbal Stem (VS)	Final Vowel (FV)

(Adopted from Stephens 2000: 340)

(20) Ks   Ki-tabu   ki-li-cho-m-fung-a
                                   2- 4- 5- 6- 7- 8
             CL7-book   CL7-PST-RCd-CL1Cd-arrest-FV
             'The book   that led to his arrest.'

Cammenga (2002: 399) has summarized the slots of verbal categories in Ekegusii thus:

(21) verbal structure and markers
Slot: f nl sm n2 t t t   t t t   om root x t   fv[6]
                rm
Fillers: n ti ba ta   a ko1 raa V na ko2 mo rug an et (e)
                       ka   ir (i)
                                                                              a
                                                                              u

All these positions must not be filled. For instance, eight of the slots can be used for tense marking (the final vowel is not only used to mark the infinitive, but also the imperatives and tenses [Cammenga 2002: 404]). No more than six tense markers may occur in a single inflected verb (Cammenga p. 404).

The difference between an Ekegusii and a Kiswahili inflected verb becomes more evident in certain tenses. For instance, the differences between Ekegusii and Kiswahili are pronounced when marking past tense. Kiswahili has only one past tense marker, namely the prefix **-li-**:

(21) Ks   U-li-toboa   tundu
             2S-PST-made   hole   'You made a hole.'

However, Ekegusii has four past tenses (Whiteley 1965; Kingston 1983). These include 'a long time ago', 'yesterday', 'this morning' and 'just earlier today'. These pasts are distinguished through prefixes or discontinuous tone-bearing morphemes on the verb root:

---

[6] The abbreviations mean: f = --- fv = final vowel om = object marker Ko1 & Ko2 = marker of the infinitive n1 = -- n2 = -- sm = subject marker t = category of tense (tense proper, mood, and aspect) V = vowel

Table 6: Pasts in Ekegusii[7]

Time			Marker
'long time ago'	bá-a-minyok-éte		
	3PL-PST-run-PST	They ran long time ago'.	-a- éte
'yesterday'	bá-a-minyoka		
	3PL-PST-run	They ran yesterday'.	-a-
'this morning'	bá-á-minyok-ete		
	3PL-PST-run-PST	They ran this morning'.	-á- -ete
'earlier today	'bá-á-minyoka		
	PL-PST-run	They ran earlier today'.	-á-

In spite of the differences in marking the foregoing past tenses, the consecutive tense is marked with the same morpheme **-ka-** in both languages. The morpheme has a **-ga-** allomorph in Ekegusii due to Dahl's Law[8] :

(22) Ek
    A-ka-geenda mogoondo.
    3S-PST-go farm
    'S/he went to the farm.'

Ks
A-ka-enda shambani.
3S-PST-go farm
'S/he went to the farm.'

Ekegusii and Kiswahili show a similarity in the position of the morpheme for marking the present continuous tense:

(23) Ek   N-ko-rema   n-re.
            1S-NONPST-dig 1S-PRS   'I am digging.'

     Ks   Ni-na-lima.
            1S-NONPST-dig   'I am digging.'

The Ekegusii morpheme order is different in "what is known as the Simple Perfect in English, and the -ME- form in Swahili" (Whiteley 1965: 10). Ekegusii marks the simple perfect with a suffix while Kiswahili marks it with a prefix:

(24)   Ek
        O-rug-ire.
        3S-cook-PRF S/he has cooked.'

Ks
A-me-pika.
3S-PRF-cook 'S/he has cooked.'

---

7 Examples from Kingston (1983:42).
8 According to Dahl's Law, when two adjacent consonants are aspirated, the first one loses its aspiration and becomes voiced.

The difference in the morpheme order between Ekegusii and Kiswahili is also attested in marking the future tense.

(25) Ek   N-o-rem-e   ege-sima.
         STAB-2S-dig-FUT   CL7-well   'You will dig a well.'

     Ks   U-ta-chimba   ki-sima.
          2S-FUT-dig   CL7-well   'You will dig a well.'

4. Reduplication

Reduplication is a morphological process that duplicates all or part of the base of a word to mark a grammatical or semantic contrast. Full reduplication is widely used in Ekegusii and Kiswahili. Besides signaling both grammatical and semantic contrast, it is used stylistically either to stress something or for pejorative purposes. Ashton (1974: 316-317) asserts that reduplication in Kiswahili serves four functions and three of these are achieved through complete reduplication. Full reduplication in Kiswahili can express various levels of intensity, show distribution of an idea or indicate a continuous action. The fourth function of reduplication is to lessen or modify the force, i.e. **alia lia** 's/he whimpers', **kutanga tanga** 'roaming about' etc. All these functions also exist in Ekegusii, as shown in Table 7.

Table 7: Reduplication in Ekegusii and Kiswahili

Function	Kiswahili	Ekegusii	Meaning
Intensity levels	vipande vipande	bike ebike	'in bits'
Idea distribution	-tatu -tatu	-tato -tato	'in threes'
Action continuity	-fanya fanya	-kora kora	'do repeatedly'
Lessen/modify	alia lia	akorera rera	s/he whimpers'

In addition, Ekegusii can express the intensity of an action through an inflected verb and a verbal noun:

(26) a. -geenda   oko-geenda   'indeed go'
         go   CL15-go

     b. -sooma   ogo-sooma   'indeed read'
         read   CL15-read

     c. -teenga   ogo-teenga   'indeed dance'
         dance   CL15-dance

5. Concluding remarks

The goal of the present study was to present a comparative morphosyntactical analysis of Ekegusii and Kiswahili. It has presented data largely from the noun and verbal phrases. It has come out that though the two languages are genetically related as Bantu languages, there exist instances of divergence and convergence between the two languages. The paper has steered clear of speculating on the causes of divergence. Thus while the paper contributes towards unravelling the typology of the two languages, a lot needs to be done to discuss the grammaticalisation of the two languages.

Abbreviations and symbols used

APPL	applicative
AUG	augment
CL	noun class
Ek	Ekegusii
FUT	future
IND	indicative
INF	infinitive
INT	interrogative
Ks	Kiswahili
OBJ	object
N	noun
NONPST	non-past
NP	noun phrase
PRF	perfective
PRS	present tense
PST	past tense
REC	reciprocal
S	subject
STAB	stabilizer
SUBJ	subject
SVO	subject-verb-object
VSO	verb-subject-object
XVY	lexical category-verb-lexical category
~	transposition
+	marked construction
*	reconstructed sound

References

Amidu, A. A. 1994. What is a class? A study of Kiswahili. *Working Papers in Linguistics* 22: 75-105.

----- 1997. *Classes in Kiswahili*. Cologne: Ruediger Koeppe.

Ashton, E. O. 1974. *Swahili Grammar Including Intonation*. London: Longman Green.

Bickmore, L. S. 1998. Opacity effects in optimal domains theory; evidence from Ekegusii. In: I. Maddieson & T. J. Hinnebusch (eds.) *Trends in African Linguistics 2: Language History and Linguistic Description in Africa*. Trenton, NJ: Africa World Press, Inc.

Cammenga, J. 2002. *Phonology and Morphology of Ekegusii; A Bantu Language of Kenya*. Cologne: Ruediger Koeppe.

Guthrie, M. 1971. *Comparative Bantu*. Farnborough, Hants. Gregg. Vols 1-4.

Kihore, Y. M., D. P.B. Massamba & Y. P. Msanjila. 2001. *Sarufi Maumbo ya Kiswahili Sanifu (SAMAKISA); Sekondari na Vyuo*. Dar es salaam: TUKI.

Kingston, J. 1983. The expansion of the Gusii tense system. In: J. Kaye, et al. (eds) *Current Approaches to African Linguistics*. Dordrecht: Dordrecht. Foris. Vols. 1-2.

Massamba, D. P. B., Y. M. Kihore & J. I. Hokororo. 2000. *Sarufi Miundo ya Kiswahili Sanifu (SAMIKISA); Sekondari na Vyuo*. Dar es salaam: TUKI.

Meeussen, A. E. 1967. Bantu gramatical reconstructions. *Annales du Musee Royal de l'Afrique Centrale* 61:81-121.

Mbori, B. J. O. 1994. *A Study of the Noun Phrase Errors among Ekegusii Speaking Standard Seven Pupils in Kisii District*. Unpublished M.Phil. thesis. Eldoret: Moi University.

Mkude, D. 1995. *Towards a Semantic Typology of the Swahili Language*. Tokyo: Institute for the Study of Lnguage and Cultures of Asia and Africa.

Nurse, D. & T. J. Hinnebusch. 1993. *Swahili and Sabaki: A Linguistic History*. Berkeley & Los Angeles: University of California Press.

Ogechi, N. O. 2002. *Trilingual codeswitching in Kenya; Evidence from Ekegusii, Kiswahili, English and Sheng*. Unpublished PhD thesis. Hamburg: University of Hamburg.

---- Syllable structure of Ekegusii. Unpublished manuscript. Ms.

O'Grady, W., M. Dobrovolsky & Francis Katamba (eds.). 1989. *Contemporary Linguistics: An Introduction*. London: Longman.

O'Grady, W. & V. P. De Guzman. 1998. Morphology: the analysis of word structure. In: W. O'Grady, M. Dobrovolsky & F. Katamba (eds.)

Schadeberg, T. C. 2001. Number in Swahili grammar. *Afrikanistische Arbeitspapier* 68, Swahili Forum VIII: 1-16.

Steinbergs, A. 1998. The classification of languages. In: W. O'Grady, M. Dobrovosky & F. Katamba (eds.)

Stephens, R. 2000. A study of Swahili-English code-switching in England. *SOAS Working Papers in Linguistics* 10: 333-354.

Vitale, A. J. 1980. Kisetla: Linguistic and sociolinguistic aspects of a Pidgin Swahili of Kenya. *Anthropological Linguistics* 22, 2: 47-65.

---- 1981. Swahili Syntax. Dordrecht: Foris Publications.

Webb, Vi. & Kembo-Sure. 2000. *African Voices; An Introduction to the Languages and Linguistics of Africa. Cape Town:* Oxford University Press.

Whiteley, W. H. 1959. Kinship terminology and the initial vowel. Africa 29. 253-262.

----- 1960. *The Tense System of Gusii.* Kampala: East African Institute of Social Research.

----- 1965. *A Practical Introduction to Gusii.* Nairobi: East African Literature Bureau.

CHAPTER TWO

AGREEMENT AND CONCORD IN BANTU

Ogoti Ongarora, PhD.
Department of Linguistics, Languages & Literature,
Maseno University, Kenya.

Kiini cha sura hii ni sintaksia ya upatanifu na makubaliano kama vinavyojitokeza katika maeneo mawili ya kisintaksia, yaani Kipashio Kibainishi na Kipashio Njeo. Kwa kumrejelea Henderson (2005), ushahidi unatolewa kutoka EkeGusii, lugha ya KiBantu inayozungumzwa nchini Kenya ili kuonyesha kwamba operesheni ya MSOGEO na uhusiano wa KUBALI vinaweza kuthibitisha ubainisho unaweza kuwepo baina ya upatanifu na makubaliano katika kipengele cha kisarufi. Isitoshe, ni wazi kwamba sifa za idadi na ngeli katika Kipashio Kibainishi vinaonyeshwa na kategoria zote za kisintaksia katika maeneo ya swali, kama inavyojitokeza katika lugha za KiBantu.

1.0 Introduction

Barlow and Ferguson consider the term grammatical agreement as co-terminous with grammatical concord and define it as a phenomenon in which, "a grammatical element X matches a grammatical element Y in property Z within a specified configuration" (Barlow & Ferguson 1988:3). In common parlance, agreement refers to the matching of features between elements in a definable syntactic domain (Corbett 1988). In this scenario, an element called the target, for example, an adjective or demonstrative, agrees in number and gender with another element termed the controller, for instance, the noun in a DP. This phenomenon is exemplified in the Kiswahili sentences in (1):

1 (Kiswahili)
  (a) **Ki**- jiko   **ki**-moja   **ki**- li-kuw-a   **ki**- me-ib-w-a.
      7-spoon   **7**-one   **7**-PST-be-FV   **7**-PFCT-steal-PASS-FV
      'One spoon had been stolen.'

  (b) **Vi**- jiko   **vi**-wili   **vi**- li-kuw-a   **vi**- me-ib-w-a.
      8-spoon   **8**-two   **8**-PST-be-FV   **8**-PFCT-steal-PASS-FV
      'Two spoons had been stolen'.

(c) **M-** toto   **m-**moja   **a-** li-kuw-a   **a-** me-ib-w-a.
    1-child   **1-**one   **1-**PST-be-FV   **1-**PFCT-steal-PASS-FV
    'One child had been stolen.'

(d) **Wa-** toto   **wa-**wili   **wa-** li-kuw-a   **wa-** me-ib-w-a.
    2-child   **2-**two   **2-**PST-be-FV   **2-**PFCT-steal-PASS-FV.
    'Two children had been stolen.'

In 1 (a), for example, the number and gender features of the noun in the determiner phrase (hereafter DP), ki-jiko ki-moja, are marked on both verbs of the compound tense, hereafter CT, thereby establishing matching of features between the verbs in the sentence and the external argument. Such tallying of the features of the target with those of the controller is termed agreement.

1.2.0 Agreement features, directionality and conflict

This section explores the features in which constituents may agree, the putative source of the features and the resolution of agreement conflict which arises from coordination of arguments from divergent genders.

1.2.1 Agreement features

In an Agree relation, the controller and the target may match in number, gender, person, case and definiteness (Barlow & Ferguson 1988). To illustrate, in Hebrew, an attributive adjective agrees with its head noun in gender, number and definiteness as in (2):

2   (Hebrew; Barlow & Ferguson 1988:5)
    ha-isha   ha-to-v-a
    the-woman   the-good.FEM.SG
    the good woman'

Agreement of this kind occurs in EkeGusii in which the noun class prefix surfaces on all other constituents of the DP as in (3):

3   (EkeGusii)
    a)   **e-**sani   **e-**nene   b) **chi-**sani   **chi-**nene
         10-plate   10-big   9-plate   9-big
         'big plate'   'big plates'

    c)   **eke-**rogo   **eke-**nene   d) **ebi-**rogo   **ebi-**nene
         7-chair   7-big   8-chair   8-big
         'big chair'   'big chairs'

e)	**omw**-ana	**omo**-nene	f) **aba**-ana	**aba**-nene
	1-child	1-big	2-child	2-big
	'big child'		'big children'	

Thus, concord obtains in the entire DP.

Both person and number features occur as a portmanteau morph in EkeGusii. This means that the two features are inseparable as they are packaged as a bundle as in (4):

4 (EkeGusii)
- a) (Kerubo) **o-ba**-nyor-ir-e.
  (Kerubo) 3**SGSM-3PLOM**-find- PFCT-FV
  'Kerubo has found them.'

- b) (Kerubo) **o-ba**-gos-ir-e.
  (Kerubo) 3**SGSM-3PLOM**-frighten- PFCT-FV
  'Kerubo has frightened them'.

- c) (Kerubo) **o-mo**-gos-ir-e.
  (Kerubo) 3**SGSM-3SGOM**-frighten- PFCT-FV
  'Kerubo has frightened him/her.'

In 4(a) and (b), for example, the subject marker /o-/ is singular third person while the object marker, /ba-/ is plural third person. To sum up, the external and internal argument markers amalgamate number and person features in EkeGusii.

The data in (3) and (4) exemplify agreement in two domains. (3) shows agreement in the DP domain and (4) within a Tense Phrase, henceforth TP. In conformity with Bantu morpho-syntax, all constituents in the DP such as adjectives, demonstrative pronouns, independent pronouns, possessive pronouns, relative pronouns and quantifiers agree with the governing head in number and gender (cf Demuth 1988; Hyman 1979).

1.2.2 Directionality of agreement

Since the agreement features in the modifiers within the DP originate in the nominal, it is possible to state the directionality of agreement in EkeGusii. While the possibility of verbs and other categories to control agreement has been noted in some languages, data from EkeGusii indicate that directionality of agreement is a function of a nominal or pronominal. The noun class prefix which is inherently specified for number and gender features is copied onto to the target constituent as (5) and (6) show:

5 (EkeGusii)
   a) **eke**-busi   (b) **ebi**-busi
      7-cat   8-cat
      'cat'   'cats'

   c) **ri**-tunda   (d) **ama**-tunda
      5-fruit   6-fruit
      'fruit'   'fruits'

   e) **e**-sese   (f) **chi**-sese
      9-dogs   10-dogs
      'dog'   'dogs'

6 (EkeGusii)
   a) **eke**-busi **eke**-mwamu   (b) **ebi**-busi **ebi**-mwamu
      7-cat   7-black   8-cat   8-black
      black cat'   'black cats'

   c) **ri**-tunda **ri**-mwamu   (d) **ama**-tunda **ama**-mwamu
      5-fruit   5-black   6-fruit   6-black
   '   black fruit'   'black fruits'

   e) **e**-sese **e**-mwamu   (f) **chi**-sese **chi**-mwamu
      9-dogs   9-black   10-dog   10-black
      'black dog'   'black dogs'

The number and gender features inherent in the nouns in (5) are transferred to the adjectives to effect uniformity of features within the DP, which indicates that the direction of control is from the nominal to other constituents. Accordingly, the nominal is termed the controller and the adjective the target or controlee because of the directionality of agreement features.

Predicate-argument agreement as in (7) further corroborates the view that agreement features originate in the nominal:

7 (EkeGusii)
   a)**Chi**-sese   **chi**- a ≅-raage-ir-e.
     10-dog   10-PST-eat- PFCT-FV
     'The dogs have eaten.'

b) **Ri**-to   **ri**- a≅--g-ur-e.
5-leaf   5-PST-fall- PFCT-FV
'A leaf has fallen.'

c) **Omo**-geni   **o**-O-ch-ir-e.
1-visitor   1-PST-come- PFCT-FV
'A visitor has come.'

The origin of the number and gender features, namely, /chi/, /ri-/ and /o-/ on the TP is the subject lexical DPs 'chi-sese', 'ri-to' and 'omo-geni', respectively. What emerges from (6) and (7) is that the agreement features occurring in the DP and TP domains are inherited from the nominal in which they are inherent.

1.2.3 Agreement conflict

Barlow & Ferguson (1988) discuss conditions under which patterns of agreement may conflict. These include co-ordination, comitative phrases, marking respect, semantic vs syntactic agreement, quantifier phrases, lexical idiosyncrasies, word order, syntactic distance, case of controller and attraction. In this respect, co-ordination of DPs from different noun classes and honorific use of number in EkeGusii are cases in point. The evidence from the conjoined DPs in (8) supports this claim:

8   (EkeGusii)
a) **Ama**-rabwani   ne-**chi**-ngende   **bi**-a≅-yi-ir-e.
   6-potato   and –10- beans   8-PST-cook- PFCT-FV
   'Potatoes and beans have cooked.'

b) **Ri**-ruma   ne-**eke**-baki   **bi**-a ≅-ch-a
   5-dove   and –7- eagle   8-PST-come-FV
   'A dove and an eagle come.'

c) **Omo**-nto   ne-**e**-sese   **o**-O-took-a-   nyomba.
   1-person   and -9-dog   1-PST-be.found-FV   house.
   'A person and a dog were found in the house.'

Apparently, the agreement conflict in 8 (a) to (c) is resolved by resorting to different resolution rules. In 8 (a) and (b), both conjuncts are viewed as constituting a composite plural DP whose class prefix is from neither conjunct. Specifically, the agreement morphology on the verbal complex is that of class 8 which refers to inanimate 'things' because potatoes and beans are characteristically inanimate. On the other hand, the verb agreement in 8 (c) is controlled by the first conjunct, omonto, because the composite DP has a reading in which omonto 'person' is interpretable as a possessor DP and esese 'dog', a possessee. This state of affairs arises from the meaning of na which is ambiguous between a conjunction and a preposition meaning 'with' and, therefore, the 'possessor' conjunct controls agreement irrespective of its distance from the head of the TP, Tense, hereafter T.

Similar resolution rules obtain in Kiswahili. Smallwood (1998) reports that the Kiswahili verb agrees with either conjunct in conjoined subject DPs of different classes as in (9):

(9) Kiswahili (Smallwood 1998:25)
(a) ma-chungwa na ndizi   ya-[li]-u-zwa   -soko-ni
    6-oranges and 10-bananas 6-PST-sell.PASS (17)-6market-loc
    'Oranges and bananas were sold at the market.'

(b) ma-chungwa na ndizi   zi-[li]-uzwa   -soko-ni
    6-oranges and 10-bananas 10-PST-sell (17)-market-loc
    'Oranges and bananas were sold at the market.'

The resolution rule applicable in (9) means that the features on T can be checked unconditionally by either of both DPs and that T is not sensitive to class variety in the conjoined subject DP.

Further, plural verbal complex agreement sometimes occurs unexpectedly even when the subject DP is singular. The best exemplar of this phenomenon is the honorific use of plural as in (10):

10 (EkeGusii)
  a) O-nyomba   **mw**-ane   **ba**-O-ch-ir-e.
      NPX-house **1-1SG** POSS **3PL**-PST-come- PFCT-FV
      'My wife has come.'

  b) O-nyomba   **mw**-ao   **ba**-O-ch-ir-e.
      NPX-house **1-2SG** POSS **3PL**-PST-come- PFCT-FV
      'Your wife has come.'

  c) O-nyomba   **mw**-aye   **ba**-O-ch-ir-e.
      NPX-house **1-3SG** POSS **3PL**-PST-come- PFCT-FV
      'His wife has come.'

In (10), the subject DPs are singular but the verb complex bears the plural agreement morpheme /ba-/. These anomalous but acceptable agreement phenomena result from the rule governing honorificity in which politeness licenses plural marking on the verbal complex irrespective of number in the lexical DP.

1.3.0 Predicate-Argument Agreement

Predicate-argument agreement, also termed subject-verb concord in traditional grammar, is conspicuous in EkeGusii morpho-syntax. Cammenga (2002:243) reports that in EkeGusii, "morpho-syntactic agreement in the verb is expressed through a prefix that marks the subject". In Bantu linguistics, the predicate-argument marker of agreement is often termed subject marker, hereafter SM, a neutral term, because of the controversy as to whether the marker is an incorporated pronominal or an agreement morpheme. While agreement in English is evidenced by verb conjugation to reflect Spec-head number agreement, the number and person morpheme is prefixed to the verb complex to encode agreement in EkeGusii as in (11):

11 (EkeGusii)
    a) **Omo**-nto   **o**-O-tony-ir-e.
         1-person   **AGR**-PST-drop- PFCT-FV
         'A person has dropped.'

    b) **Aba**-nto   **ba**-O-tony-ir-e.
         2-person   **AGR**-PST-drop- PFCT-FV
         'People have dropped.'

    c) **Omo**-te   **o**-O-tony-ir-e.
         3-tree   **AGR**-PST-drop- PFCT-FV
         'A tree has dropped.'

    d) **Eme**-te   **y**- a≅-tony-ir-e.
         4-tree   **AGR**-PST-drop- PFCT-FV
         'Trees have dropped.'

    e) **Ri**-toke   **ri**-a≅tony-ir-e.
         5-banana   **AGR**-PST-drop- PFCT-FV
         'A banana has dropped.'

    f) **Ama**-toke   **a**-O-tony-ir-e.
         6-banana   **AGR**-PST-drop- PFCT-FV
         'Bananas have dropped.'

    g) **Eke**-rogo   **gi**-a≅-tony-ir-e.
         7-chair   **AGR**-PST-drop- PFCT-FV
         'A chair has dropped.'

h) **Ebi**-rogo   **bi**-a≅-tony-ir-e.
8-chair   AGR-PST-drop- PFCT-FV
'Chairs have dropped.'

i) **E**-Sani   **y**-a≅-tony-ir-e.
9-plate   AGR-PST-drop- PFCT-FV
'A plate has dropped.'

j) **Chi**-Sani   **Chi**-a≅-tony-ir-e.
10-plate   AGR-PST-drop- PFCT-FV
'Plates have dropped.'

k) **Oro**-ko   **ru**-a≅-tony-ir-e.
11-firewood   AGR-PST-drop- PFCT-FV
'A piece of wood has dropped.'

l) **Aka**-mwana   **ga**-O-tony-ir-e.
12-child   AGR-PST-drop- PFCT-FV
'A small child has dropped.'

m) **Obo**-mwana   **bu**-a≅-tony-ir-e.
14-child   AGR-PST-drop- PFCT-FV
'Small children have dropped.'

n) **Oko**-igwana   **gu**-a≅-siny-ir-e.
15-agree   AGR-PST-be.difficult-PFCT-FV
'It has become difficult to agree.'

o) Gesusu   **a**-be-ir-e   **a**-be.
Gesusu   AGR-become-PFCT-FV   AGR-bad
'Gesusu has become bad/a bad place.'

Two contending proposals have been propounded to explain the occurrence of the noun class prefixes on the verbal complex as in (11). As is shown in section 1.5, one theory views the morphemes as pronominal clitics which raise to T while the other considers the same as agreement morphology arising from the operations of Agree relations (cf Mchombo 2004; Henderson 2005).

As the data in (12) show, the agreement morphology of the nouns denoting human referents differs from that of the rest of the nouns. To illustrate, in (12), the singular SMs are /o-/ and /a-/ and the plural counterpart of both is /ba-/:

12   (EkeGusii)
- a) Bosibori   **o**-O-n-dam-a.
  Bosibori   **AGR**-PST-1SG- insult-FV
  'Bosibori insulted me.'

- b) Bosibori   **a**-ka-n-dam-a.
  Bosibori   **AGR**-NARR-ISG-insult-FV
  'Bosibori insulted me.'

- c) Bosibori na Kerubo   **ba**-O-n-dam-a.
  Bosibori and Kerubo   **AGR**-PST-1SG- insult-FV
  'Bosibori and Kerubo insulted me.'

- d) Bosibori   **o**-O-to-ram-a.
  Bosibori   **AGR**-PST-1PL- insult-FV
  'Bosibori insulted us.'

- e) Bosibori   **a**-ga-to-ram-a.
  Bosibori   **AGR**-PST-1PL-insult-FV
  'Bosibori insulted us.'

- f) Bosibori na Kerubo   **ba**-ga-to-ram-a.
  Bosibori and Kerubo   **3PL**-NARR-IPL-insult-FV
  'Bosibori and Kerubo insulted us.'

In 12 (a) to (f), the lexical DPs are optional but their agreement markers, /o- /a-/ and /ba-/, which have pronominal function, are obligatory. However, since they cannot occur independent of the verbal complex to which they attach, these agreement morphemes are characterized as pronominal clitics.

The temptation to analyze the clitics as pronouns in the literature arises from the fact that these morphemes are co-referential to the lexical DPs which they relegate to optional topic status in the sentence, making EkeGusii a pro drop language. The syntax of this phenomenon is the focus of section 1.5.

1.4 Object Agreement

Incidentally, the prefixes identified for the various noun classes in (11) can also be used co-referentially with object DPs as well but their co-occurrence with the lexical DPs is not tolerable as shown in (13):

13   (EkeGusii)

a)   Tata   o-O-riik-a   ri-rube.
Father   AGR-PST-write-FV   5-letter
'My father wrote a letter.'

b)   *Tata   o-O-**ri**-riik-a   **ri-rube**
Father   AGR-PST-**5**-write-FV   **5-letter**
'My father wrote a letter.'

c)   Baba   o-O-simek-a   **chi**-ng'ende.
Mother   AGR-PST-plant-FV   **10**-bean
'My mother planted beans.'

d)   *Baba   o-O-**chi**-simek-a   **chi**-ng'ende.
Mother   AGR-PST-**10**-plant-FV   **10**-beans
'My mother planted beans.'

e)   Omw-ana   o-O-nyw-a   e-sumu.
1-child   AGR-PST-drank-FV   9-poison
'The child drank poison.'

f)   * Omw-ana   o-O-ye-nyw-a   e-sumu.
1-child   AGR-PST-9-drink-FV   9-poison
'The child drank poison.'

Unlike the subject agreement marker /o-/ which is morphologically dissimilar to its antecedent DPs in 13 (a) to (f), the object markers in 13 (b), (d) and (f) are copies of the noun class prefixes of the complement DPs.

Besides DPs, locative PPs trigger agreement in Bantu. As Smallwood (1988) reports, the Chichewa locative inversion construction is a case in point. (14) contains examples of this phenomenon:

14   Chichewa (Smallwood (1998:23))

a.   m-nkhalango   m-okhala   mi-kango
18-9 forest   18-live   4-lion
'In the forest lives a lion.'

b. m-khalango   m-akhala   mi-kango
    18-9 forest   18-PERF-remain   4-lion
    'In the forest have lived lions.'

In these sentences, the locative prefix /m-/ in the preverbal nominal *nkhalango*, 'forest', is copied on the verb *khala*, 'live', to effect agreement between the verb and the preposed locative PP. In contradistinction to Bantu is English, for example, in which preposed locative PPs do not trigger agreement as (15) shows:

15   (English; Smallwood 1998:21)
        Behind the stones is/*are a pretty garden.

Smallwood argues that the English locative PP lacks the phi features requisite for verbal agreement and that only the post-verbal subject contains them and, therefore, triggers agreement. The fact that subjects in English trigger agreement in preposed as well as post-verbal position prompts Smallwood to postulate the split Extended Projection Principle, hereafter EPP, hypothesis. The gist of the hypothesis is that a post-verbal subject satisfies the Nominal Condition of the functional head Inflection, hereafter, INFL while the fronted locative PP meets the merge EPP Condition. Smallwood states the merge EPP Condition as in (16):

(16)   Merge EPP
        The specifier of Infl must be projected (i.e. filled by an element containing a maximal set of features).

The separability of the Nominal Condition of Infl and Merge EPP explains why the verb in English may agree with the subjects which are in post-verbal position rather than in the expected position, [Spec, IP]. As Smallwood reasons, the "locative moves through [SPEC IP] and satisfies the merge EPP requirement of Infl" but "does not trigger subject-verb agreement" (Smallwood 1998:20). In other words, locative inversion expressions do not occupy [SPEC IP] as they satisfy Merge EPP without pied piping the subject to [SPEC IP] as shown in (17):

17   (English, Smallwood 1998:4)
        In the garden are four cats.

Evidence from constructions of the type in (17) prompts Smallwood to consider that the locative PP is not in free variation with the fronted subject DP in (18):

18   (English, Smallwood 1998:4)
        Four cats are in the garden.

One basic assumption of the free-variation account is that the locative PP and the subject DP are capable of checking the D feature on Infl, which is not the case and so both nominals are far from being variants of the agreement operation in (18).

Locative phenomena of this type provide evidence that agreement does not always occur in a Spec-head configuration. While the facts relating to English locative inversion can be accounted for in the split EPP hypothesis, the Bantu phenomenon in which locative agreement obtains calls for an alternative account. In these parametric circumstances, appeal may be made to Smallwood's proposal that Bantu lacks the merge EPP condition but has a strong nominal condition on Infl which is satisfied by the D feature of the locative, thereby yielding agreement between the Infl and the locative nominal. Recourse to this proposal which is based on the Principles and Parameters theory and Universal Grammar aids in laying to rest the ghost of discordant agreement phenomena in Romance and Bantu.

1.5 Concord is not Agree

The pervasive agreement system of Bantu raises fundamental questions for the theory of agreement. One matter at issue is the marking of identical agreement on each verb in a Compound Tense, hereafter CT, or serial verb construction. 18 (a) and to (b) exemplify Kiswahili CT constructions:

19 (Kiswahili, Henderson 2005:4)

a) Juma **a**-li-kuwa **a**-me-pika cha-kula.
Juma **3SG**-PST-be **3SG**-PERF-cook food
'Juma had cooked food.'

b) (Mimi) **ni**-li-kuwa **ni**-ngali **ni**-ki-fanya kazi.
(I) **1SG**-PST-be **1SG**-still **1SG**-PERF-do work
'I [was] still working.'

Contrary to Carstens' (2001) analysis of such Bantu CT constructions as multiple agreement, Henderson (2005) posits that such phenomena involve an Agree relation with the subject. For Henderson, the appearance of agreement marking on the lower auxiliary as in (19) is a consequence of agreement on the higher auxiliary rather than an independent Agree.

Therefore, instead of treating both morphemes on the two verbs as evidence of multiple agreement, Henderson suggests that the higher verb is in an Agree relation with the subject while the agreement on the lower verb is an instance of concord. In this regard, Henderson's analysis differs significantly from Carstens and Kinyalolo (1989) where the subject establishes an Agree relation with each verb as it raises successively from its base-generated position inside vP to [Spec, TP] as shown in (20):

20

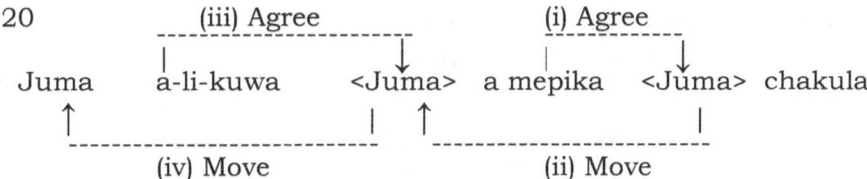

For Carstens & Kinyalolo (1989) and Carstens (2001), the occurrence of agreement on both verbs of the CT as in (19) can be accounted for as raising constructions involving two Agree relations and two Move operations, hence multiple agreement. This analysis goes against the grain of the Minimalist thesis of Agree in which multiple Agree is not theoretically sound.

To make the phenomenon of agreement in such Bantu CT constructions minimalist-compliant, Henderson suggests that agreement should be distinguished from concord. Arguing that agreement on the lower verb does not result from Agree, Henderson proposes that agreement in CT be analyzed as (21):

21   **(Kiswahili, Henderson 2005:7)**

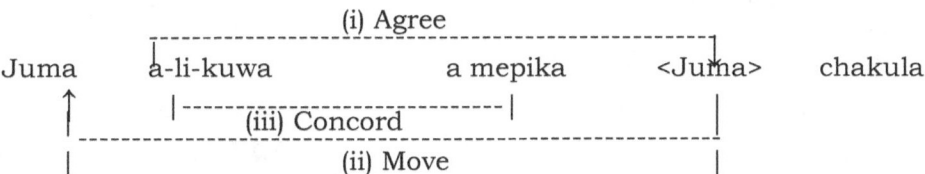

To the extent that the analysis in (21) is theoretically tenable, it aids in sifting Agree from the process of concord, which terms Henderson defines in (22):

22 a) **AGREE**: a probe α and a goal β are in an **AGREE** relation when α c-commands β and some uninterpretable features of α and β are checked/deleted/valued.

b) **CONCORD**: two elements α and β are in a **CONCORD** relation when α and β are adjacent and some features realized on α are also realized on β.

The basic assumption in (22) is that Agree proceeds from computation at the level of syntax while concord is a post-syntactic adjacency procedure in which features which have undergone valuation are copied. Accordingly,

Henderson's account of Bantu CT structure is a refutation of Carstens' (2001) proposal in which each verb in a CT construction contracts on independent Agree relation with the subject in order to have its features deleted.

However, Carstens' proposal is motivated by the Spec-Head Agreement Hypothesis, hereafter SHAH, as postulated in Chomsky (1986), Koopman (1992) and Kinyalolo (1991), among others, in which the head inherits features from the XP residing in [Spec, TP]. In other words, in the SHAH, Agree in Bantu occurs in a Spec-Head relation under government in which the verb enters a checking relation with XP in [Spec, TP]. Implicit in this hypothesis is the assumption that the subject DP in Bantu CT constructions inevitably contracts a checking relation with each verb, beginning with the right-most one before raising successively via Spec-to-Spec movement in search of case. Since checking operations of this sort are unexpected within the Minimalist framework, Henderson's suggestion seems tenable since his contention is that multiple Agree as in (19) surprisingly permits the visibility of the features of XP for checking relations more than once, that is, the system allows the occurrence of a many-to-one probe-goal feature checking relation.

Although CT constructions do not obtain in EkeGusii, Carstens' and Henderson's analyses are relevant to the explication of the phenomenon of serial verb constructions obtaining in the language as in (23):

23 (EkeGusii)
a) Sinclair **o**-O-to-ror-a **o**-O-tam-a.
 Sinclair **AGR**-PST-1PL-see-FV **AGR**-PST-ran.away-FV
 'Sinclair saw us and ran away.'

b) Prudence **a**-ga-to-ror-a **a**-ga-tam-a.
 Prudence **AGR**-NARR-1PL-see-FV **AGR**-NARR-ran.away-FV
 'Prudence saw us and then ran away.'

c) Bosibori **o**-O-rug-a **o**-O-raager-a.
 Bosibori **AGR**-PST-cook-FV **AGR**-PST-eat-FV
 'Bosibori cooked and ate.'

Following Henderson (2005), the assumption in 22 (a), for instance, is that the agreement marker, /o-/, results from the checking relation the verbal complex contracts with the lexical DP, Sinclair, inside the vP prior to movement to topic position. In other words, once the features of the lower T are checked and copied onto the higher T, the lexical DP moves out of the vP to the topic position in the left periphery. That the lexical DP is optional provides evidence for the vP internal subject hypothesis and explains why EkeGusii is amenable to classification as a null subject language (NSL) or a pro-drop language. As Smallwood (1998) shows, pro drop phenomena of this kind are also found in Kiswahili in which subject agreement is obligatory but the lexical DP optional as in (24):

24 (Kiswahili, Smallwood 1998:28)
   a)   pro   vi-li-tosha.
                            8-PST-be-enough
        'They (inanimate objects) were enough.'

   b)   (uzi)   u-li-tosha
            (11 –string)   11-PST-be.enough
        'It was enough.'

Phenomena such as those in (23) and (24) have led to divergent accounts as to the status of the SM in Bantu. For Givon (1976), since the lexical subject and the SM are co-referential, both can be treated as a topic-comment construction as in (25).

(25) TOPIC COMMENT

The man	he	came
	SUBJ	VERB
	The man	he -came
	SUBJ	VERB

The proposal in (24) seems to co-relate well with information structure and presentational focus in EkeGusii as in 26 (b) where the focus marker can be said to introduce the VP as the comment on the topic lexical DP:

26 (EkeGusii)
   a)   Omo-nto   o-O-ch-a.
           1-person   AGR-PST-come-FV
           'A person came.'

   b)   Omo-nto   n-a-O-ch-a.
           1-person   FOC-AGR-PST-come-FV
           'A person came.'

However, considering the agreement facts in Bantu, the treatment of the SM and Object marker, hereafter OM, as incorporated pronominals as has already been argued for in Setswana (Demuth & Mmusi 1989) and

Chichewa (Mchombo 2004) deserves comment. The precise status of these clitics is blurred by their properties and function. As Mchombo maintains, incorporated pronominals have anaphoric reference since they are "linked to a discourse-licensed extra-sentential NP" (Mchombo 2004:82). This reasoning seems consistent with Henderson's view that movement of the lexical DP to the left periphery proceeds from an Agree relation in vP prior to Move.

While the SM is amenable to an incorporation analysis, the OM poses a problem to the approach. It should be noted at the outset that Bantu complement clitics do not behave uniformly. For example, in Emukhuwa and Kiswahili, the OM obligatorily co-occurs with the object argument (Mchombo 2004). Conversely, as in the case of EkeGusii, Gikuyu (Bergvall 1987; Mchombo 2004) complement clitics are in complementary distribution with the lexical DPs with which they are co-referential.

Considering that the presence of OMs in Emukhuwa and Kiswahili has no dislocation effects on the lexical DPs as would be expected, the possibility that the OMs could be agreement markers rather than by-products of incorporation appears appealing, yet the fact that the OMs have agreement-like properties by virtue of encoding the number and gender features of lexical DPs cannot be gainsaid.

1.6 Conclusion

In conclusion, it has been shown in this chapter that the agreement and concord domains in EkeGusii are the DP and TP. Further, the problem of the pervasive agreement morphology of EkeGusii in particular and Bantu in general, which has been analyzed as multiple agreement in some of the literature, can be resolved by delineating agreement and concord in accord with the principle tenets of Chomsky's (1995) Minimalist Programme. In a nutshell, there is only one true Agree relation in, for example, serial verb constructions; the occurrence of the agreement morpheme on subsequent verbs after true Agree is simply concord.

Abbreviations

AGR	Agreement
FV	Final Vowel
NARR	Narrative
NPX	Noun Prefix
OM	Object Marker
PASS	Passive
PFCT	Perfect
PL	Plural
POSS	Possessive

PST   Past
SG   Singular
SM   Subject Marker

References

Barlow, M. & Ferguson, C. (eds.) 1988. *Agreement in Natural Language Approaches, Theories*, Descriptions CSLI, Stanford University.

Bergvall, V.L. 1987. Focus in Gikuyu and Universal Grammar. PhD dissertation, Harvard.

Cammenga, J. 2002. *Phonology and Morphology of EkeGusii A Bantu Language of Kenya*. Ko_ln, Rudiger Koppe Verlag.

Carstens, V. & Kinyalolo, K. 1989. On IP: *Tense, Aspect and Agreement*. Ms., Cornell University and UCLA.

Carstens, V. 2001. Multiple Agreement and Case Deletion: Against ÷ incompleteness. *Syntax* 3:147-163.

Chomsky, N. 1986. *Barriers*. Cambridge, MIT Press.

-----1995. The Minimalist Programme. Massachusetts, MIT Press.

Corbett, G.G. 1988. Agreement: A Partial Specification Based on Slavonic Data. In Michael Barlow & Charles Ferguson (eds.) *Agreement in Natural Language Approaches, Theories, Descriptions* 23-53 CSLI, Stanford University.

Demuth, K. & Mmusi, S. 1997. Presentational Focus and Thematic Structure in Comparative Bantu. *Journal of African Languages and Linguistics* 18: 1-19.

Demuth, K. A. 1988. Noun Classes and Agreement in SeSotho Acquisition. In Michael, Barlow & Charles Ferguson (eds.) *Agreement in Natural Language Approaches, Theories, Descriptions* 23-53 CSLI, Stanford University.

Givon, T. 1976. Some Constraints on Bantu Causativization. In Masayoshi Shibatani (ed.) *Syntax and Semantics The Grammar of Causative Constructions* 6. New York, Academic Press.

Henderson, B. 2005. Multiple Agreement Concord and Case Checking in Bantu A Reply to Carstens. Ms., University of Illinois at Urbana Champaign.

Hyman, L. 1979. *Aghem Grammatical Structure*. Los Angeles, SCOPL.

Kinyalolo, K. 1991. Syntactic Dependencies and the Spec-Head Agreement Hypothesis in Kilega. PhD dissertation, UCLA.

Koopman, H. 1992. On the Absence of Case-Chains in Bambara. *Natural Language and Linguistic Theory* 10: 555-594.

Mchombo, S. 2004. The Syntax of ChiChewa. Cambridge, CUP.

Smallwood, C. 1998. Agreement EPP and Locative Inversion: Subjects in English and Bantu. Ms., University of Toronto.

CHAPTER THREE

NJEO NA HALI KATIKA KISWAHILI NA LUGHA TEULE ZA KIBANTU

Nathan Oyori Ogechi
Department of Kiswahili and
other African Languages
Moi University

This chapter attempts to analyse data from Swahili and Lacustrine Bantu languages' for tense and aspect. Specifically, it tries to unravel the way in which the languages studied represent the two phenomena, namely tense and aspect. It is shown that, to a large extent, aspect is not manifested in Swahili as is the case in the Lacustrine languages treated. Based on Nurse & Muzale's (1999) model the discussion exposes five cardinal aspects in the languages cited.

1. Utangulizi

Sura hii inajishughulisha na uwakilishaji wa njeo na hali katika Kiswahili na lugha nyingine za Kibantu. Utafiti katika Kiswahili kufikia sasa, unaelekea kujihusisha na njeo tu ilhali hali ama imepuuzwa kabisa (Ashton 1944) au inarejelewa tu kwa tutusa. Kupuuzwa huku labda kumetokana na maendeleo katika isimu ambapo kuna matapo kadhaa yakiwemo tapo la wanasarufi mapokeo na lile la wanasarufi mambo sasa (Hurford 1997: 239). Kwa upande mmoja, wanasarufi mapokeo wanajishughulisha tu na njeo ili kurejelea maumbo tofauti ya vitenzi yanayoonyesha wakati ambapo tendo au hali fulani ilitokea. Kwa upande mwingine, wanasarufi mambo sasa wamebainisha kati ya njeo - umbo la kitenzi linaloelezea ni lini tukio fulani lilifanyika - na hali - umbo la kitenzi linalohusiana na mambo kama vile muda au ukamilifu wa tendo au hali fulani. Dhamira ya sura hii ni kuchambua njeo na hali katika data ya Kiswahili na lugha nyingine za Kiafrika ambazo ninazielewa. Mjadala umeendeshwa kwa kujikita katika misingi ya mwelekeo wa wanasarufi mambo sasa. Lengo langu ni kuibua mishabaha na tofauti zozote kiruwaza za kuwakilisha njeo na hali katika vitenzi vya lugha husika.

Sura hii ina sehemu nne. Sehemu ya kwanza imetanguliza mada ya utafiti. Ufafanuzi wa dhana za njeo na hali unajitokeza katika sehemu ya pili. Sehemu ya tatu inawasilisha nadharia ya hali katika lugha za Kibantu za eneo la Ziwa Viktoria pamoja na uchambuzi wa data ya lugha hizo. Nalo hitimisho limetolewa katika sehemu ya nne.

2. Ufafanuzi wa Dhana

Dhana za njeo na hali ndizo za kimsingi katika mjadala huu. Kwa kuwa dhana ya njeo imeshughulikiwa kwa muda mrefu katika tafiti za Kiswahili na lugha nyingine za Kiafrika, itakuwa rahishi kuielewa dhana ya hali baada ya kuifafanua dhana ya njeo.

2.1 Njeo

Njeo imeitwa nyakati (wakati) katika baadhi ya tafiti za awali (kwa mfano Kapinga 1983). Njeo inaweza kuchukuliwa kuwa ni uhusiano kati ya umbo la kitenzi na wakati wa kitendo au tukio ambao umbo hilo linaelezea (Mutaka (2000: 184). Kwa hivyo, imedaiwa kwamba njeo ni dhana inayohusisha wakati wa hali, tukio au tendo fulani na wakati mwingine, hasa wakati ule wa kuzungumza (Comrie 1976: 1-2). Kwa kujikita katika wakati wa kuzungumza, utapata wakati wa kabla ya kuzungumza (wakati uliopita), wakati wa kuzungumza (wakati uliopo) na wakati baada ya kuzungumza (wakati ujao). Hii ndio maana njeo pia imeelezwa kuwa ni istilahi ya kisarufi ambayo inaelezea wakati wa tukio/tendo kwa kurejelea kituo fulani kiwakati. Aghalabu kituo hicho ni wakati ambapo kishazi kinatolewa/kinazungumzwa/kinaandikwa (Payne 1999).

Tunaweza kuchukulia njeo kama msitari fulani wenye vituo vitatu kimsingi. Msitari huo una kituo "sasa" kama ndio mwanzo wa kupima njeo. Kituo hiki, "sasa", huwa kati kati ya msitari wa wakati:

Kielelezo 1. Msitari wa njeo wenye kituo "sasa"

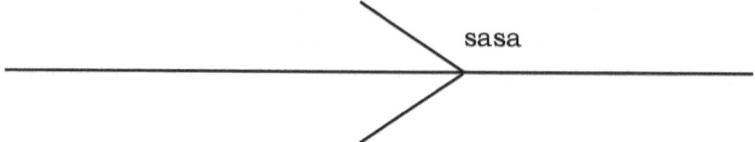

Kutoka kituo hicho "sasa", tunaweza kwenda ama kushoto ili kumaanisha njeo –pita au kwenda kulia ili kumaanisha njeo - ujao:

Kielelezo 2. Msitari wa njeo za kimsingi

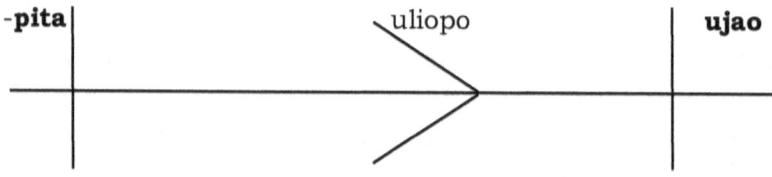

Njeo hizi tatu: **-pita, uliopo** na **ujao**, ndizo njeo za kimsingi zilizoshughulikiwa sana katika lugha nyingi (k.v. Bhatt 1999; Payne 1999). Anavyodai Comrie (1976: 1-2), lugha nyingi kikiwemo Kiswahili huzibainisha njeo hizi tatu:

Njeo iliyopo: Kitendo kinachoelezwa katika njeo iliyopo kinawakilishwa kwa namna kwamba kinalingana kiwakati na wakati wa kuzungumza, yaani "sasa":

1) a. Juma a**na**kuja.
   b. Valentina a**na**lala.
   c. Wamalwa a**na**oa.

Mofimu {-**na**-} katika tungo hizi inaonyesha kuwa vitendo vya -**kuja**, -**lala** na -**oa** vinatendeka katika wakati uliopo. Yaani, vinatokea wakati ule wa kuvizungumzia.

Njeo iliyopita: Kitendo katika njeo hii kinaelezwa kama kilichotokea wakati uliopita kabla ya "sasa". Sentensi (1a-c) zinawakilishwa katika wakati uliopita ifuatavyo katika (2a-c):

2) a. Juma a**li**kuja.
   b. Valentina a**li**lala.
   c. Wamalwa a**li**oa.

Mofimu {-**li**-} ndiyo inaonyesha kuwa vitenzi -**kuja**, -**lala** na -oa vimo katika njeo iliyopita.

Njeo ijayo: Hapa tukio huelezwa kama litakalotokea katika wakati fulani unaokuja baada ya kuzungumza (kuandika) au baada ya sasa kama inayodhihirishwa na (3a-c):

3) a. Jumao a**ta**kuja.
   b. Valentina a**ta**lala.
   c. Wamalwa a**ta**oa.

Kimsingi, mofimu {-**ta**-} ndiyo inadokeza kutokea kwa tendo fulani katika wakati unaokuja baada ya mazungumzo.

Kutokana na mifano niliyokwishatoa, njeo katika lugha huwakilishwa katika kitenzi kwa kutegemea hali ya kitenzi kinachorejelewa katika tungo. Hata hivyo, uwakilishi au urejeleaji wa njeo katika kitenzi si sare katika lugha mbali mbali. Tofauti hizo kiuwakilishi hutegemea tipolojia[1] ya lugha. Ama lugha ni ambatishi, ambishibainishi, ambishi, ambishi mchanganyo, nyambulishi, tenganishi n.k. Ndiposa Payne (1999) akadai kuwa njeo huweza kubainishwa katika kitenzi ama kileksia (neno) au kimofolojia/kisarufi (viambishi). Mbinu hizo zimefafanuliwa na Bhatt (1999: 15) na Payne (1999:237-8) kuwa ni tatu:

(i) Matumizi ya viambishi vya nyakati (kisarufi/kimofolojia). Lugha za Kibantu hutumia viambishi vya nyakati ili kuwakilisha njeo. Isitoshe, ni lugha chache sana za Kiafrika zinatumia mofimu ambishi ili kuwakilisha njeo (Mutaka 2000: 184). Mutaka anaendelea kudai kuwa kwa baadhi ya lugha hizo, viambishi hivyo huweza kuwa vya kifonolojia arudhi kama vile toni au mofimu wazi wazi.

Tumekwishaiona mifano ya mofimu wazi wazi katika Kiswahili (1-3) ambapo kiambishi cha njeo hutokea katika sehemu ya kulia mwa mofimu ya kiima katika kitenzi lakini kushoto mwa mzizi wa kitenzi. Mifano mingine ya lugha za Kibantu inatoka katika lugha ya Nkore-kiga[2] :

3) a. n-aa-gyenda
     mimi-leo:PITA-enda   'Nilienda leo (asubuhi)'.

   b. n-gyenzire
      mimi-enda:PITA   'Nilienda (jana)'.

   c. n-ka-gyenda
      mimi-ZAMANI-enda   'Nilienda zamani (zaidi ya jana)'
      (Nurse & Muzale 1999)

(ii) Lugha nyingine za Kiafrika hutumia leksia tofauti ili kuonyesha mibainisho ya njeo na wala si viambishi katika kitenzi kikuu. Lugha nyingi za Kiafrika hutumia mofimu huru tofauti kuonyesha tofauti za njeo (Mutaka 2000: 184). Hizo mofimu huru ni vitenzi visaidizi vinavyosaidiana na vitenzi vikuu. Ni muhimu kukumbuka kuwa lugha inayotumia viambishi ili kuonyesha njeo pia inaweza kutumia leksia ili kuonyesha njeo. Kwa mfano, ingawa Ekegusii[3] kinatumia mbinu ya kimofolojia ili kuonye-

---

1 Mintarafu *Kamusi Sanifu ya Isimu na Lugha* (TUKI 1990:87), kwenye isimu linganishi, tipolojia ni uainishaji wa lugha kulingana na hali za kifonolojia, sarufi, na kileksika zaidi kuliko kuegemea zaidi maendeleo ya kihistoria.
2 Nkore-kiga ni lugha ya Kibantu inayozungumzwa kusini-magharibi mwa Uganda.
3 Lugha ya Kibantu inayozungumzwa kusini magharibi nchini Kenya.

sha njeo kwa jumla, njeo ijayo huonyeshwa kwa kutumia kitenzi kisaidizi. Njeo ijayo huwakilishwa na kitenzi kinachomaanisha "kuja":

4) a. n-che   n-geende
       mimi-kuja   mimi-enda   'Nitaenda'.

   b. o-che   o-geende
       wewe-kuja   wewe-enda   'Utaenda'.

   c. a-che   a-geende
       yeye-kuja   yeye-enda   'Ataenda'.

Isitoshe, katika mbinu hii ya (ii), njeo huweza kuonyeshwa kwa kutumia vielezi vya wakati pekee na wala si katika mfumo wa kivitenzi. Kwa mfano, Kiingereza hutumia vielezi vya wakati na wala si viambishi vya wakati ili kubainisha tofauti kiwakati:

5) a.   I went today.   "Nilenda leo".
   b.   I went yesterday.   "Nilienda jana".
   c.   I went earlier than yesterday. "Nilienda kabla ya jana".

(iii) Kuna lugha nyingine zisizokuwa na njeo ("tenseless"). Yaani hizi ni lugha ambazo hazitumii mbinu ama ya kimofolojia au ya kileksia ili kuonyesha njeo (Bhatt 1999: 15). Katika lugha hizo, anadai Bhatt (1999: 15), njeo huwakilishwa kwa kutumia mibainisho ya hali (tazama sehemu ya 2.2 hadi 3). Kichina ni mfano wa lugha ambayo haina njeo (Hurford 1997: 241). Aghalabu muktadha pekee hutosha kuakisi njeo. Lakini inapobidi kuwakilisha njeo, Kichina hutumia vielezi kama kinavyofanya Kiingereza (tazama 5a-c). Kwa mfano, kitenzi lái hakibadilishi umbo ingawa kinaakisi nyakati mbali mbali - **-pita, uliopo** na **ujao**:

6) a. wŏ   zuōtiān lái
      mimi   jana   kuja   'Nilikuja jana'.

   b. wŏ   jīntian lái
      mimi   leo   kuja   'Nakuja leo'.

   c. wŏ   míngtiān lái
      mimi   kesho   kuja   'Nitakuja kesho'.   (Hurford 1997: 241)

Kufikia hapa, imekuwa wazi kwamba, njeo inaonyesha wakati wa tukio (au kisa) lenyewe linapotokea au kwa kulihusisha na tukio fulani. Sasa tutachunguza *hali*.

2.2 Hali

Hali inaonyesha jinsi tukio linavyotendeka/tokea kiwakati: ama linaendelea au limekwisha, linaanza, linaenda kwisha, linakaririwa/larudiwarudiwa (Bhatt 1999:43). Kwa lugha nyingine, **hali** inaonyesha muundo wa ndani kiwakati wa tendo au tukio linalozungumziwa:

7) a. Ni-na-kuja   (Uliopo si timilifu)
   b. Ni-li-kuwa na-ja   (-pita si timilfu)

8) a. Ni-me-kuja   (Uliopo timilifu)
   b. Ni-li-kuwa ni-me-kuja (-pita timilifu)

Jozi hizi mbili (7a -7b) na (8a – 8b) zinatofautiana kihali. Zile za awali (7a – 7b) zinaashiria tendo linaloendelea na lisilokuwa timilifu ilhali zile za baadaye (8a –8b) zinaashiria tendo lililokamilika tayari. Isitoshe, sentensi (7a) na (8a) ni tofauti zinapolinganishwa na zile za (7b) na (8b). Sentensi za awali ziko katika njeo iliyopo ilhali zile zinazofuata ziko katika njeo iliyopita.

2.2.1 Ubainishaji wa hali

Dik (1989) na Siewierska (1991 katika Bhatt 1999: 44) wamedai kuwa lugha zinatofautiana kwa namna ambavyo zinadhihirisha hali. Wamebainisha aina tatu za mibainisho ya hali:

2.2.1.1 Timilifu (perfective) na –so timilifu (imperfective)

Hii ndio aina ya hali inayotokea katika sarufi ya lugha nyingi. Kama anavyodai (Bhatt 1999: 44), aina hii ya hali inajishughulisha na mbainisho wa tukio kutoka ndani. Katika hali timilifu hatuangalii muundo wa ndani kiwakati wa tukio, jambo ambalo linazingatiwa katika hali iso timilifu. Isitoshe, hali timilifu huchukulia tukio kwamba ni kamilifu; lakini hali iso timilifu hulichukulia tukio kama linaloendelea au la mazoea (Comrie 1976, Dahl 1985, Bache 1995).

Katika hali timilifu, kitenzi huonyesha ukamilifu wa tendo au mfanyiko mintarafu ya njeo (tazama mifano 8a – 8b). Hali timilifu hudokeza kuwa tukio linalozungumziwa lilitekelezwa. Isitoshe, katika wakati wa kuzungumza (sasa), tukio hilo lilikuwa limekamilika.

Katika hali isiyo timilifu, kitenzi huonyesha kuwa tukio linaendelea (tazama mifano 7a –76b). Lakini tunatahadhari kuongeza kwamba wakati mwingine hali isiyo timilifu inaweza kuonyesha urudiaji pale ambapo uradidi unatumika:

9) a. Ana**imba imba**.
   b. Alikuwa ana**soma soma**
   c. Atakuwa ana**cheka cheka**.

Katika mifano (9a – 9c), kuna uradidi wa mizizi ya vitenzi –imba, -soma na –cheka.

2.2.1.2 Hali kiawamu (phasal)

Bhatt (akimrejelea Dik 1989: 186) anatambua kuwa tukio linaweza kuwa na mwanzo na mwisho, sehemu ya kati kati inayoendelea au inayobadilika na pia sehemu inayofuata au ile inayobadilika. Msemaji anaweza kulizungumzia tukio hilo huku akijikita katika yoyote kati ya awamu hizi tatu na huenda lugha yake ikawa na vionyeshi vya kuwakilisha mibainisho hii. Kwa kuwa vionyeshi hivyo vinawakilisha muundo ndani wa tukio, vinawekwa katika kategoria ndogo ya hali (Dik 1989: 186 katika Bhatt 1999: 49).

2.2.1.3 Hali kikiasi (quantification)

Tukio linaweza kuripotiwa katika misingi ya kiasi. Yaani linatokea mara moja tu au mara kadhaa; linaweza kuchukuliwa kuwa tukio maalumu au kama sehemu mojawapo ya kutenda mambo mengine; au inawezekana kubainisha kati ya viwango kadhaa vya kutokea tokea (frequency) kwake. Vionyeshi ambavyo lugha fulani itatumia kuonyesha hali hizi huitwa kategoria ndogo ya hali. Mfano ipo katika lugha ya Marathi:

10) to   roj   amčya   kəDe   ye-to
    yeye   kila siku   petu   mahali   kuja-Si TMLF-3UMJ:mume
    'Yeye (mume) huja kwetu kila siku'   (Bhatt 1999: 54)

Kufikia hapa, tumeonyesha utokeaji wa hali kwa jumla bila kujikita katika lugha ama ya Kiswahili au za Kiafrika. Katika sehemu ifuatayo tungependa kujikita katika lugha za Kiafrika.

3. Uwakilishaji katika Lugha za Kibantu – Nadharia

Imedaiwa kwamba ingawa Kiswahili ni lugha yenye sifa nyingi za mnyambuliko, haina ukwasi katika kuwakilisha hali. Dhana ya hali ime-

toweka katika Kiswahili isipokuwa katika kuonyesha hali timilifu ambayo huwakilishwa kimofolojia kwa kutumia mofimu {-**me**-}:
11) a. Nilikuwa ni**me**andika.
    b. Ni**me**andika.
    c. Nitakuwa ni**me**andika.

Lugha nyingine za Kiafrika bado zimehifadhi kipengele cha hali na kuna nadharia zilizoibuliwa ili kuelezea uchambuzi wa hali. Katika sura hii, nimejikita katika nadharia ya kuelezea hali katika lugha za Kibantu za eneo la Ziwa Viktoria iliyoasisiwa na Nurse & Muzale (1999 katika Rose 2001: 61-100). Mintarafu ya Nurse & Muzale, kuna hali tano zilizo wazi katika lugha hizo:

3.1 Hali sahili (simple aspect)

Hali hii ndiyo imezagaa katika lugha za eneo hilo. Kisemantiki, hali hii inawakilisha matukio kama yaliyokamilika au matendo ya kijumla. Hali hii pia huitwa hali timilifu. Kimofolojia, hali hii huwakilishwa:

12) [KM-Ø-MZZ-a]

Tazama mifano ifuatayo inayolinganisha lugha za Haya (Tanzania) na Ekegusii (Kenya).

Haya   **Ekegusii**
13) tu-Ø-gur-a   (Rose 2001: 67)   to-ko-gor-a
    1WG-Ø-nunua-KSH 'Tunanunua'. 1WG-MZ-nunua-KSH 'Tunanunua'.

Mifano hii inaonyesha maendeleo na mabadiliko yaliyotokea katika uwakilishaji wa hali katika lugha za Kibantu. Wakati ambapo mofimu fulani ya kuwakilisha hali sahili imepotea katika Kihaya na mahali pake pamechukuliwa na mofimu kapa, Ekegusii chaelekea kuwa kimeiihifadhi mofimu hiyo kama {-**ko**-} ili kuwakilisha hali sahili. Hii ina maana kuwa baadhi ya lugha za Kibantu za eneo la Ziwa Viktoria pia zimeihifadhi mofimu hiyo. Lakini lugha nyingine kama vile Igikuria ambayo inalandana kwa ukaribu sana na Ekegusii inatumia mfumo ule ule wa Kihaya:

14) a. Hali timilifu, njeo iliyopo
    ba-Ø-som-a
    3WG-Ø-soma-KSH 'Wanasoma' (Labda jibu kwa: Wanafanya nini maishani mwao?)

b. Hali timilifu, njeo iliyopita

   ba-Ø-som-ere
   3WG-Ø-som-PT   'Walisoma'.

c. Hali timilifu, njeo ijayo hivi karibuni

   ne-ba-raa-some
   F-KM-UJKR-MZZ   'Watasoma'.

d. Hali timilifu, njeo ijayo baadaye

   ba-re-som-a
   KM-UJBD-KM-KSH 'Watasoma baadaye'.

3.2 Hali ya kuendelea (progressive aspect)

Hali hii inaonyesha tukio/tendo kama linaloendelea wakati wa maongezi. Hali hii inawakilishwa kwa njia mbili: ama katika umbo la neno (synthetic) au kiusanisi (analytic) ikijumuisha kitenzi kisaidizi (kitenzi 'kuwa') na kitenzi kikuu. Lugha za Igikuria na Ekegusii, kwa mfano, zinatumia mfumo wa kitenzi kisaidizi na kitenzi kikuu ambapo kitenzi kisaidizi huja baada ya kitenzi kikuu:

Igikuria   **Ekegusii**
15) a. ne-ko-som-a   ba-re   n-go-som-a   bare
       F-KTSK-soma   KTSD   F-KTSK-soma   KTSD
       'Wanasoma'.   'wanasoma'.

   b. Chaacha oe   n-ko-ag-a   a-re   Chaacha ere n-ko-aga a-re
Chaacha yeye F-KTSK-palilia KTSD   Chaacha yeye F-KTSK-palilia KTSD
       'Chaacha anapalilia'.   'Chaacha anapalilia'.

3.3 Hali ya mazoea (habitual aspect)

Hali ya mazoea inaonyesha kuwa tendo linatokea mara kwa mara au kimarudio rudio. Baadhi ya lugha zimeoanisha hali ya mazoea na hali ya kuendelea (Nurse & Muzale 1999). Hata hivyo, hali ya mazoea huwakilishwa kimofolojia ifuatavyo:

16) [KM-Ø-MZZ-a(ng)a]

Ni muhimu kukumbuka kuwa lugha nyingi za Kibantu za eneo la Ziwa Viktoria hutumia umbo {-**anga-**/**-aga**} ili kuonyesha hali ya mazoea (Nurse

& Muzale 1999: 523). Mkondo huu umejipenyeza katika Kiswahili cha mitaani kinachozungumzwa nchini Kenya. Igikuria na Ekegusii hutumia mofimu {-**ka**-} ili kuwakilisha hali ya mazoea:

Igikuria ~ **Ekegusii**
17) a. n-a-aka-i-muk.iri   n-a-aka-i-mok-iri
    1UM-PT-MZ-KTKT-beba-TMLF   1UM-PT-MZ-KTKT-beba-TMLF
    'Nilikuwa ninabeba'.   'Nilikuwa ninabeba'.

Igikuria
b. o-a-aga-i-soh-iri   gu-chinyumba
   KM-PT-MZ-KTKT-ingia-TMLF   kwa- nyumba
   'Ulizoea kujiingiza nyumbani'

~
Ekegusii
ku-a-aga-i-so-iri   gochia   nyoomba
KM-PT-MZ-KTKT-ingia   kwenda   nyumbani
'Ulizoea kujiingiza nyumbani'.

3.4 Hali Timilifu (perfective aspect)

Katika hali ya mazoea, msemaji hulielezea tukio/tendo kama lililokwishatekelezwa au matokea ya tukio hilo yangali yanaendelea. Lugha nyingi za Kibantu za eneo la Ziwa Viktoria hutumia mofimu {-**ile**} au alomofu {-**ire**} ili kuonyesha hali timilifu:

18. [KM-Ø-MZZ-ile]

Bybee nk. (1994) na Rose (2001) wamedai kuwa vitenzi vyenye {-**ile**} huwakilisha hali timilifu ya kawaida (unmarked) na njeo katika lugha nyingi za Kibantu. Zaidi ya hayo, Rose (2001: 75) amedai kuwa katika mpangilio wa mofimu katika neno, mofimu ya kuonyesha hali huwa kushoto mwa mzizi wa kitenzi ilhali ile mofimu ya hali huja baadaye kulia. Anaendelea kudai kuwa hivi sivyo hali ilivyo katika Igikuria - jambo linaitofautisha Igikuria dhidi ya lugha nyingine za eneo la Ziwa Viktoria. Mofimu {-**ile**} inapoonyesha hali inajitokeza kulia katika Igikuria na Ekegusii:

19) | **Igikuria** | **Ekegusii** | **Kiswahili** |
    |---|---|---|
    | mbohere[4] | nasibire | 'nimefunga' |
    | mmaahere | narorire | 'nimeona' |
    | ndugire | narugire | 'nimepika' |
    | nihire | naremire | 'nimelima' |

---
4 Mifano ya Kuria kutoka Rose (2001: 77)

3.5 Hali inayochagiza (persistive aspect)

Hali hii inawakilisha tendo ambalo linashikilia na lisilobadilika mintarafu ya nadharia ya Nurse & Muzale (1999). Hali hii inawakilishwa:

20)   [KM-kia(a)-MZZ-a]

Uwakilishaji huu hata hivyo umebadilika katika lugha ya Igikuria ambayo ina maumbo {kia-/-eke-}:

21) a. a'a n-a-ke-raaye hata bono
   'La, bado anaendelea kulala'.

   b. a'a n-e-ke-bohere
   'La, bado kimefungwa'.

4. Hitimisho

Sura hii imejaribu kujadili dhana na uwakilishaji wa njeo na hali katika lugha ya Kiswahili na lugha nyingine za Kibantu hasa za eneo la Ziwa la Viktoria. Nimejeleza dhana zenyewe na kisha nikatumia nadharia ya Nurse & Muzale (1999) ili kuchambua data ya baadhi ya lugha za Kibantu ninazozifahamu. Imewazi kuwa nadharia hii inasaidia pakubwa kuonyesha sio tu njeo bali pia hali katika lugha za Kibantu. Imewazi pia kuwa mapendekezo ya nadharia ya Nurse & Muzale yakitathminiwa katika misingi ya lugha za Kibantu huenda kukaibuka matokea ya kutia ari katika tafiti za lugha Kibantu. Hata hivyo, ipo haja ya kutathmini iwapo pana chochote kipya ambacho nadharia ya akina Nurse & Muzale (1999) itatoa iwapo lugha nyingine za Kibantu zitajumuishwa kwenye utafiti.

Orodha ya Vifupisho

F	fokasi	MZZ	mziz
KM	kiima	PT	pita
KTKT	kati kati	TMLF	hali timilifu
KSH	kiishio	UJBD	wakati ujao baadaye
KTSD	kitenzi kisaidizi	UM	umoja
KTSK	kitenzi kisoukomov	WG	wingi
MZ	mazoea		

Marejeleo

Ashton, E. O. 1944. *Swahili Grammar (Including Intonations)*. London: Longmans.

Bache, C. 1995. *The Study of Aspect, Tense and Action: Towards a*

Theory of the Semantics of Grammatical Categories. Frankfurt am Main: Peter Lang.

Bhatt, D. N. S. 1999. *The Prominence of Tense, Aspect and Mood*. Amsterdam: John Benjamins.

Bybee, J., R. Perkins & W. Pagliuca 1994. *The Evolution of Grammar: Tense, Aspect, and Modality in the Languages of the World*. Chicago: University of Chicago Press.

Comrie, B. 1976. *Aspect*. Cambridge: Cambridge University Press.

Dahl, O. 1985. *Tense and Aspect Systems*. Oxford: Basil Blackwell.

Dick, S. C. 1989. *The Theory of Functional Grammar, PART I: The Structure of the Clause*. Dordrecht: Foris.

Hurford, J. R. 1997. *Grammar; A Student's Guide*. Cambridge: Cambridge University Press.

Kapinga, M. C. 1983. *Sarufi Maumbo ya Kiswahili*. Dar es salaam: TUKI.

Mutaka, N. N. 2000. *An Introduction to African Linguistics*. Munich: LINCOM EUROPA.

Nurse, D. & H. Muzale 1999. Tense and aspect in Lacustrine Bantu languages. In: J. Hombert & L. Hymann (whr) *Bantu Historical Linguistics: Theoretical and Empirical Perspectives*. Stanford, CA.: CSLI Publications.

Payne, T. E. 1999. *Describing Morphosyntax; A Guide for Field Linguists*. Cambridge: Cambridge University Press.

Rose, S. R. 2001. Tense and Aspect in Igikuria. *Afrikanistische Arbeitspapiere* 67: 61 100.

Siewierska, A. 1991. *Functional Grammar*. London: Routledge.

TUKI. 1990. *Kamusi Sanifu ya Isimu na Lugha*. Dar es salaam: TUKI.

CHAPTER FOUR

MORPHOPHONEMIC ADAPTATION OF ENGLISH AND KISWAHILI LOANWORDS INTO DHOLUO AND ATESO

Odhiambo Kenneth and Oduma Robinson
Department of Language, Linguistics and Literature, Maseno University and Department of Linguistics and Foreign Languages, Moi University,

Sura hii inachunguza usilimishwaji wa maneno ya mkopo kutoka Kiingereza na Kiswahili katika Dholuo na Ateso. Michakato ya usilimishwaji kimofofonemiki imetathminiwa. Maneno hayo ya mkopo yamechunguzwa katika ngeli tisa za Dholuo na tano za Ateso. Kila ngeli inadhihirisha kanuni tofauti kimofofonemiki zinazoamua umbo la neno lililokopwa. Makala pia yanajadili kanuni za kimofofonemiki za Ateso na Dholuo kwa kujikita katika mbinu ya ulinganishi.

1. Introduction

Any language that borrows words from another language must adapt the borrowed items into its native phonological system. This is true for Dholuo and Ateso, which have borrowed from English and Kiswahili. An analysis of loanwords in Dholuo and Ateso comes up with the adapted loans having different morphophonemic structures. This chapter, therefore, seeks to establish that the morphophonemic rules of Dholuo and Ateso and determine the morphophonemic shape of the loanwords. By analysing the various forms of morphophonemic derivations of Dholuo and Ateso, the morphophonemic patterns of loanwords can be mapped. The chapter also examines the process of integration of various English and Kiswahili loanwords into Dholuo and Ateso. The Dholuo and Ateso noun classes will be examined at their singular and plural forms. The loanwords considered are those fully integrated into both Ateso and Dholuo. Fully integrated words are those words that are used by native speakers as though they were native words. Finally, a contrast is drawn between the two languages by looking at the similarity or divergences inherent in the loanwords used from the two languages, Ateso and Dholuo, to see if there are any trends that are worth interrogating.

2. Background to the two languages

This section will give a brief historical background of the two languages that is critical to the study of the phenomena described in this chapter.

Dholuo

Dholuo is spoken by the Luo people of Kenya. Dholuo belongs to the Nilo-Saharan family of languages in the Western Nilotic branch. The Luo migrated from southern Sudan and settled in Kenya and Tanzania. According to the *2009 Kenya Population and Housing Census* (RoK 2010), the Luos numbered about 4.4 million. Geographically, the Luo occupy a large portion of Nyanza Province in Western Kenya along the eastern shores of Lake Victoria. At present, the speakers of Dholuo are found in most urban areas in Kenya.

Dholuo has come into contact with several languages as its speakers intermingle with speakers of other languages in urban areas. English and Kiswahili have an advantage in that English has been accorded the status of official language and Kiswahili is the national and also, since August 2010, is constitutionally the co-official language (RoK 2010). Hence Dholuo has borrowed heavily from the two languages.

Ateso

Ateso is the language spoken by the Iteso or Teso people. The Iteso of Kenya, the subject of this study, is an ethnic group of the Nilo-Saharan, Eastern Nilotic branch. Historians and linguists identify the origins of the Iteso as being the open grasslands of Bahr- El- Ghazal province of Sudan. Ateso speakers can be found on both sides of the border of Kenya and Uganda. According to Ongodia (in press), the total population of the Iteso in Kenya and Uganda is approximately 1,278,537. The Iteso of Kenya straddles the borderlands to the western part of Kenya, the area around Malaba (Kenya) and Busia (Kenya) towns. This is what Teso District of Western Province of Kenya is.

3. Dholuo Sound System

Detailed studies of Dholuo phonology have been covered by scholars who include Ngala (1994) and Owino (2002). Dholuo vowel system consists of four pairs of vowels distinguished by Advanced Tongue Root (ATR) harmony (Ngala 1994). The vowels can be followed by the feature high, low, back, round and ATR. Then there is the vowel /a/, a low vowel. The vowel system can be charted thus:

			[-back] [-round]	[+ back] [+ round]
[+high]	[- low]	[+ATR]	i	u
		[-ATR]	I	ʊ
	[- high]	[+ATR]	e	o
		[-ATR]	ɛ	ɔ
	[+low]	[-ATR]	a	

Fig 1. The Dholuo Vowel System (Adapted from Owino 2002)

Dholuo has a combined number of 26 consonants which include five nasal obstruents and two semi vowels. The consonants are p, b, w, m, f, th, dh, t, d, r, l, s, y, n, ch, j, ny, k, g, ng, ng', h, mb, ndh, nd, nj.

Ateso Sound Sytstem

Ateso has 17 consonants (Hilders & Lawrance, 1957). These include b, c, d, g, j, k, l, m, n, ng, ny, p, r, s, t, y, w. The language also has nine vowels. The vowels are divided into two harmonic sets, labeled as close and open vowels (cf. Jungraithmayr cited in Goldsmith ,1995: 496; Hilders & Lawrance 1957; Otaala 1981):

	front		back		
high	i			u	close [+ATR]
		I	ʊ		open [-ATR]
mid	e			o	close [+ATR]
		ɛ	ɔ		open [-ATR]
low		a			open

Fig 2. Ateso Vowel System (Adapted from Goldsmith 1995)

4. Motivations for Borrowing

Winter (1973, cited in McMahon 1994: 201) says that:
... the unifying factor underlying all borrowing is probably that of projected gain; the borrower must stand to benefit in some way from the transfer of linguistic material. The gain may be social.

Borrowing in both Dholuo and Ateso can be attributed to this reason, given that the advent of colonialism and, which later culminated into structured administrative systems, brought about the need for new words such as 'esirikali' for *serikali* (government), 'epolisit' for policeman, and 'edisi' for D.C (District Commissioner). Borrowing is also as a result of sheer necessity, where speakers may have to refer to some unfamiliar objects or concepts for which they have no word in their own language. This could include such new information or technology as ' aandeke' for *ndege* (aeroplane), 'amotokaa' for motorcar, and 'abasikil' for *baiskeli* (bicycle). Furthermore, borrowing is for phonological simplicity in cases where speakers have the same word for the concept but tend to use the borrowed term because it is easier to pronounce. For example, Dholuo has terms for 'cat', i.e., *mbura* and 'car', i.e., *nyamburko*, but they use *pusi* for cat and *mtoka* for motorcar. Therefore motivation here is not lack of a lexeme but rather for phonological simplicity of the borrowed term compared to the word in the borrowing language.

5. Adaptation of loanwords

The morphophonemic adaptations in languages usually involve replacement of morphological and phonological properties of the donor language with equivalent elements in the recipient language. This section looks at such loanword processes in the two borrowing languages. For ease of reference, the data has been arranged according their noun classes.

5.1 Morphophonemic adaptation of loanwords in Dholuo

Class One Nouns

The Dholuo noun class with the /-ni/ suffix has words of the following morphophonemic structure:

(1)

Singular	Plural	
duasi /dwasi/	duesni /dwesni/	'cow'
agwata /agwata/	agwetni /agwetni/	'calabash'
higa /jiga/	higni /higni/	'year'

This data clearly shows that the /-ni/ suffix marks for plural, but other processes occur. For instance, the vowel /a/ changes from /a/ to /e/. That is, the low open vowel in singular becomes high in the plural form. This sufficiently explains for the loanword adaptation as exemplified in (2) with the plural /_ni/ suffixation in Dholuo:

(2)

Loanword	Plural	
dirisa /dirisa/	dirisni/dirisni/	'window'
ofuku /ɔfuku/	ofukni /, /fuki /, /fukni/.	'pocket'
jiko /jiko/	jikni /jikni/	'jiko'

Class Two nouns

This class is the transformation of the final phoneme from /d/ to /t/ and /t/ to /d/. The final vowel also changes from /i/ to /e/ and, where there is no final vowel in the singular form, the vowel /e/ is added:

(3)
Singular	Plural	
alot /alɔt/	alode /alɔde/	'vegetable'
dhoot /ðɔ:t/	dhoute /ðɔute/	'door'
nget /ŋet/	ngede /ŋede/	'rib'

The morphophonemic rule applied here changes /t/ to /d/ and /d/ to /t/ in plurals. Where the phonemes /d/ and /t/ mark the plural, the vowel preceding the plural marker is retained. The same will apply to borrowed words. The vowel /e/, however, will be added at the end of the word:

(4)
Loanword	Plural	
risit /risit/	riside /riside/	'receipt'
sikat /sikat/	sikede /sikede/	'skirt'
soda /sɔda/	sote /sɔda/	'soda'

Class Three nouns

This class of nouns undergoes changes in the following form:
/k/ → /g/

Thus nouns in this class undergo changes as follows:

(5)
Singular	Plural	
Guok /guɔk/	guogi /guɔgi/	'dog'
Chak /tʃak/	chege /tʃege/	'milk'

As seen from the original Dholuo words, whenever /k/ occurs word-finally, it becomes /g/ in plural. This form has only one morphophonemic change unlike the /t/ and /d/ as in the class above which undergoes changes even in their vowels. In the loanwords, the same changes occur but with vowel addition at the end of the word:

(6)
Loanword	Plural	
buk /buk/	buge /buge/	'book'
sanduk /sanduk/	sanduge /sanduge/	'sanduku'

Class Four nouns

In this class of transformations, the rule is such that if /p/ occurs word-finally then it changes to /b/ and if /b/ occurs word-finally then it changes to /p/. Therefore, the rule is:

/p/ → /b/;   /b/ → /p/

Subsequently, the morphophonemic changes are realized thus:
(7)

Loanword	Plural	
map /	mebe	'map'
kilab	kilepe	'club'
direba	direpe	'driver'

Class Five nouns

The rule in this class is such that if the alveolar lateral approximant /l/ and the alveolar nasal /n/ occur at the end of a word, they change to the nasal compound /nd/: /l/, /n/ → / nd/

(8)

Singular	Plural	
kuon /kwɔn/	kuonde /kwɔnde/	'ugali'
pien /pien/	piende /piende/	'skin'
rabolo /rabɔl ɔ/	rabonde /rabonde/	'banana'

In the case of loan words, the following changes occur:
(9)

Singular	Plural	
kapten /kapten/	kaptende /kaptende/	'captain'
galan /galan/	galende /galende/	'gallon'
sitesen /sitesen/	sitesende /sitesende/	'station'

5.2 Morphophonemic adaptation of loanwords in Ateso

In this section, we examine the process of integration of various English and Kiswahili loanwords into Ateso. We consider Ateso noun classes and their plurals. However, as already indicated, we consider only those loanwords that have been fully integrated into Ateso.

Class One Nouns

The first class of Ateso plurals would have the following morphophonemic structure following the rule: [_Ø] → [_I]

(10)

Singular	Plural	
etogo /etogɔ/	itogoi /itogɔI/	'house'
erisa /erisa/	irisai /irisaI/	'lion'
adere /adere/	aderei /adereI/	'calabash'

In these words, the addition of the /-I/ suffix marks for plurals. Plurals are also indicated by the change in the initial vowel of the singular word from mid - open /e_/ - to close /i_/ in masculine plurals. Feminine nouns have initial vowel /a-/ and thus remain unchanged. Loanwords adapted into Ateso will also take the same morphophonemic shape as in English:

(11)

Singular	Plural	
English loanwords		
ekondakta /ɛkɔndakta/	ikondaktai /ikɔndaktaI/	'conductor'
esoda /ɛsɔda/	isodai /isɔdaI/	'soda'
enamba /ɛnamba/	inambai /inambaI/	'number'
etaulo /ɛtaulɔ/	itauloi /itaulɔI/	'towel'
Kiswahili loanwords		
ekitabo /ɛkitabɔ/	ikitaboi /ikitabɔI/	kitabu 'book'
emsaara /ɛmsara/	imsaarai /imsaraI/	mshahara 'salary'
akitanda /akitanda/	akitandai /akitandaI/	kitanda 'bed'

Class Two Nouns

The second class of Ateso plurals are words whose singular form has /_t/ or /_it/ ending. The final consonant is deleted in the plural forms, [_It] → [_t] → [Ø]:

(12)

Singular	Plural	
akoleit /akɔlɛIt/	akole /akɔlɛ/	'fish'
alaborot /alabɔrɔt/	alaboro /alabɔrɔ/	'banana'
acokit /atʃɔkIt/	acok /atʃɔk/	'sweet potatoes'

Loanwords from Kiswahili and English will also take the same shape as in:

(13)

Singular	Plural	
Amakait /amakaIt/	amaka /amaka/	'charcoal'
Emuidit /emuidIt/	imuidi /imuidI/	'asian'
Emusugut /emusugut/	imusugu /imusugu/	'whiteman'

Class Three Nouns

This class of words would contain words with /_t/ ending in singular form, with the /_t/ ending being replaced by /_I/ ending in plural forms. In words where the /_t/ ending is preceded by/_I/, the /_I/ ending is retained. The rule is **[_t]** → **[_I]**:

(14)
Singular	**Plural**	
etelepat /etɛlɛpat/	itelepai /itɛlɛpai/	'boy'
ekurididit/ekurIdIdIt/	ikurididi	'maize'
esapat /esapat/	isapai /isapaI/	'young lad'

The loanwords would go thus in English:
(15)
Singular **Plural**
epapilat /ɛpapilat/   ipapulai /ipapulaI/
'paper'(Greek'papyrus')
| ekikombet /ɛkikɔmbet/ | ikikombei /ikikombeI/ | 'kikombe' |
| ebaruait /ɛbaruaIt/ | ibaruai /ibaruaI/ | 'barua' |

Class Four Nouns

In this class, the vowel /e_/, changes to /i_/, with no suffixation, **(Prefixational change [e_]** → **[I_]**

(16)
Singular	**Plural**	
ejamu/edʒ amu/	ijamu /idʒ amu/	'skin'
ekaru /ekaru/	ikaru /ikaru/	'year'
emoru /emoru/	imoru /imoru/	'hill'

This seems to be one class of Ateso nouns where borrowing hardly occurs. No words could be found.

Class Five Nouns

The fifth category of nouns would contain:

i) Words with /a-/ word-initially and closed syllables at the end of words. Such words would have /-in/ ending added onto the plural forms, as the only change.

ii) Words with /e-/ word-initially and closed syllables at the end of words. The /e-/ changes to /I-/ word-initially for the plural forms, and add /-in/ ending.

The general therefore is: **[ø]** → **[-In]**:

(17)

Singular	Plural	
akan /akan/	akanin /akanIn/	'hand'
akwap /akwap/	akwapin /akwapIn/	'world'
emong /ɛmɔŋ/	imongin /imoŋIn/	'ox'

The loanwords would adapt the same shape thus:
(18)

Singular	Plural	
ablaus /ablaus/	ablausin /ablausIn/	'blouse'
abokis /abokIs/	abokisin /abɔkIsIn/	'box'
asokis /asokIs/	asokisin /asokIsIn/	'socks'

6. Contrastive Analysis of Ateso and Dholuo

This section attempts to show that both Ateso and Dholuo share a common ancestry. Dholuo belongs to the Western Nilotic branch of the Nilo-Saharan languages while Ateso belongs to the Eastern branch of the Nilo-Saharan languages (Prah, 1998). The following cognates (we have added Dinka, a Sudanese western Nilotic language for more clarity) point to this shared ancestry:

Ateso	Dholuo	Dinka	Gloss
1. [Aki]tuk /akituk/	Dhok /ðok/	Dok	'Cattle'
2. [Aki]tuk /akituk/	Dhok /ðok/	Thok	'Mouth'
3. [Eki]ngok /ɛkIŋgok/	Guok /guok/	Jon*	'Dog'
4. [Ek]weny /ekwe /	Winyo /wiɲo/	Dit *	'Bird'
5. Apese /apese/	apisi /apIsI/		

'a girl' in Ateso, praise name for 'a girl' in Dholuo.

6.[Aki]nyam /akiɲam/   nyam /ɲam/

'to eat in Ateso,'   'to chew' in Dholuo.

From the cognates shown above, we notice that Ateso and Dholuo share the same ancestry. Where we have a stronger sound in Dholuo, such as the inter-dental fricative [ð], it is weakened in Ateso to alveolar stop [t] in number 1 and 2. In number 3, the Dholuo velar [g] is weakened to Ateso velar nasal [ŋ]. This supports our view that these two languages have undergone complementary linguistic changes. This could be as a result of the two languages' drifting away from each other over time and through geographical distance. The borrowing of words from English and Kiswahili is a recent phenomenon and this explains the differences in the pattern of adaptation of the loans.

One contrast seen in this chapter is that Ateso uses suffixes while Dholuo uses changes in vowels and consonants word finally in plural forms.

Ateso		Dholuo		Gloss
Singular	*plural*	*singular*	*plural*	
Esoda	Isodai	Soda	Sote	Soda'
Erisit	Irisitin	Risit	Riside	'Receipt'

Again, Ateso uses metathesis on some borrowed words. Metathesis involves the transposition in the order of the sounds in a language. For example, in adapting foreign words the suffixes used in Dholuo loanwords are a metathesis of Ateso loanwords. In the examples provided below, the suffix [- ni] in Dholuo changes to [-in] in Ateso.

Ateso			**Dholuo**		
Singular	*plural*		*singular*	*plural*	
Abokis	Abokis[in]	'box'	Dirisa	Diris[ni]	'window'
Agalan	Agalan[in]	'gallon'	Jiko	Jik[ni]	'jiko'

Ateso modifies the initial consonantal sequence in loanwords by the addition of a vowel word- initially, which is a rule in Ateso morphophonemics. This rule, called prosthesis, is rare in Dholuo:

Ateso	**Dholuo**	**gloss**
Ablaus	bilaus	'Blouse'
Eskuli	sikul	'School'

Dholuo has a morphophonemic process of inserting a vowel within a word. This modification of a consonant cluster by the addition of a vowel between the consonants is termed epenthesis.

Dholuo	**Gloss**
Bilaos	Blouse'
Sitesen	Station'

7. Conclusion

This chapter aimed at showing how loanwords are adapted into the morphophonemic patterns of Dholuo and Ateso. As can be seen from the data, both languages are rule-governed and incoming words are adapted into the existing native phonological systems. This shows that the morphophonemic rules of Dholuo and Ateso determine the morphophonemic shape of the loanwords. The chapter also examined the phonemic structure of Dholuo and Ateso at a comparative level and reveals that Ateso is deficient in some sounds contained in Dholuo. It is finally shown that Dholuo and Ateso have different morphophonemic rules as seen in the way they treat their loanwords.

In seeking to understand further the adaptation of loanwords and the motivations behind such adaptations, we advocate that further studies should be made in contrastive analysis of languages which share a genealogy. Such studies are bound to reveal rules inherent in the phonological systems of borrowing languages that will enrich the field of loanword phonology in general.

Abbreviations used
    ATR   Advanced Tongue Root
    RoK   Republic of Kenya

References

Goldsmith, J. A. (ed.). 1995. *The Handbook of Phonological Theory.* Oxford: Basil Blackwell.

Hilders, J. H. & J. C. D. Lawrance. 1957. *An Introduction to the Ateso Language.* Nairobi: The Eagle Press.

Kembo-Sure. 1993. Grammatical and phonological integration of Englishloanwords into Dholuo. *Journal of Multilingual and Multicultural Development* 14, 4: 329-343

McMahon, A. M. S. 1994. *Understanding Language Change.* Cambridge: Cambridge University Press.

Ngala, J. A. 1994. *A Contrastive Analysis of English R.P. and Dholuo Syllabic Structure.* Eldoret: Unpublished M. Phil. Thesis (Moi University).

Omusolo, B. F. 2003. *Iteso Survival on the Birth of Twins.* Eldoret: Zapf Chancery.

Ongodia, S. P. (in press). The harmonization and standardization of Ateso, Turkana, Nyangatom, Ngakarimojong language cluster. In: N. O. Ogechi (Ed.) *Harmonization and Standardization of the Orthographies of Kenyan Languages.* Cape Town: CA SAS.

Otaala, L. A. 1981. *Phonological and Semantic Aspects of Ateso Derivational Morphology.* Nairobi: Unpublished M.A. Thesis (University of Nairobi).

Otwal, J. E. 2001. *Odwe oduk. Aturio, alosite ka ikiroria k'Iteso.* Soroti: Ateso Language Association.

Owino, D. 2002. *Phonological Nativization of Dholuo Loanwords.* Pretoria: Unpublished D.Litt.Thesis.

Prah, K. 1998. *Between Extinction and Distinction;* The Harmonisation and Standardisation of African Languages Witwatersrand: Witwatersrand University Press.

Rissom, I. (ed.) 2002. *Languages in Contrast.* Bayreuth: Eckhard Breitinger.

Roach, P. 1983. *English Phonetics and Phonology.* Cambridge: Cambridge University Press.

RoK. 2010. *2009 Kenya Population and Housing Census.* Nairobi: Kenya National Bureau of Statistics.

Webb, V. & Kembo-Sure. 2000. *African Voices; An Introduction to the Study of Language and Linguistics of Africa.* Oxford: Oxford University Press.

Whiteley, W. H. 1974. *Languages in Kenya.* Nairobi: Oxford University Press.

CHAPTER FIVE

KISWAHILI KAMA SILAHA YA AFRIKA: VYOMBO VYA HABARI

Nathan Oyori Ogechi
Chuo Kikuu, Moi, Kenya

This chapter attempts to argue a case for Kiswahili as a weapon that Africa can use wage war against her enemies of development as reflected in the use of Kiswahili in the media. Using the case of Kenya's three enemies of development, namely, disease, ignorance and poverty, the chapter discusses the various ways in which using Kiswahili in the media has assisted to alleviate the situation. The chapter also shows that Kiswahili as a weapon can also be used negatively.

1. Utangulizi

Sura hii inachunguza mchango wa vyombo vya habari vya Kiswahili barani Afrika. Kufikia leo, bara la Afrika lina mataifa 52. Baadhi yao ni nchi huru dhidi ya ukoloni ilhali nyingine kama vile Jamhuri ya Kidemokrasia ya Magharibi mwa Sahara ziko chini ya ukoloni wa Moroko. Isipokuwa Afrika Kusini, hali ya kiuchumi, kisiasa na kijamii katika mataifa mengi si ya kuridhisha. Kumbuka ingawa Afrika Kusini ilijinyakulia uhuru wake mnamo 1995, ilikuwa na uwezo wa kuandaa Kombe la Dunia la Soka mnamo 2010 – uwezo ambao mataifa mengine ya Kiafrika kama vile Ghana lililojishindia uhuru mnamo 1957 hayana. Kwa hivyo, mataifa mengi yanajikokota kokota ili yaelekee popote pazuri. Mapambano ya mataifa hayo dhidi ya matatizo yao mbali mbali ndiyo yanamulikwa katika mjadala huu. Mjadala huu unakiona Kiswahili kama silaha. Tunavyojua ni kwamba silaha hutumiwa katika vita dhidi ya maadui. Kwa hivyo, tunajiuliza maswali yafuatayo: Nani maadui hao wanaohitaji kupigwa vita kwa silaha ya Kiswahili kupitia vyombo vya habari? Je, maadui hao wanaweza kumalizwa kwa mawasiliano ya Kiswahili? Huku tukijua kwamba kuna mataifa mengi barani Afrika, mataifa hayo yana adui mmoja aliye sawa kwayo yote? Iwapo ndio, Kiswahili kina uwezo wa kupigana na adui huyo katika mataifa yote barani? Isitoshe, mataifa hayo yote yana vyombo vya habari vinavyoendeshwa kwa Kiswahili? Iwapo sivyo, ufaafu wa Kiswahili na vyombo vya habari katika mapambano hayo ni wa kiasi gani? Kwa lugha nyingine, Kiswahili kinazungumzwa na kutumiwa katika vyombo vya habari kote barani Afrika?

Makala haya yanajaribu kuyajibu maswali yaliyotajwa hapo juu. Makala yenyewe yana sehemu zifuatazo. Sehemu ya 2 inategua kitendawili cha nani maadui wa Afrika ilhali sehemu ya 3 inatoa maelezo kuhusu nadharia zinazoongoza mjadala huu. Sehemu ya 4 inaangazia ushahidi wa mchango wa vyombo vya habari kwa Kiswahili barani Afrika nayo sehemu ya 5 ni hitimisho.

2. Maadui wa Afrika

Katika mjadala huu, ninachukulia maadui wa Afrika kuwa ni matatizo ya maendeleo yanayoyakumba mataifa ya Kiafrika. Matatizo yenyewe ni mengi lakini itakumbukwa kuwa kuna yale ambayo yamepewa kipaumbele. Mathalam, Kenya ilipojishindia uhuru kutoka kwa Uingereza mnamo mwaka wa 1963, serikali ilibainisha maadui watatu wa maendeleo, yaani, ujinga, ugonjwa na umaskini (ROK 1965). Ninaamini kwamba mataifa mengi barani Afrika yanapambana na maadui hawa watatu. Iwapo kuna tofauti kuhusu maadui hawa, basi tofauti hizo zinaonekana tu katika viwango vya ujinga, umaskini na hali ya afya katika mataifa mbali mbali ya Afrika. Ukweli ni kwamba maadui wa Afrika wameakisiwa vilivyo katika Shabaha za Maendeleo ya Milenia (UN 2001) ambazo zimeorodheshwa katika waraka uliotiwa saini na mataifa ya ulimwengu: kukomesha umaskini na njaa, kufanikisha mpango wa elimu ya msingi kwa wote kufikia mwaka 2015, kukomesha vifo vya akina mama na watoto, kuhifadhi na kuboresha mazingira, kukomesha ukimwi, malaria na magonjwa mengineyo, kupunguza viwango vya umaskini, kukuza utangamano baina ya jamii mbalimbali duniani, n.k.

Kwa maoni yangu basi, maadui wa Afrika si mtu au mataifa fulani. Matatizo ambayo yameakisiwa katika malengo hayo ya milenia au maadui watatu wa maendeleo nchini Kenya, ndio wanahitaji silaha ya kuwapiga. Kufaulu au kufeli katika vita dhidi ya maadui hawa kunategemea kuwepo habari, ujuzi au maarifa na jinsi gani habari hiyo imewasilishwa kwa watu wanaolengwa – yaani Waafrika wenyewe. Kwa lugha nyingine, mawasiliano yanayofaa ni kitu cha msingi mno katika kuleta maendeleo. Kuhusu mawasiliano yanayofaa, Wolff (2006) amedai kwamba "mjadala wowote kuhusu maendeleo barani Afrika unahusu ufaafu au uwezo wa lugha inayotumiwa katika kuanzisha, kutekeleza na kukuza miradi yoyote ya maendeleo". Anaendelea kudai kuwa hata kama watatokea wafadhili wenye ukarimu, wakaanzisha miradi kuhusu elimu, afya na uchumi, kwa ujumla, miradi hiyo ni bure iwapo haiwajumuishi wenyeji na lugha wanayo(zo)ielewa vizuri.

Kunazo njia kadhaa za kuendesha mawasiliano baina ya/na miongoni mwa binadamu. Mojawapo ya njia hizo ni vyombo vya habari kama vile redio, televisheni, magazeti, tovuti na kadhalika. Vyombo hivi huendeshwa kwa lugha tofauti tofauti kama vile lugha za utandawazi (km. Crystal 2002, Chachage 2004, Shoo 2004) na lugha za kiasili (Ogechi 2010). Kiswahili ni mojawapo wa lugha zinazotumika katika vyombo vya habari (Mohochi 2000, Shoo 2004) na ndio kiini cha makala haya. Kwa kujikita katika mawasiliano ya vyombo vya habari kwa Kiswahili barani Afrika, ninajaribu kuonyesha jinsi Kiswahili ni silaha dhidi ya maadui wa maendeleo. Kwa hivyo, sijihusishi tu na ukweli kwamba Kiswahili kinatumika au hakitumiki bali ninajiuliza, Kiswahili kinapotumika kinabeba ujumbe gani mintarafu maendeleo? Hii ni kwa sababu silaha ni "kitu kinachotumika kupigia au kupigania na ambacho kinaweza kujeruhi au kuua, k.v. fimbo, bunduki, bomu, jiwe, n.k." (TUKI 1981: 261). Katika muktadha wa mjadala huu, Kiswahili kama silaha kinatakiwa kupigana na kujeruhi au kuua maadui wa maendeleo. Kimsingi, vyombo vya habari ninavyojihusisha navyo ni vile vinavyowafikia wananchi wengi; yaani redio, magazeti, na televisheni. Kwa kuwa ninatathmini uwezo/ufaafu wa Kiswahili katika vyombo vya habari kuwa silaha, hebu kwanza nieleze dhana ya "uwezo" na pia nadharia mbili za vyombo vya habari (za matumizi na ridhaa pamoja na utunzaji) zinazoongoza mjadala huu.

3. Dhana ya "uwezo" na nadharia za vyombo vya habari

Kama nilivyokwishaonyesha, ninajaribu kutathmini uwezo wa Kiswahili kinavyotumiwa katika vyombo vya habari kama silaha dhidi ya maadui wa maendeleo barani Afrika. Mjadala huu, kwa hivyo, umeegemezwa katika nadharia ya "uwezo" wa lugha na nadharia mbili za vyombo vya habari – matumizi na ridhaa (uses and gratifications) na utunzaji (cultivation).

"Uwezo" ni dhana inayotokana na "uwezeshaji". Inaelekea kwamba, matumizi ya dhana za "uwezo" na "uwezeshaji" katika isimu hayana historia ndefu sana. Ingawa maneno haya yamewahi kutajwa hapa na pale katika machapisho (k.m. Simala 2002, Ryanga 2002, Kishe 2003), matumizi ya maneno haya ni tofauti na jinsi tunavyoyatafsiri hapa. Kwa mfano, Simala (2002) anatumia "uwezeshaji" kama kisawe cha haki za kibinadamu za lugha[1] anapotetea uwezeshaji wa lugha za Kiafrika kama nyenzo ya maendeleo endelevu. Kwa upande mwingine, Ryanga (2002: 61) anadai:

...lugha iliyowezeshwa, kama aina yoyote ya uwezeshaji, inahusu

---

[1] Mazrui & Mazrui (1998) wametafsiri haki za kibinadamu za lugha kama haki ya lugha kuishi kwa kutumiwa katika mawasiliano na haki kwa lugha ambapo msemaji wa lugha ya wachache anapewa nafasi ya kujifunza lugha ya hadhi katika jamii husika mbali na kuitumia lugha yake ya mama.

kuikuza lugha hiyo na kuipatia msaada na uhuru wa kukua bila kikwazo ili iweze kutumiwa katika nyanja mbali mbali za mawasiliano. Sifa za lugha zilizowezeshwa ni uwezo wazo kuenea kimawasiliano, uwezo wazo kuandikwa na kuwa nyenzo za kukuza michakato ya fikira za wasemaji wazo.

Lugha iliyowezeshwa ni ile inayokua kimwendeleo mintarafu ya fikira, na lugha hiyo huwa haijafungiwa katika mtindo wowote wa uwasilishaji. .... Mwisho, lugha iliyowezeshwa huwa ni rahisi kwa mtu yeyote anayetaka kujifunza na kuijua, awe ni mwananchi au mgeni. Hii ina maana kwamba lugha hii haijafungwa tu kwa maongezi, na haina maana isipokuwa kwa wasemaji wake asili, na ina tisho la kutoweka kadri wazee wanavyokufa katika kijiji inamosemwa.

Fasiri ya Ryanga inakaribiana na tafsiri ninayoichukua katika mjadala huu kutokana na kongamano la hivi majuzi la wanaisimujamii. Mnamo Aprili 19 – 22, 2004, lilifanyika kongamano la thelathini na moja la kimataifa la LAUD lililowahusisha magalacha wa isimujamii katika Chuo Kikuu cha Koblenz-Landau, Ujerumani. Dhamira ya kongamano hilo ilikuwa ni "Uwezeshaji Kupitia Lugha" ambapo wanakongamano walijadili masuala mbali mbali juu ya nadharia na uhusiano baina ya "lugha na uwezo" katika taaluma mbali mbali. Matokeo ya kongamano hilo ni kitabu kilichozaa mbegu ya nadharia ya uwezeshaji kupitia lugha kilichohaririwa na Puetz, Fishman na Aertselaer (2006) kiitwacho *'Along the Routes to Power': Explorations of Empowerment through Language*. Katika kitabu hicho, Fishman (2006: 4-6) amedai kuwa masuala katika jamii hupata kutekelezwa kutokana na matamko yanayotolewa na watu wenye "uwezo" fulani. Uwezo huo huwa haudhihiriki mpaka pale ambapo mwenye uwezo anaitumia lugha. Kwa mfano, katika harusi padre atasema "kwa uwezo niliopewa, ninawatangaza kuwa mume na mke" (kama hapo juu: 5). Kwa upande mwingine, katika mahafali ya kufuzu, mkuu wa chuo kikuu atasema "kwa uwezo wangu na wa chuo kikuu, ninakupa uwezo wa kusoma na kuyafanya yote yanayohusiana na taaluma yako". Uwezo wa lugha, umefafanuliwa na Karsten Legere aliyezungumzia mchango wa JK Nyerere katika uwezeshaji wa Kiswahili nchini Tanzania tangu siku za ukoloni kutokana na jinsi Nyerere "alivyokitumia, alivyokieneza na alivyokikuza na – kwa kufanya hivyo – kukiwezesha Kiswahili" (Legere 2006: 373-374). Nyerere alikitumia Kiswahili katika shughuli zote za chama cha TANU[2] (wakati wa ukoloni) na baada ya uhuru kupitia shughuli za CCM[3] . Aliki-

---
2 TANU   Tanganyika African National Union
3 CCM   Chama cha Mapinduzi

tumia vile vile katika shughuli nyingine rasmi serikalini na akahakikisha kuwa kimewaunganisha wananchi wa Tanzania wa zaidi ya makabila 120. Ingawa hakuunga mkono Kiswahili kichukue nafasi ya Kiingereza kama lugha ya kufundishia katika elimu ya shule za upili na zaidi (Legere 2006: 388), juhudi zake zilikipa Kiswahili uwezo si haba.

Kwa mujibu wa Kishe (2003: 226) Kiswahili kinahitaji kuwezeshwa ili kifae kama lugha ya mawasiliano kisiasa, kijamii na kiuchumi. Anaendelea kueleza kwamba ingefaa kiwezeshwe kwa kupania nyanja za matumizi yake ili kitumike katika shughuli muhimu serikalini katika nchi wanachama wa Maziwa Makuu, na pia katika ukanda huu kitumike katika utawala, biashara, ofisi kuu na vyombo vya habari, na kukifanya sharti muhimu cha kuhojiwa ndipo mtu aajiriwe. Uwezeshaji huu pia unafaa uambatane na kutolewa kwa vivutio.

Lugha ina uwezo wakati ambapo inatumika katika nyanja nyingi maishani na ina uwezo wa kimawasiliano miongoni mwa wanajamii wengi kimazungumzo na kimaandishi aghalabu bila kuhitaji tafsiri au ukalimani. Isitoshe, lugha hiyo inawawezesha watu "kuelewa na kufanya maamuzi yaliyokitwa katika uweledi kuhusu afya na usafi, kilimo, elimu ya uraia, maslahi kiuchumi pamoja na masuala yanayohusiana na mambo mengine ya hali yao njema" (Mugambi 2007: 23). Pia lugha inakuwa ya uwezo wakati ambapo ina nguvu za kisiasa, kiuchumi na kijamii (Crystal 2000). Ni lugha ambayo watu wanaotajika katika jamii na vile vile mashirika makubwa wanawania kuijua na kuitumia katika kuendesha shughuli zao. Ndiposa Legere (2006: 381) amedai kuwa lugha huwezeshwa kupitia upangaji lugha kihadhi na kiuendelezaji hivi kwamba wadau wenye ushawishi mkubwa katika jamii kama vile wasomi, wanasiasa, watumishi wa umma na walimu, hasa waliofundishwa kwa lugha za kikoloni kama vile Kiingereza, Kifaransa au Kireno, hawaendelei kuamini kuwa lugha za Kiafrika ni duni.

Dhana hii ya "uwezo" wa lugha ndiyo ninaitumia katika mjadala huu. Je, Kiswahili kina uwezo wa kuzungumzia masuala ya kitaaluma yanayohusiana na maadui wa Afrika? Je, ni silaha inayofaa na yenye uwezo barani Afrika kote? Makala haya yanajaribu kutafuta majibu kwa maswali haya kwa kuchunguza uwezo wa Kiswahili kama silaha ya Afrika katika vyombo vya habari. Dhana ya "uwezeshaji" itatusaidia kuchunguza ufaafu wa lugha ya Kiswahili kwa ujumla. Lakini kwa kuwa tunajikita katika mawasiliano ya vyombo vya habari, tunahitaji msaada wa nadharia mwafaka ya vyombo vya habari. Kuhusiana na vyombo vya habari tunajiuliza: Kwa nini watu huvitumia vyombo habari? Vyombo hivyo vina dhima gani katika jamii? Je, ni vipi Kiswahili kimetumika katika vyombo vya habari ili kuzungumzia maadui wa maendeleo?

Nadharia mbili za vyombo habari zinazosaidia kuendesha mjadala huu ni nadharia ya matumizi na ridhaa (uses and gratifications) na utunzaji (cultivation). Kwa mujibu wa Sherry (2002) nadharia hizi zinajaribu kuelewa dhima za vyombo vya habari katika jamii. Nadharia ya matumizi na ridhaa ni kongwe na chimbuko lake ni msururu wa tafiti zilizoendeshwa katika *Paul F. Lazarsfeld's Bureau of Applied Social Research* katika Chuo Kikuu cha Columbia mnamo mwongo wa 1940 (Sills 1996, katika Sherry 2002). Watafiti waliwania kuelewa sababu za watu kutumia vyombo vya habari kama vile redio (Herzog 1944, katika Sherry 2002) au magazeti (Berelson 1949, katika Sherry 2002) na nini kiliwaridhisha kutokana na vyombo hivyo. Tafiti nyingine katika msururu huo zilidhihirisha kwamba televisheni ilitazamwa kwa sababu tatu: burudani, habari na matumizi ya kijamii. Ugunduzi wa kimsingi wa tafiti za nadharia hii ni kwamba hakuna sababu bia za matumizi ya vyombo vya habari kwani motisha ya kutumia aina mbali mbali za vyombo vya habari hutofautiana baina ya nchi moja na nyingine na iwapo nchi ina vyombo vingi au la. Nadharia hii inanisaidia kueleza iwapo kuna nafasi ya uteuzi kati ya vyombo vingi barani Afrika na vile vile motisha za kuvitumia vyombo hivi. Hata hivyo haitanisaidia kuelewa na kueleza yaliyomo katika vyombo hivyo. Pengo hili nitalijaza kupitia nadharia ya utunzaji.

Tafiti katika utunzaji zilianza mwishoni mwa mwongo wa 1960 chini ya uongozi wa George Gerbner (Sherry 2002). Akijikita katika muktadha wa Marekani, Gerbner alidai kwamba televisheni ndio msimuliaji hadithi mkuu, na kwa hivyo mwalimu kijamii aliyechukua nafasi ya dini iliyokuwa mwalimu mkuu hapo awali. Katika mwelekeo huu, ujumbe ulikuwa na athari kwa watazamaji iwapo ulirudiwa rudiwa mara kadhaa katika chombo cha habari. Wanautunzaji wanaitakidi kuwa ni heri athari za ujumbe zifikiriwe kuwa ni za muda mrefu kwa kulimbikizana. Utafiti wa Gerbner na wenzake ulilenga maeneo matatu: (a) uchambuzi wa michakato kitaasisi, (b) uchambuzi wa mfumo wa ujumbe, na (c) uchambuzi wa utunzaji.

Lengo la uchambuzi wa michakato kitaasisi ni kutafuta sababu zinazovifanya vyombo vya habari kubuni jumbe zinazorudiwa rudiwa. Sababu za kurudia rudia ujumbe walizozitaja watafiti wa utunzaji ni: aina ya wahusika, miktadha na nyakati. Kwa kurudia rudia ujumbe vyombo vya habari huifikia hadhira kubwa ya watu wenye sifa tofauti. Katika hali hiyo waandalizi wa jumbe lazima wajifunze mbinu za kusimulia ambazo zitaivutia hadhira kubwa. Eneo la uchambuzi mfumo wa jumbe hulenga kubainisha ni jumbe gani zinarudiwa rudiwa. Aghalabu jumbe zinazorudiwa huwa zinaunda maono ya kilimwengu. Gerbner alieleza kuwa vyombo vya habari (hasa televisheni) vina athari kubwa. Nadharia hii ilidai kwamba wanaozamia kutazama televisheni bila kuuelewa ulimwengu wa kawaida huitakidi kuwa ulimwengu wa kawaida unashabihiana na ulimwengu wa televisheni. Watu huamini kilichomo katika vyombo vya habari ndio maana watu hasa kutoka mashambani watapiga simu mijini kuuliza kilichoonekana katika televisheni au inapotokea kuna gazeti moja vijijini (hususan kwa lugha wanayoielewa) watu watalizingira na kulisoma gazeti hilo kwa makini (Reh 2004) na baadaye watapeleka ujumbe vijijini wakidai kuwa wao ni magalacha. Hivi ndivyo inavyoweza kutokea kuhusiana na redio ambapo watu wataizingira redio katika kikundi hasa mashambani ili kuitegea idhaa wanayoipenda na vipindi vyake.

Kwa ujumla, utunzaji unaitakidi kuwa athari muhimu ya vyombo vya habari hudumu kwa kipindi kirefu kutokana na kurudiwa rudiwa kwa jumbe na dhamira zinozopatikana katika vipindi vya televisheni. Utunzaji unasisitiza umuhimu wa athari hizi katika kipindi kirefu na athari ya jumbe hizi kwa utamaduni wote. Ingawa watazamaji waliobobea ndio huathiriwa pakubwa, hata wale ambao hawajabobea pia huathiriwa. Isitoshe, wananadharia wanaofuata utunzaji hawana udhibiti kwa utazamaji ulio teule badala yake wanaitakidi kuwa jumbe hizi zimezagaa. Hatimaye, wananadharia hawa hutambua kuwa athari za vyombo vya habari huingiliana na tajriba za maisha ya kawaida. Madai ya dhana ya uwezo na nadharia hizi za habari yametumiwa katika mjadala ninaouendesha hapa.

3.2 Uwezo wa Kiswahili kuzungumzia masuala mazito

Uwezo wa Kiswahili kuzungumzia masuala mazito ni suala zito kwa wataalamu wa Kiswahili kwa sababu tunaelewa historia ya usanifishaji wa Kiswahili na kiwango kilichofikiwa hadi sasa. Kama lugha yoyote ile, Kiswahili kinazidi kukua na msamiati wake unapanuka kila leo ili kukidhi mahitaji ya uvumbuzi unaotokea. Kuna makamusi kadhaa pamoja na orodha za msamiati na istilahi za taaluma nyingi kwa Kiswahili. Istilahi nyingine zinaendelea kubuniwa kila kunavyotokea uvumbuzi. Hata hivyo, tunaelewa kwamba kuna nyakati ambapo kumetokea istilahi tofauti zikitumiwa kwa maana tofauti na wataalamu mbali mbali. Katika hali hizo, Baraza la Kiswahili la Taifa (BAKITA) na Chama cha Kiswahili cha Taifa (CHAKITA) vimekuwa katika msitari wa mbele kutoa suluhu na kusawazisha tofauti hizo kupitia maamuzi ya vikao vyao na kuzisambaza istilahi sanifu kupitia machapisho yao.

4. Kiswahili katika vyombo vya habari

Sehemu hii inatathmini matumizi ya Kiswahili katika vyombo vya habari. Ina vijisehemu vingine ambapo kila kijisehemu kinajishughulisha na chombo fulani. Ijapokuwa nimekwisha sema kwamba Kiswahili kinatumika katika ukanda wa Afrika mashariki na kati, utagundua kuwa vyombo vya habari vinavyotumia Kiswahili vinapatikana nchini Kenya na Tanzania (ambapo Kiswahili ni lugha ya taifa) na kwa kiwango kidogo katika nchi za DRC Kongo na Uganda. Vyombo vingine (hasa redio) vinavyotumia Kiswahili viko nje ya Afrika. Kwa hivyo, uchambuzi wangu utazishughulikia hasa Kenya na Tanzania na kurejelea tu hapa na pale nchi hizo nyingine.

4.1 Redio

Kwa muda mrefu sana, redio imekuwa chombo pekee cha habari kilichotumiwa na binadamu. Na watu wengi barani Afrika wana uwezo wa kumiliki chombo hiki. Tofauti na vyombo vingine ambavyo huhitaji umeme (televisheni) au gharama ya kununua kila siku (gazeti), redio huweza kutumia betri ambazo hupatikana kwa urahisi hata katika sehemu za mashambani ambazo hazina umeme.

Redio ina athari kubwa sana kama silaha ya maendeleo au silaha ya maangamizi. Mathalan, wakati wa vita vikuu vya pili duniani, Hitler wa Ujerumani alitumia redio kuwahadaa Wajerumani kuwa Ujerumani ilikuwa inashinda vita. Kwa njia hiyo, aliwahimiza wananchi kuendelea kuchangia vita. Uwezo wa redio katika maangamizi vile vile ulionekana katika mauaji ya halaiki nchini Rwanda mnamo 1994 wakati ambapo redio ilitumika kujenga na kukuza uhasama kati ya WaHutu na WaTutsi. Nchini kenya, baada ya uchaguzi wa urais uliokumbwa na msukosuko, Tume ya Waki[4] na International Criminal Court (ICC) walilaumu vyombo vya habari hasa baadhi ya redio za lugha za kiasili kwa kuchochea mafuko.

Tunavyojua ni kwamba Kiswahili kinatumika pakubwa katika ukanda wa Afrika mashariki na kati. Katika eneo hili, kunazo idhaa nyingi zinazorusha matangazo yao kwa Kiswahili, k.m., Shirika la Utangazaji la Kenya (KBC), Redio Tanzania na nyingine nyingi za FM. La msingi si kwamba redio hizi zinatumia Kiswahili, bali zinatumia Kiswahili kuwasilisha nini kwa mujibu wa maadui wetu wa maendeleo na kwa nini watu hununua na kutegea stesheni za redio kwa Kiswahili. Mbali na kutoa taarifa za kawaida, redio hizi zinavyo vipindi vingi vinavyohusu elimu, kisomo cha watu wazima, afya (ukimwi, malaria n.k.), masuala ya kiuchumi (k.v, uwekezaji) na demokrasia (haki za binadamu). Kwa mfano, mnamo mwaka wa 2005 kulifanywa juhudi za kuanzisha katiba mpya nchini Kenya na baada ya kutafuta maoni na kuandika kielelezo cha katiba, ilibidi wananchi wakipigie kura kielelezo hicho. Wakati huo, wanasiasa nchini waling'amua umuhimu wa silaha ya Kiswahili. Wakati huo kulikuwa na makundi mawili – lililounga mkono kielelezo (likiwa na alama ya ndizi) na lililopinga kielelezo (alama yake ilikuwa chungwa).

Sambamba na madai ya nadharia ya matumizi na ridhaa, wananchi

---

[4] Tume ya Post Election Violence (PEV) iliyoongozwa na Jaji Philip Waki.

wengi walitega redio zao kusikiliza mijadala. Aghalabu mijadala ya viongozi wa makundi iliendeshwa hasa kwa Kiingereza ingawa idhaa nyingine ziliwaalika wataalamu kuzungumza na kujibu maswali kwa Kiswahili. Lakini katika mjadala mmoja, vigogo wa ndizi waliamua kutumia Kiswahili katika malumbano yao kuhusu kielelezo hicho. Motisha ya kufanya hivyo ilikuwa ni kutaka kuwafikia wananchi wengi kwani wengi hawakielewi Kiingereza bali lugha ya taifa - Kiswahili. Kwa hivyo, uwezo wa Kiswahili ulibainika hapo. Isitoshe, katika mikutano yote ya hadhara iliyofanywa na wanasiasa kukizungumzia kielelezo cha katiba, wanasiasa walitumia lugha yenye uwezo – Kiswahili.

Redio zote – za serikali na FM- zina vipindi vingi vya michezo ya kuigiza kwa Kiswahili kuhusu adui wa Afrika – magonjwa. Vipindi hivyo ni vya kampeini dhidi ya Ukimwi na VVU. Magonjwa mengine hayajaachwa nje. Mathalan, unapozuka ugonjwa kama ulivyotokea ugonjwa wa Homa ya Bonde la Ufa mwanzoni mwa mwaka 2007, vipindi vilivyoendeshwa kwa Kiswahili vilisikika katika redio nchini Kenya. Katika vipindi vya Idhaa ya Taifa (KBC), mkurugenzi wa matibabu ya wanyama alijizatiti sana kutumia Kiswahili japokuwa alionekana kuwa na tatizo kubwa kukizungumza. Ukweli ni kuwa alikitumia Kiswahili kwa sababu aling'amua uwezo wa Kiswahili katika kufikisha ujumbe juu ya Homa ya Bonde la Ufa kwa wasikilizaji wake. Itakumbukwa kuwa vipindi kuhusu kielelezo cha katiba, ugonjwa wa Bonde la Ufa na vinginevyo vililenga kuwaathiri wasikilizaji. Jambo hili halitokei iwapo kipindi kitatolewa mara moja tu bali ilibidi kirudiwe rudiwe angalau mara mbili ili yule msikilizaji aliyekikosa mara ya kwanza aweze kukisikiliza mara ya pili. Mtindo huu unaingiliana vilivyo na madai ya nadaria ya utunzaji ya vyombo vya habari.

Ikumbukwe kwamba kunazo stesheni za redio zinazotangaza kwa lugha za kiasili nchini Kenya. Kwa mfano, KBC inazo stesheni kama vile KBC, Kisumu, inayorusha matangazo kwa Dholuo, EkeGusii, Igikuria, Kalenjin, Luluya, nk. Stesheni hizi na nyinginezo za KBC hutoa matangazo ya mchana kutwa kwa Kiswahili siku ya Jumapili. Zaidi ya hayo, kila siku wakati wa taarifa ya habari, (saa moja asubuhi, saa saba mchana, saa kumi alasiri, saa moja usiku na saa tatu usiku), stesheni hizi huungana na KBC Idhaa ya Taifa ili kurusha habari kwa Kiswahili. Kwa upande mwingine, baadhi ya vituo vya redio vya kibinafsi vinaendesha shughuli zao kwa lugha za kiasili. Kwa mfano, Inooro (kwa Kikikuyu), Egesa (EkeGusii), Mulembe (Luluya), Ramogi (Dholuo), n.k. Ingawa lugha za kiasili ndizo zinazotumiwa, stesheni hizi vile vile huwa na matangazo kwa Kiswahili. Hususan matangazo yao mengi ya biashara hurushwa kwa Kiswahili.

Isitoshe, vituo vya redio nchini Kenya pia hucheza muziki wenye mafunzo mengi kwa Kiswahili. Huu ni muziki wa wanamuziki kutoka Kenya,

Tanzania na Jamuhuri ya Kidemokrasia ya Kongo. Kunazo nyimbo zinazozungumzia maradhi kama vile ukimwi/VVU, uongozi bora, elimu, nk. Motisha ya wasikilizaji kutega vipindi hivi mintarafu ya nadharia ya matumizi na ridhaa ni kupata burudani. Kwa baadhi ya vipindi, wasikilizaji hupiga simu na kuomba kuchezewa wimbo fulani. Lakini katika kuusikiliza muziki ulioombwa, wasikilizaji hupata ujumbe wa muziki.

Inafaa tukumbuke kwamba kunavyo vituo vingine maarufu vya redio vya kimataifa ambavyo hurusha matangazo yao kwa Kiswahili. Kwa, mfano, Redio South Africa, Redio Delhi, Redio China Kimataifa, Redio Deutsch Welle, BBC, Voice of America husikika sana barani Afrika. Mbali na kuleta habari kemkem za matukio duniani, idhaa hizi pia huwa na vipindi vinavyojadili masuala nyeti kadri yanavyotokea ulimwenguni. Kwa njia hiyo, wanachangia ukuzaji wa Kiswahili na mara nyingi vituo hivi vimekuwa katika msitari wa mbele katika ubunaji wa msamiati na istilahi kama vile, chaguzi, chumi, n.k.

4.2 Televisheni

Televisheni ni chombo cha habari muhimu sana ijapokuwa kinamilikiwa na watu wachache barani Afrika. Hii ni kwa sababu mbali na kukinunua kijisanduku cha runinga, ni lazima mmiliki pia awe na vyanzo vya umeme. Ukweli ni kuwa nguvu za umeme hazijasambazwa kwa mapana katika vijiji vyetu. Hata hivyo, pale ambapo runinga inamilikiwa, imeibuka kuwa silaha yenye athari kubwa kwa sababu ujumbe inaoutoa unasikika na wakati huo huo unaandamana na picha za kuushadidia. Kwa mfano, steshni nyingi za televisheni nchini Tanzania huendesha vipindi vyao kwa Kiswahili na vina mijadala kuhusu masuala nyeti. Kwa mfano, kituo cha Star TV kina kipindi kiitwacho *Je, utafika?* ambacho kinajadili ufisadi (kwa Kiswahili) kama adui mkubwa wa maendeleo.

Kwa muda mrefu sana, idadi ya vituo vya televisheni nchini Kenya ilikuwa ndogo hasa kwa sababu ya udhibiti wa serikali juu ya vyombo vya habari. Kwa sasa, kuna steshni kadhaa za televisheni, kwa mfano, KBC Channel 1, NTV, KTN, Citizen, Family TV, SAYARE TV na kadhalika. Kwa mujibu wa Musau (2003: 160) asili mia kubwa ya vituo vya televisheni vya kibinafsi hurusha matangazo yao kwa Kiingereza ingawa baadhi yao hurusha habari kwa Kiswahili angalau mara moja kila siku. Isitoshe, asili mia ya vipindi vyao hasa sinema huwa si vya kiasili bali vya kigeni. Vichache vinavyotolewa kwa Kiswahili (hata kama si Kiswahili sanifu) vina mashabaki wengi sio tu nchini Kenya bali pia nje ya Kenya. Kwa mfano, kipindi cha *Vioja Mahakamani* cha KBC Channel 1 kinashabikiwa sana sio tu nchini Kenya bali pia nchini Tanzania ambapo mitindo yake ya matumizi ya Kiswahili inaigwa. Hivi majuzi (mwisho wa 2007), Citizen TV imeanzisha vipindi vingine vya sarakasi kwa Kiswahili – *Inspekta Mwala, Papa Shirandula* na *Machachari*. Ijapokuwa Kiswahili chao si sanifu na wanaovitega huazimia kupata burudani, wanaishia kupata ujumbe kwani mada zinazolengwa ni masuala ya kawaida maishani.

Kufikia sasa ni wazi kwamba stesheni hizi hurusha vipindi vyao kwa Kiingereza. Hata hivyo, kunavyo vingine ambavyo ni vya Kiswahili. Kwa mfano, kituo cha runinga cha KTN huendesha mahojiano kwa Kiswahili mnamo Ijumaa jioni baada ya habari ya Kiswahili. Mgeni hualikwa studioni akazungumzia suala fulani kwa Kiswahili. Watazamaji hupewa fursa ya kupiga simu kuuliza swali au kutoa maoni. Ni lazima maoni yote yatolewe kwa Kiswahili. Kipindi kingine kinachoendeshwa kwa Kiswahili ni *Mandhari ya Wiki* kinachotokea kila Jumapili ambapo mgeni hualikwa studioni na watazamaji hupiga simu. Hii ni njia mojawapo ya kuwajumuisha wananchi katika mijadala kuhusu masuala ya kijamii (k.v. ndoa), dini, siasa, elimu, n.k. Mintarafu ya nadharia ya utunzaji, ni muhimu wanahabari watafute mbinu ya kuwasilisha ujumbe kwa njia ya mnato ili iwe na athari. Anavyodai Mugambi (2007: 24), wengi wa wanahabari wanaotumiwa katika vipindi hivi ni watu wenye umilisi mkubwa wa Kiswahili. Umilisi huu unawavutia wasikilizaji hata wale ambao hawana umilisi mzuri wa Kiswahili. Pia wanapokuwa wanaendesha mahojiano studioni wanahabari hao wana ujuzi wa kuwahimiza watazamaji wanaopiga simu kuongea Kiswahili na wala si Kiingereza.

4.3 Magazeti

Magazeti ni chombo muhimu katika mawasiliano ya maendeleo katika nchi zote za Afrika. Katika ukanda mnamotumiwa Kiswahili si nchi zote zina magazeti yanayochapishwa kwa Kiswahili. Nchini Kenya, kwa mfano, kuna magazeti manne makuu yanayochapishwa kila siku lakini kwa Kiingereza. Magazeti hayo ni *The Daily Nation, The Standard, The Kenya Times* na *The People*. Yote haya yana msambao wa taifa zima. Mbali na magazeti haya, kuna yale ya msimu ambayo huonekana siku moja moja hasa nyakati za chaguzi. Ni gazeti moja tu linalochapishwa kwa Kiswahili – *Taifa Leo*. Kunayo pia magazeti kwa lugha za kiasili za Kenya kama vile: *Otit Mach* (Dholuo), *Magenga* (Dholuo), *Thome* (Kikamba), *Mwihooko* and *Kihooto* (Taita).

Ingawa magazeti ya Kiswahili ni machache na nakala zinazochapishwa na kuuzwa ni chache ukilinganisha na yale yanayochapishwa kwa Kiingereza, inaelekea kwamba magazeti haya yana uwezo wa kuwasilisha ujumbe kwa idadi kubwa ya wananchi. Hii ni kwa sababu magazeti haya yanapotolewa na nakala kuonekana hasa katika sehemu za mashambani, watu husongamana na kumzunguka mmiliki wa nakala hiyo ili wajue kilichomo humo (Reh 2004). Wengi wao hawamudu bei ya gazeti ingawa bei ya gazeti la Kiswahili ni ya chini (KShg. 20 [€0.2]) ukilinganisha na bei ya gazeti la Kiingereza (KShg. 35 [€0.35]). Inashangaza kwamba nchini Kenya kuna wasomaji wengi wa Kiswahili kuliko wale wa Kiingereza lakini wale wachache wa Kiingereza ndio wenye uwezo kifedha wa kununua magazeti.

Ukweli kwamba Kiswahili katika magazeti ni silaha murua ulidhihirika katika mwongo wa 1980 wakati ambapo yalikuwepo magazeti ya mashambani (Luganda 2001). Wakati huo mradi wa UNESCO uligharamia uchapishaji wa magazeti ya kimaeneo nchini Kenya yakishughulikia habari za kimaneo kuhusu siasa, uchumi, kijamii na hasa utamaduni. Baadhi ya magazeti hayo ni *Sauti ya Pwani, Nyota ya Magharibi, Sauti ya Gusii, Nyota ya Mashariki, Jicho, Ngao na Mwangaza*. Magazeti hayo yalichapishwa kwa Kiswahili na yalitolewa mara mbili kwa mwezi. Kabla ya mradi huu kutuwama, ni nadra nakala zilizochapishwa zilikoma kuuzwa kwani magazeti yalikuwa maarufu na yakipendwa sana. Anavyodai Luganda (2001: 200) magazeti haya yaliwapa "Wakenya wengi peo nzuri za maendeleo ya kiafya, kiuchumi, kisiasa, kijamii na kimazingira".

Ni wazi kwamba Tanzania inaongoza katika idadi ya magazeti yanayochapishwa kwa Kiswahili. Kuanzia miaka ya 1990, kwa mfano, kasi ya kuongezeka kwa magazeti imekuwa kubwa. Zaidi ya hayo, idadi ya magazeti ya Kiswahili inayouzwa ni kubwa ikilinganishwa na ile ya Kiingereza. Mathalan, nakala zaidi ya 20,000 za magazei ya Kiswahili huuzwa jijini Dar es salaam pekee ilhali nakala 20,000 za Kiingereza huuzwa nchini kote (Shoo 2004: 82). La kuridhisha ni kwamba magazeti haya, kwa ujumla hutumia Kiswahili kwa ufasaha na ni lugha iliyojikita barabara.

5. Hitimisho

Sura hii imejadili umuhimu wa lugha ya Kiswahili kama silaha ya Afrika kwa kuzingatia matumizi yake katika redio, televisheni na magazeti. Hivi vyombo ni mfano wa teknolojia za jadi za mawasiliano tofauti na kompyuta, tovuti na simu ya mkono ambazo ni teknolojia mpya za mawasiliano. Mjadala huu umeonyesha kwamba kwa kiasi fulani ni kweli kwamba Kiswahili ni silaha inayofaa katika kuleta maendeleo. Hata hivyo, ufaafu huo unatokea tu katika nchi ambapo Kiswahili kinatumika. Hadi pale ambapo Kiswahili kitatumika katika bara lote la Afrika, ufanisi wake kama silaha ni wa kikanda tu, yaani Mashariki na Kati mwa Afrika. Kinachofurahisha ni kwamba silaha hii inazidi kutiwa makali kwani Kiswahili kinatumika kama lugha mojawapo ya lugha sita za kazi katika Bunge la Afrika na Umoja wa Afrika. Fauka ya hayo, kuna dalili kwamba baada ya muda usiokuwa mrefu Kiswahili kitakuwa lugha ya kazi katika Jumuia ya Afrika Mashariki. Kwa hivyo, kuna matumaini makubwa kwamba

Kiswahili kitakuwa silaha madhubuti ya Afrika. Kitu ambacho sijakifanya katika sura hii ni kuonyesha jinsi gani Kiswahili kinaweza kuwa silaha yenye athari hasi kwa Afrika. Jambo hili linashughulikiwa katika insha nyingine.

Vifupisho

KBC	Kenya Broadcasting Corporation
KTN	Kenya Television Network
NTV	Nation Television
SAYARE	Sauti ya Rehema
VVU	Virusi vya Ukimwi

Marejeleo

BAKITA. 2004. *Kiswahili na Utandawazi.* Dar es salaam: BAKITA.

Chachage, C. S. L. 2004. Kiswahili katika Muktadha wa Utandawazi. Katika: BAKITA. Kurasa 1-17.

Crystal, D. 2000. *English as a Global Language.* Cambridge: Cambridge University *Press.*

Fishman, J. A. 2006. Sociolinguistics: More power(s) to you! (On the explicit study of power in sociolinguistic research). Katika: Martin Puetz, Joshua A. Fishman & JoAnne Neff-van Aertselaer (whr.). Kurasa 3-12.

Kishe, A. M. 2003. Kiswahili as a vehicle of unity and development in the Great Lakes Region. *Language, Culture and Curriculum* 16, 2: 212 – 217.

Legere, K. 2006. JK Nyerere of Tanzania and the empowerment of Kiswahili. Katika: Martin Puetz, Joshua A. Fishman & JoAnne Neff-van Aertselaer (whr.) Kurasa 373-404.

Luganda, M. M. 2001. Magazeti ya Kiswahili na Maendeleo nchini Kenya. Katika: N. L. Shitemi, M. M. Noordin, A. L. Opijah & D. Mulgikuria 2001. *Kiswahili: A Tool for Development – The Multidisciplinary Approach.* Eldoret: Moi University Press.

Mohochi, S. 2000. *Kiswahili katika vyombo vya habari nchini: Matatizo katika matumizi ya lugha.* Katika: *Kimani Njogu, Kitula King'ei, Clara Momanyi & Paul Musau (whr.) Kiswahili Katika Karne ya Ishirini na Moja (Kiswahili in the 21st Century).* Cape Town: CASAS. Kurasa 147-157.

Mugambi, P. 2007. Media and the growth of Kiswahili. *Jahazi: Culture, Arts and Performance* 1, 2: 23-26.

Musau. P. M. 2003. Linguistic human rights in Africa: Challenges and prospects for indigenous languages in Kenya. *Language, Culture and Curriculum* 16, 2: 155 – 164.

Ogechi, N. O. 2010. Linguistic human rights for development communication in Kenya.

Katika: R. M. Beck (mhr.) *Language and Development; Frankfurter Afrikanistische Blaetter.* Cologne: Ruediger Koeppe.

Puetz, M., J. A. Fishman & J. N. Aertselaer (whr.). 2006. *"Along the Routes to Power': Explorations of Empowerment through Language.* Berlin: Mouton de Gruyter.

Reh, M. 2004. Multilingual writing: a reader-oriented typology – with examples from Lira Municipality (Uganda). *International Journal of the Sociology of Language* 170: 1-41.

ROK. 1965. *Sessional Paper No. 10 of 1965 on African Socioalism and its Application to Planning in Kenya.* Nairobi: Government Printer.

Ryanga, C. W. 2002. Indigenous languages and national identity. Katika: Francis R. Owino (mhr.) *Speaking African; African Languages for Education and Development.* Cape Town: CASAS.

Shoo, G. 2004. Nafasi ya Kiswahili katika vyombo vya habari wakati huu wa utandawazi. Katika BAKITA. Kurasa 79-87. Sherry, 2002.

Simala, I. K. 2002. Empowering African languages for sustainable development. Katika: Francis R. Owino (mhr.) *Speaking African; African Languages for Education and Development.* Cape Town: CASAS.

TUKI. 1981. *Kamusi ya Kiswahili Sanifu.* Dar es salaam: TUKI.

UN. 2001. Millennium Development Goals.

Wolff, H. E. 2006. The language factor in discourse on development and education in Africa. In: Kembo-Sure, S. Mwangi & N. O. Ogechi (eds.) *Language Planning for Development in Africa.* Eldoret: Moi University Press.

CHAPTER SIX

LANGUAGE TURF WARS IN KENYA

Nathan Oyori Ogechi
Department of Kiswahili & Other African Languages
Moi University

Ushindani kati ya misimbo inayotumiwa nchini Kenya ndicho kiini cha sura hii. Kwa kuwa Kenya ni nchi ya wingi lugha, misimbo mbalimbali imepangiwa kutumiwa katika maeneo na mazingira mbalimbali. Mathalani, Kiingereza ni lugha rasmi ilhali Kiswahili ni lugha rasmi shirikishi na vile vile lugha ya taifa. Lugha nyingine za kiasili hutumika katika mazingira ya nyumbani na yasiyokuwa rasmi. Misimbo ya vijana, Sheng na Engsh, haitambuliwi kirasmi na badala yake inakemewa. Hata hivyo, sura hii inaonyesha ya kwamba kuna ushindani katika matumizi ya lugha ambapo misimbo ya vijana pamoja na lugha nyingine hujitokeza kimatumizi katika mazingira ambamo matumizi yao hayaruhusiwi. Ushindani huu una athari hasi na chanya.

1. Introduction

In Kenyan political parlance, it is common for people to talk or even newspapers to write about the "home turf" of President Kibaki or the "turf" of ODM, etc. In this context, they are referring to the bedrock of the president's political following and the areas with overwhelming support for the rival ODM party. In this case, that turf is perceived in terms of a geographical region. For instance, President Kibaki's political turf is central Kenya while the ODM enjoys near-fanatical following around the Lake Victoria region. Whenever any of the two political rivals encroaches into the other's territory, there is talk of a political turf war. A political turf war implies the incursion of political tentacles into a region where your opponent is dominant. In such a scenario, the normal situation is disturbed. In the struggle, one group could win, lose or both could end up sharing the spoils so that none of them ends up having the area as her political turf. That is, there is a struggle that results in either supremacy of one group over another or both groups hold sway in the region.

It is highly possible to witness a similar happening in a multilingual speech community especially when the rigidity of the community's diglossic/triglossic relationship is experiencing democratic language usage. Postcolonial African countries have espoused different language planning and language policy paths (e.g. Obanya 1999, Kembo-Sure & Ogechi 2006).

A triglossic language policy has been followed in some countries (e.g. Tanzania, Nigeria, Kenya, etc.). In these countries, a former colonial language is the official language, an indigenous language is the national (and in some instances co-official) language while the rest of the indigenous languages assume neither official nor national functions. Subsequently, the languages given either official or national status are assigned functions in certain domains in society. These domains are what I refer to as those languages' turfs. Ideally, each language should stick to its turf but as Wardhaugh (1985:20 observes:

> ...languages also change in their attractiveness to speakers; they change the uses to which speakers put them; they sometimes retrench, losing speakers either entirely (and, of course, 'die') or only for certain functions; and they sometimes spread or expand, gaining more uses and users. Most of the factors bringing about change, retrenchment, or expansion are unconscious ones; generally speakers are not aware of what is going on. However, some changes are conscious; when a government decrees that one language rather than another must be used in certain circumstances, then that is a conscious decision affecting both languages.

As indicated earlier, Kenya is one of those countries where a triglossic language policy is in place. With at least 42 stable languages, English is the official language that is used in all official government documents; it is used in matters parliamentary, diplomacy, education, international business, etc. Kiswahili, an indigenous Bantu language, is the national and co-official language (e.g. Wardhaugh 1985, Kembo-Sure 1992, Myers-Scotton 1993, Musau 2002). Thus besides performing the core function of a national identity through making possible inter-ethnic communication at all levels and being a symbol of Kenya's nationalism, Kiswahili also performs other official functions. These include parliamentary debates. It is a compulsorily taught and examined subject up to Grade 12. It is used in newspaper-writing, radio and television programmes, on billboards advertisements, etc. The other remaining indigenous languages are used for intra-ethnic communication at home.

In addition to the stable languages, an unstable language, in the last two decades or so, Sheng, has gained currency in Kenya. It is used by the youth and young adults in urban and even rural areas (Githiora 2002, Ogechi 2004, 2007). The official language plan "ignores" this code that educators and Kiswahili admirers love to hate with a passion. It is not officially assigned any function. Only its users have a place for it in their informal interactions. Therefore, ideally the three stable codes and one unstable language have their domains/turfs clearly cut out for them. In a stable triglossia none is expected to spread into and compete with another and therefore cause conflict in a foreign turf. However, is this the reality on the ground? Is any of the codes spreading and causing war in the turf of another? If so, which codes are in conflict and in what domain? What are the causes of the turf war? Through what processes are these conflicts being propagated? What are the present outcomes? What are the future projections of the outcomes?

The present article attempts to answer the foregoing questions focusing on the language turf wars between English, Kiswahili and Sheng in the media and education in Kenya
. The turf wars will be discussed through examining the spread of Sheng into the domain of Kiswahili and English. The paper is organized as follows. In 2, I sketch the conceptual framework on which this paper is premised. Section 3, illustrates the turf wars in various media while section 4 focuses on education. The consequences of the turf wars on Kiswahili are presented in 5 while 6 is the conclusion.

2. Language war

The present discourse is anchored on linguistic competition. Linguistic competition can result in the disappearance of linguistic diversity as accounted for through an ecological approach. One of the earliest ecological views relating to linguistic competition was propounded by Haugen (1972:70) where he argued that the ecology of language is the struggle [*competition/conflict/rivalry*] between dominant [*majority*] and dominated [*minority*] groups. One of the present-day gurus of language ecology is Muehlhaeusler (2003) who contends that when there is a dysfunctional language ecology (such as the status elevation of a minority to a language of instruction in a multilingual ecology) it engenders language conflict. According to him, the well-being of an ecology derives from the presence of a maximum amount of cooperation and a marginal role of competition. The ecological approach therefore attempts to unmask the nature of the ecology so that through a long term perspective, factors that are particularly detrimental to the preservation of the linguistic diversity are discouraged while strategies to attenuate and avoid the detrimental factors are developed. In the approach, it appears that language conflict is just but one of the factors that leads to the loss of languages.

Whereas Muehlhaesler and his associates do not mention language in their exposition of linguistic conflict, Shell (2001) has dwelt on language wars. Like other scholars (e.g. Kembo-Sure & Webb 2000), Igboanusi & Peter 2005), Shell asserts that language wars reflect tension that is a potent cause of division and conflict. He argues that "language conflicts are often a complex tangle of hegemony and resistance that threatens to recreate Babel on a global scale" (p.1). Furthermore, the tension in language conflict has since the early 19th century demanded that linguistic nationalism is the panacea: namely, "peace and justice demand that all the speakers of a given language secure a national homeland where that language is supreme" (p.2). It is closely in line with Alidou & Mazrui (1999:102) who argue that *"linguistic nationalism* is a brand of nationalism which is particularly concerned about the value of its own language, seeks to defend it against other languages, and encourages its use and enrichment". However, instead of maintaining linguistic nationalism, there exist nation states where official national languages coexist uneasily with dialects, with minority and immigrant languages, and with such "international" languages as English. This uneasy linguistic relationship is the linguistic rivalry aptly summed up thus:

> The situation of subtle, often hidden, but, at times, open mutual suspicion among different ethnic and language groups: major versus major: major versus minor: and, at times, minor versus minor, is a commonplace in many African countries, especially in the struggle to equitably share the 'national cake'. (Adegbija 1994: 148: in Igboanusi & Peter 2005: 88).

The 'national cake' here could be referring to what Calvet (1998) calls resources (speakers). It is notable that some language war (conflict) scholars (e.g. Kembo-Sure & Webb 2000: 112) have argued that conflict may come about when a foreign or language learnt after or alongside a home language gathers more strength or begins to acquire more functions for an individual at home and in the public domain. Besides that other researchers (e.g. Igboanusi & Peter 2005:1) have identified four patterns of linguistic competition:
- most threatened languages are minority languages which are dominated by the major ones.
- speakers of a major language may feel threatened because of developmental activities or programmes which seem to give another major language or languages an advantage over their own languages.
- at another level of competition, the survival of indigenous languages (both major and minor) maybe threatened by the dominance of for-

mer colonial languages, which have acquired official functions and are seen to be more important than the indigenous languages.
- there is also the competition between the standard variety of a language and its non-standard forms.

Regardless of the foregoing, the term "language war' can also be viewed against the broad concept of globalization. In globalization, there is evolution whereby although the human population is large and continues growing, the language population (6000-7000) has reached its maximum biomass and the world has been reduced to a global village without linguistic borders (Calvet: http://francophonie-up.univ-mrs.fr. 29/3/07). According to Calvet, the disintegration of linguistic borders as a result of competition in the linguistic population is a form of language wars. The competition appears in two ways: *competition* by *exploitation*, when populations have no direct relations but utilize common resources, and *competition* by *interference*, when populations have direct relations and one population denies the other(s) access to the resources.

In this article, I use language war as competition by exploitation whereby populations (Kenyan stable and unstable languages) have no direct relations (because they are triglossically related) but they utilize common resources, i.e., they manifest themselves in the same domains/turf regardless of which language is the "owner' of the domain/turf. There is encroachment of one code into the domain in which another code is usually used.

3. Kenya's Language Profile

Kenya is a multilingual country with at least 42 languages (Ogechi 2003, Kembo-Sure & Ogechi 2006). These include the ex-colonial master's language, English and the major indigenous languages, namely, Kiswahili, Gikuyu, Dholuo, Luluya, etc. As is the case in most ex-colonial African countries, there exists a triglossic relationship in the use of these languages (Wardhaugh 1985, Wolff 2000). That is, there is specific usage of the different languages for different functional purposes as the accepted norm or habit and the languages are related on a High-Low scale of social acceptance and prestige (Wolff 2000: 323). For instance, English is the official language used in education, international dealings and in scientific and technological matters. It is the most prestigious and the High code. Kiswahili is the national and co-official language. It is used for inter-ethnic communication and to establish a national identity for political or cultural reasons. It is a Low language in international and scientific matters when viewed in relation to English. However, it is a High language when com-

4. The media

The old communication technology in the Kenyan media has two main outlets, namely, the electronic and the print media. The electronic media refers to the radio and television while the print media comprises newspapers of various categories. These media are a major outlet for the demonstration of language wars in Kenya.

4.1 Radio

Radio is the most popular and most widely used media in Kenya. Once purchased, one only needs to maintain a radio through powering it either by electricity or dry cells. The latter are easily available even in remote locations of the country.

For many years, radio broadcasting in Kenya was not liberalized. It was a monopoly of the state-run Kenya Broadcasting Corporation (previously Voice of Kenya – VOK). KBC has the Idhaa ya Taifa that broadcast in Kiswahili and the General Service that airs programmes in English. In addition, KBC runs regional stations that run programmes, in turn, in various Kenyan languages in the stations' catchment areas. KBC stations operate between 5.00 am and 12.00 mid-night. A conservative language policy obtained especially during its monopolistic years and the three language categories had their language turfs clearly defined. That is, Kiswahili held sway in the Idhaa ya Taifa, English in the general Service and the local languages in their home turfs. News broadcasts, music and casual announcements and advertisements were aired in different languages to their respective audiences (language turfs). The least deviation from this practice was minimal use of codeswitching. This went on until roughly the closing years of the 1980s.

With the advent of plural democracy in the early 1990s, the state was forced to free air waves. Independent and private FM radio stations were licensed to operate. Today, one has a wide variety of FM radio stations including Easy FM, YFM, SAYARE, Radio Citizen, Fish FM, etc. Some of these run secular programmes while others focus on religious programmes.

As already shown, radio broadcasting was a closed turf (a preserve of the government) with clearly defined language turfs. However, it appears that the liberalization of broadcasting also came with the liberalization of language turfs. Subsequently, linguistic turf wars seem to have come into being through the competition between Kiswahili and English, on the one hand, and codeswitching and Sheng, on the other. The latter two are now widely heard in both the supposed-English and Kiswahili broadcasting stations. This is happening not only in the private FM stations but also in the state-run broadcasters. It has been found out that call-in programmes in KBC's Idhaa ya taifa are not conducted only in Kiswahili; rather, codeswitching and Sheng appear to be in vogue. The practice is not limited to a few anchors. Even the most prominent, Lenard Mambo Mbotela who, for a long time, adhered to flawless Kiswahili now allows callers to communicate in codeswitching and Sheng. He too imitates the callers. This particularly happens in the Bwagamoyo programme between 6 and 7 o'clock in the evenings between Monday and Friday.

The prevalence of codeswitching and Sheng in the private FM radio stations is enormous. Nation Media Group's Easy FM is ideally an English radio station. But in practice even its continuity announcers easily codeswitch and intersperse their announcements and comments with Sheng. Perhaps this is what triggers their callers to codeswitch and use Sheng. Another station, YFM fully transacts its business including news broadcasts in Sheng.

It is notable that for a long time, Sheng was associated with the underworld (Mazrui 1995) and topics not considered "godly", i.e., sex and hip-hop music (Spyropoulous 1987). Thus one could not expect to hear Sheng used in discussing issues of religion and by extension religious-based stations could not be expected to use Sheng. This is far from it. Let us demonstrate this with what goes on in the Eldoret-town based Christian FM stations.

Two stations, e.g., SAYARE and Fish FM, are located in Eldoret and their broadcasting range is limited to western Kenya. English and Kiswahili are the main languages used in the sermons, music and announcements aired by both stations. In addition, SAYARE also broadcasts in some local languages, i.e., Kalenjin, Kikuyu, EkeGusii, Dholuo and Luluya. In their endeavour to reach listeners of all ages groups and social stations, the two stations also employ codeswitching and Sheng. These two codes are humorously used in advertisements, programmes for the youth and in some music played. It is also interesting to observe that even the radio anchors selected to run these programmes are also youthful. Codeswitching and Sheng are also used by listeners who make calls to give comments, discuss an issue or even make a request for music.

4.2 Television

Television is also used in Kenya although it is not widespread (Musau 2003) perhaps because a TV requires a high power voltage compared to radio. The supply of electricity in Kenya is only limited to a few regions and areas of the country (Ogechi 2006). Regardless of this, there are many radio stations now in operation. KBC Channel 1 is the state-owned station, which airs programmes largely in English since many of them are imported. A few others are in Kiswahili such as habari and vioja mahakamani. Other private stations exist, e.g., KTN, NTV and Citizen that run secular programmes while Family TV and SAYARE TV air Christian programmes. It is notable that English is the main language used by these stations although some programmes are in Kiswahili. The music played, especially Christian songs, is in Kiswahili. Thus the two languages hold sway in television.

However, codeswitching and Sheng are now competing with English and Kiswahili. This is particularly in the music programmes such as NTV's the Beat (aired on Saturday and Sunday) and advertisements. For instance, KBC, KTN, NTV and Citizen air the following codeswitched and Sheng-coined advertisements:

5. Tusker na chapaa, Chapaa na Tusker.
"Tusker (beer) with money, money with Tusker".

>Rarua mkopo na Barclays, pata chapaa
>"Shred a loan with Barclays (bank), get money".

The christian-inclining, Family TV and SAYARE TV are not excluded from the language wars. While both play music that is codeswitched with Sheng, Family TV has a youth programme, Kuwa Tofauti that comes on Tuesday at 8.00pm where the youth discuss emerging issues like relationships, HIV/AIDS in codeswitching and Sheng.

4.3 Print Media

English dominates the print media in Kenya. Daily, weekly and monthly newspapers and magazines are printed. The main daily newspapers are the *Standard, Daily Nation* and **People Daily** while weekly papers include *The East African*, which publish in English. Only the *Taifa Leo* publishes in Kiswahili. Monthly magazines include *True Love, Drum* and *Insyder*.

These papers write for a wide audience on an array of topics. English has held sway in this domain for many years. However, increasingly codeswitching and Sheng are now slowly percolating into English and Kiswahili newspapers. For instance, the Standard's pullout Pulse so smoothly communicates in Sheng, in some sections, with its youthful audience (Moments, *The Standard*, May 5, 2007). The Daily Nation's sister newspaper, *Taifa Leo*, writes in Kiswahili. However, since March 2005, *Risto za Mateeniz*, a column devoted to the youth writes in codeswitching involving English, Kiswahili and Sheng every Saturday. The once-a-month magazine, Insyder, also publishes some sections in Sheng.

5. Education

Some linguistic competition is witnessed in the media of instruction is Kenyan educational institutions. The official language policy of education stipulates that education for the first three years of schooling should be introduced in the language of the catchment (Kembo-Sure & Ogechi 2009, Ogechi 2009). That is, in rural areas, children learn in mother tongue while in peri-urban areas they are instructed in Kiswahili and in urban areas they are taught either in English or Kiswahili depending on the dominant language of the catchment. After Grade 4, English takes over as the medium of instruction.

However, studies indicate that policy and practice are not in tandem (Wollf 2002). Kenyan children are taught in codewsitching even after Grade 4. The most interesting of this finding came out of Kembo-Sure & Ogechi's (2009) comprehensive study conducted in four out of Kenya's eight provinces in rural, peri-urban and urban public primary schools. It was found that both teachers and learners do not appear ready to use the English medium after Grade 4 and instead resort to either mother tongue-Kiswahili-English trilingual codeswitching or Kiswahili-English bilingual codeswitching as a learning strategy to get the lesson moving on. Kiswahili-English codeswitching was common in peri-urban and urban schools. Ogechi (2009: 152-153) reports of a Grade Science lesson that should be conducted in English resorting to codeswitching for learning to occur. In the lesson on Flowering Plants concepts were mentioned in English but the explanation was offered in Kiswahili. It was observed that a Kiswahili equivalent was given to almost all that was said in English. In particular, learners could not respond to questions asked in English:

1.
T: What does a root do? (Only one out of 54 pupils raised up a hand)
   (Question is rephrased in Kiswahili)
T: Mizizi inasaidia nini? (What do roots do?) (More than half the class raised up hands).
P: Inasaidia isianguke. (It assists (the plants) not to fall).

It was also noted that in some instances the learners' response were in Kiswahili although the official medium of instruction was English.

2.
T: +How many knows a fruit? (No pupil raises a hand to respond).
   (Question is rephrased.)
T: Ninasema, ni wangapi wanajua matunda? (I am saying, how many of you know what a fruit is?)

Once the question was asked in Kiswahili, the entire class raised up hands. It therefore appeared that learners do not know English well enough. For instance, the class was asked to enumerate types of tubers. One learner named cassava, which the teacher promptly wrote on the black wall. The next learner to name a tuber said muhogo (cassava) – a sign that the child did not know that muhogo was an equivalent of cassava.

What we learnt from these anecdotes is that Kiswahili was infringing into the tough of English. Elsewhere, the Jwan and Ogechi (2004) study is interesting as it involved an informal primary level centre for former street learners who do not share a MT. It was found out that by introducing education through codeswitching, the learners had a smooth transition to the English only medium in the later stages. Codeswitching was the practical "medium of instruction" in the early stages of the informal education centre. It clear that other codes are infiltrating into English as the medium of instruction in education.

6. Consequences

The discussion, so far, shows that there exist linguistic wars in the media and education in Kenya. While English and Kiswahili are the official languages of the media with vernaculars in some selected stations, codeswitching and Sheng are now fighting for recognition. The two are prominently used in adverts and music besides call-in programmes in the television and radio media. Both adults and youth access these media and it appears the use of codeswitching and Sheng has a profound effect on the grammaticality of the Kiswahili used and heard in Kenya. In education, there is also the turf war as we have seen.

Here below, I present a few of the effects of the turf between codeswitching and Sheng on Kiswahili. Whereas the motivation to codeswitch and use Sheng is to reach a wide audience and ease communication, Sheng is infringing into the grammar of Kiswahili:

3. *Use of negative* **si**

Ordinarily, **si** marks negative in Kiswahili. However, in Sheng it implies politeness and a request for a favour. This usage is slowly percolating into the use of Kiswahili:

(a) Si uniletee mayai mawili. "Could you please bring me two eggs".
(b) Si twende dukani kununua peremende. "Could we please go to the shop to buy a sweet".

4. *Use of verb to be* **kuwa**

Typical verbs are words that express actions or states (Hurford 1997:243). The verb to be **kuwa** in Kiswahili expresses several states one of which is to express being present at a certain place. When used in response to a question, the verb to be must also be followed by the object. In the Sheng usage of **kuwa** does not entail the presence of the object. This is also becoming common in Kiswahili:

(a) Ulikuwa kanisani jana? + Nilikuwa. → Nilikuwapo kanisani.
Were you in church yesterday? + I was → I was in church.

(b) Utakuwa shuleni kesho? +Nitakuwa → Nitakuwa hapo/shuleni.
Will you be in school tomorrow? + I will be → I will be there/in school.

In the foregoing sentences, the responses with a plus sign are not acceptable in Standard Kiswahili. They are only complete and acceptable as shown after the arrow. The earlier ones are only acceptably used in colloquial Kiswahili which is now getting into formal writing and speech of the people.

5. *Omission of copula verb*

The copula verb **ni** is the one most affected through interference from Sheng. Normally, this is an obligative verb in sentences that require it. However, it is not obligative in Sheng (Ogechi 2005: 16-17). This Sheng-type of sentences without an obligatory **ni** are now heard in Kiswahili:

(a) +Yule mtu mrefu. → Yule mtu ni mrefu.
That tall man.   → That man is tall.

(b) +Msichana huyu mrembo. → Msichana huyu ni mrembo.
This beautifu girl. → This girl is beautiful.

The constructions with a plus are only acceptable in Standard Kiswahili if they are used as noun phrases and not as sentences. However, the speaker assumes they are sentences due the effect of similar instances in Sheng where they appear as sentences. The correct forms are those appearing after the arrows.

The negative effects of Sheng discussed in the foregoing examples are particularly dire on the mastery of standard Kiswahili by Kiswahili learners who read, watch and listen to the media in Kenya. This perhaps explains the record poor performance in the Kenya Certificate of Primary Examination (KCPE) in 2010.

It is needless to emphasize that the media has an immense role in the promotion or demotion of any language. Since Kenyan radios and TVs and their use of Sheng reaches neighbouring countries, the ungrammatical use of Kiswahili appears to spreading to those countries. Indeed the use of Sheng words like **–noma, manzi,** etc. is now heard even in Dar es salaam, Tanzania.

7. Conclusion

This paper set out to investigate if there are linguistic turf wars in multilingual Kenya. It has been shown that basically a triglossic language situation obtains with English as the High languages always. Kiswahili is also a High language when compared with the other indigenous languages, which are always Low languages. Kiswahili and English are the main languages of the media and education. However, this chapter has shown that there is language competition whereby codeswitching and Sheng are now flexing their muscles and infiltrating the Kiswahili and English turfs.

It has been shown that the turf wars have resulted in the rise of ungrammatical Kiswahili constructions not only among Kenyans but also among neighbouring countries that receive Kenyan media. This is a negative consequence. On the positive front, it appears that the infiltration of Sheng and codeswitching complements Kiswahili and English in achieving communication to the target audience but this is not enough ground to compromise standards.

References

Abdulaziz, M. & K. Osinde. 1997. Sheng and Engsh in Nairobi. *International Journal of the Sociology of Language* 125: 1-21.

Calvet, Louis-jean. Language Wars: Language Policies and Globalization. http;//francophonie-up.univ-mrs.fr.29/3/07

Githinji, P. 2006. Bazes and their Shibboleths: Lexical variation and Sheng speakers' identity in Nairobi. Nordic *Journal of African Studies* 15, 4: 443-72.

Githiora, C. 2002. Sheng: Peer language, Swahili dialect or emerging Creole?. *Journal of African and Cultural Studies* 15, 2: 159 – 81.

Haugen, E. 1972. *The Ecology of Language.* (edited by Anwar S. Dil). Stanford California: Stanford University Press.

Hurford, J. R. 1997. *Grammar; A Student's Guide.* Cambridge: Cambridge University Press.

Igboanusi, H. & L. Peter. 2005. *Languages in Competition: The Strug-*

gle for Supremacy among Nigeria's major Languages, English and Pidgin. Frankfurt am Main: Peter Lang.

Jwan, J. O. & N. O. Ogechi. 2004. Bilingual education for street children in Kenya; Evidence from language mixing. *Journal of Language and Learning* 2, 2: 65-87.

Kembo-Sure. 1992. The Coming of Sheng. *English Today* 32: 26-28.

Kembo-Sure & N. O. Ogechi. 2009. *Linguistic Human Rights and the Language Policy in the Kenyan Education System.* Addis Ababa. OSSREA.

Kingéi, G. 2001. Language and identity ; The challenge of Sheng in Kenya. Paper presented at the *ATWAS Conference September* 17-19, 2001. Egerton University.

Mazrui, A. 1995. Slang and codeswitching: The case of Sheng in Kenya. *Afrikanistische Arbeitspapier* 42: 168-179.

Mbaabu, I. & K. Nzunga. 2003. *Sheng-English Dictionary; Deciphering East Africa's Underworld Language.* Dar es salaam. TUKI.

Muehlhaeusler, P. 2003. Language endangerment and language revival. *Journal of Sociolinguistics* 7, 2: 232 – 245.

Mufwene, S. 2004. *Language birth and death. Annual Review of Anthropology* 33: 201 – 222.

Musau, P. 2003. Linguistic human rights in Africa: Challenges and prospects for indigenous languages in Kenya. *Language, Culture and Curriculum* 16, 2: 155 – 164.

Myers-Scotton, C. 1993. *Social Motivations for Codeswitching: Evidence from Africa.* Oxford: Oxford University Press.

Nzunga, M. P. K. 2002. Sheng and Engsh: The booming offspring of linguistic intermarriage. In: I. Rissom (ed.) *Language in Contrast.* Bayreuth: Eckehard Breitinger.

Obanya, P. 1999. Education, equity and transformation from the perspective s of language education. In: L. Limage (ed.). pp. 17 – 33.

Ogechi, N. O. 2002. Trilingual Codeswitching in Kenya: Evidence from Ekegusii, Kiswahili, English and Sheng.

----- 2003. On language rights in Kenya. *Nordic Journal of African Studies* 12, 3: 277-295.

----- 2004. Lexicalization in Sheng. *Alternation* 11, 2: 325 – 342.

----- 2005. Does Sheng have a Kiswahili grammar? *Annual Publication in African Linguistics* (APAL) 3: 5-26.

----- 2006. Linguistic human rights for development communication in Kenya. Paper resented at the VAD Conference, July 2006 held at the Johann Wolfgang Goethe University, Frankfurt.

----- 2007. Sheng as a youth identity marker: Reality or misconception? In: K. wa Njogu (ed.) *Identity and Culture.* Nairobi: Twaweza Communications.

----- 2009. The role of foreign and indigenous languages in primary schools: The case of Kenya. *Stellenbosch Papers in Linguistics (PLUS)* 38: 143 – 158.

Spyropolous, M. 1987. Sheng: Some preliminary investigation into a recently emerged Nairobi street language. *Journal of the Anthropoligical Society of Oxford* 18, 2: 125 – 36.

Wardhaugh, R. 1985. *Languages in Competition; Dominance, Diversity and Decline.* Oxford: Basil Blackwell.

Webb, V. & Kembo-Sure. 2000. *African Voices: An Introduction to the Languages and Linguistics of Africa.* Cape Town: Oxford University Southern Africa

Wolff, H. E. 2000. Language and society. In: B. Heine & D. Nurse (eds.) *African Languages: An Introduction.* Cambridge: Cambridge University Press.

----- 2002. The heart of the 'African language question' in education. In: F. R. Owino (ed.) *Speaking African; African Languages for Education and Development.* Cape Town: CASAS.

Shell, M. 2001. Language wars. CR: *The Centenenial Review* 1, 2: 1-17.

CHAPTER SEVEN

"DOUBLE-EDGED SWORD?": THE CASE OF KISWAHILI

Nathan Oyori Ogechi
Department of Kiswahili & African Languages
Moi University

Katika sura hii, tunatathmini athari chanya na hasi za matutumizi ya Kiswahili. Kwa muda mrefu, yaliyosemwa na kuandikwa kuhusu Kiswahili ni matukio mema yanayohusiana na Kiswahili. Lakini kuna uwezekano kuwa Kiswahili, kama lugha mojawapo kubwa duniani, kimewahi kutumiwa vibaya ili kuleta athari za kuwadhuru watu. Kwa kujikita katika historia ya matumizi ya Kiswahili, tunaendesha mjadala unaonyesha kuwa kuna nyakati, japo chache, ambapo watu wamekitumia Kiswahili ili kujifaidi huku wakiwatesa wengine.

1. Introduction

The present chapter tries to unmask the extent to which Kiswahili can be perceived to have had both positive and negative effects in the wake of its spread as a vehicular language, a subject of instruction and a subject of study in various parts of the world. For a long a time, students of Kiswahili have been exposed to works that portray Kiswahili as a language of meek people (Chiragdin & Mnyampala 1977), a "beautiful" language, a language of the masses (Legere 2006) and one that is used to spread peace and can also be used for Pan-Africanism. While this might be true, there is need to also look at Kiswahili's negative side where, just like any other major language, it has been spread and even used to achieve negative ends with a dark history. For instance, while English is perceived as the most successful global language, its past as a colonial language that spread its tentacles when its speakers engaged in their colonization and enslaving has been documented (Crystal 2000). The same could be said of German when it was used during Nazism to carry out Hitler's holocaust. Whereas the media, specifically radio, could be blamed for the 1994 Rwandan genocide, it is possible to attribute the Tutsi language for the outbreak and upsurge of the atrocities.

Subsequently, concerning Kiswahili, the following questions arise: Has Kiswahili ever been used to propagate positive agenda? For what positive ends was it used before the advent of Arab and European imperialism? What was its role during the era of slavery and long distance trade between the east coast of Africa and the central African hinterland? To what extent can one associate Kiswahili with the success of the exploitative European imperialism? To what extent can Kiswahili be associated with the decolonization of East Africa in general and especially Tanzania and by extension the final realization of political independence in Africa? What role did Kiswahili play in the entrenchment of single party dictatorship and the subsequent advent of plural democracy? What role has Kiswahili played in enhancing development in general and literacy in particular? What is its role in the development of Pan-Africanism?

The present chapter interrogates Kiswahili's role against the backdrop of the foregoing questions. By so doing, it seeks to perform an analysis that will try to understand Kiswahili from two sides of the same coin, hence its being double-edged. It will be argued that Kiswahili is a sword with blades on either side. One side of the blade can be used to bring peace and development while the other side is associated with darkness that brings suffering and misery to humankind.

The essay proceeds as follows. In section 2, the conceptual framework on which the discourse is anchored is sketched. Section 3 unmasks the positive and negative sides of Kiswahili while section 4 offers concluding remarks.

2. Conceptual framework

This article views Kiswahili as a double-sided sword. Historically, a sword is associated with power and authority. It is a sword that was, for a long time, used for protection; it could be used to wrestle power from a group and safeguard the same. A sword as a symbol of power and authority is used during the change of guard in a peaceful handover of leadership. Usually, the outgoing governor hands over a sword to the incoming ruler. Thus a sword symbolizes power. Therefore, language as a sword is a symbol of power.

Falling from the above analogy, this chapter is anchored on the concept of "power of language". The concept of "language and power and power of language" is now in vogue in sociolinguistics. Martin Puetz et al.'s (2006) *'Along the Routes to Power'; Explorations of Empowerment through Language* is a collection of 21 essays by heavy weights of sociolinguistics focusing on language and power and the power of language. The power of language is understood when one considers codes in their social distribution. According to Fishman (2006: 5), any language or variety that is recognized as associated with military power, social status, authority has more "power" than those associated with less. It is through a powerful language associated with and vested in the church ministers that people are declared husband and wife at a marriage ceremony. It is by use of the word that a Chancellor confers on a graduand a degree and power to read all that appertains to the given degree. Indeed according to Lindblom (1977:52), it is "not the gun but the word is the symbol of authority". Pool (1993: 31) concurs when he argues:

> ... the word is not merely a *symbol* but also a *tool* of authority. If words are tools of authority, then, language which allows people to produce words, must be a tool for making tools of authority. And, if language is a machine tool in the authority industry, then we should also expect people to compete for control over language.

According to the concept of the "power of language", those in authority manipulate language to their benefit (Pool 1993, Fishman 2006) through direct choices of norms. Part of the deliberate manipulation is done to enforce compliance. The enforcement of compliance, according to Durkheim (1964: chapter 2), is to force societal members to comply with the standards and create punishment for those who defy. The essence in this argument on the power of language is to "maintain social cohesion" that could have been destroyed were the society's laws not enforced. They may manipulate it in two ways. First, those with political power use it to get power over others especially in an imperialistic arrangement language socially, politically and economically. Secondly, those who have power over language, use it to get political power, particularly through wresting power from colonial masters and dictatorial regimes. The end result of the arrangements is that ideal democratic governance is never achieved culturally, economically and politically.

The concept of power of language implies therefore that languages are not equal. Some languages are powerful and can build or destroy while others are weak or have been downtrodden by the powerful ones. As Mackey (1978:7, cited in Edwards 2010: 110) avers "only before God and the linguist are all languages equal .... Everyone knows that you can go further with some languages than you can with others". Thus in a multilingual society where some languages are more powerful than others, languages are seen as commodities in a sociolinguistic market. Users make either deliberate or forced choices. The deliberate choices are usually driven by the principle of utilitarianism in terms of what and how much gain one gets from the choice. Forced choices are either circumstantial such as when the situation demands that only a certain language will get things moving or state driven whereby through status planning politicians impose (a) language(s) for so-called national cohesion. The aftermath of whatever choices are imposed can be positive or negative.

The present discourse will revolve around the arguments so far sketched to show how the choice of Kiswahili as a language of power has fared. The argument is done through a historical analysis of the use of Kiswahili.

3. Kiswahili as a language of power

As I have indicated elsewhere, the thesis of this chapter is to unravel both the positive and negative associations of the power of Kiswahili. Perhaps the greatest positive association of Kiswahili is its role in detribalization (Mazrui & Mazrui 1995). As a language of wider communication, Kiswahili has always been crucial in breaking ethnic barriers and boundaries in urban centres. As Mazrui & Mazrui (Ibid) argue, the Luo, Kamba and Luhya of Kenya among others were, for a long time, involved in trooping to urban centres such as Nairobi and Mombasa to look for jobs. Here they were brought together through the use of Kiswahili. Indeed, the Luos moved to the industrial cities of Jinja and Kampala in Uganda where they sought employment. In their interaction, they found Kiswahili handy. A similar scenario has been reported for Tanzania where Kiswahili distinguished itself as the people's language so much so that with Kiswahili, politicians such as Nyerere fought for Tanganyika's independence all over the country without recourse to interpretation except "among Maasai, Iraqw and Sukuma-speakers whose Swahili competence was limited in those years (and to a certain extent still is)" (Legere 2006:376).

Mazrui & Mazrui (Ibid) emphasize Kiswahili's detribalization especially in the military where during the colonial period in the east and central African regions (eastern DRC), soldiers from different ethnicities were brought together through Kiswahili. Although, it is assumed that it is Idi Amin who heavily used Kiswahili among his soldiers, they give an anecdote where Yoweri Museveni's National Resistance Army (NRA) was saved by Kiswahili. During the guerrilla war against Obote II and Tito Okello Lutwa, NRA soldiers drawn from many ethnic communities in Uganda found themselves in a communication quandary. Not many could speak English but they could speak Kiswahili. To avert the crisis, NRA adopted Kiswahili as a language of communication in the "bush" and still uses it in the Uganda People's Defence Force (UPDF).

Besides being a good agent of detribalization, Kiswahili has also been known, for a long time, to be a very useful tool of commerce. Trade along the east coast of Africa especially after Seyyid bin Said established his Sultanate in Zanzibar in 1832 was made possible through Kiswahili. The cultivation of cloves and the clove business were made possible with the slave workers from the mainland who used Kiswahili (Mazrui & Mazrui 1996). Further, there thrived long distance caravan trade from the coast of East Africa to the interior running all the way to the DRC in search of ivory and slaves by the mid 19th century (Mbaabu 1996). To be sure, one Hamad bin Muhammed el Murjebi also known as Tip Tippu, a rich Arab of Afro-Arab ancestry with his caravans and porters did sizzling business with the DRC. He carried out his trade in the eastern and north-eastern Zaire from Lake Tanganyika to the north of Stanley Falls between 1871 and 1881, with over 4000 porters carrying clothing, beads, salt and guns. His entourage used Kiswahili which they spread in their areas of operation. Some porters became chiefs in areas he conquered, i.e., Ngurungu Tita of Bakusu and Lomani areas of Zaire. On the Kenyan side, although the Maasai were war-like and the Kikuyu were initially inclined to cultivation (Mazrui & Mazrui, Ibid), there existed booming business with the Kamba who travelled to the coast to exchange their ware through the medium of Kiswahili.

Much of the commerce so far discussed existed before the advent of Christian missionaries. Beginning the 18th Century, various groups of Christian missionaries started arriving to evangelize Africans. These included British groups led by Bishop Steer while others were led by Germans, e.g., Ludwig Krapf. These groups were immediately confronted with a problem of there being many languages in East Africa. However, they found Kiswahili which had spread and was widely spoken. Nevertheless, they were unenthusiastic to embrace the language as it was associated not only with Arabization but also Islamization. Initially, they were reluctant to use the language. But with time, advice came from a German linguist, Carl Meinhof, on how to deArabicize and deIslamize the language. The language was available in Arabic script then and he proposed a Romanic Script and a replacement of some words with Bantu or English equivalents (Mazrui & Mazrui 1995, Mbaabu 1996). With this done, Kiswahili was available for evangilization so much so that the missionaries even conducted research on Kiswahili and ended up writing the first grammars in Kiswahili. These included Steere's Swahili Language Handbook in 1870 and Ludwig Krapf's Swahili Grammar in 1850 and the first Kiswahili dictionary in 1882 (Kiango 2008:46). Furthermore these missionaries were among the first people to publish newspapers in Kiswahili, e.g., Pwani na Bara and Rafiki by the German Protestant Mission in the 1890s.

In a way, the smooth evangelization through a powerful language paved the way for a smooth entry of imperialism, in East and Central Africa. In Tanganyika, the German policy was against the use of German on Africans since that could make Africans (subjects) know the master's secrets and thus cause rebellion. They encouraged local languages but then found it difficult to promote the multifarious languages. Thus Kiswahili was preferred for interaction among the various African Akidas and in all correspondence between the Akidas and the European masters. The British in Kenya and Uganda preferred native languages but with time the strong influence of Kiswahili had to be recognised. So far, Kiswahili was instrumental in enabling the colonial administrations to run smoothly.

While the power of Kiswahili enabled the Europeans to propagate their imperialism, it similarly was a sword that was used to unite Africans in their uprising against the colonialism. Mazrui & Mazrui (Ibid) report how the Maji Maji rebellion saw many communities united through Kiswahili against the Germans in Tanganyika. Following the defeat of Germans and the takeover of Tanganyika by the British, resistance to British rule was carried out using Kiswahili for communication. The main political party TAA[1] (later TANU[2] and subsequently CCM[3]) conducted all its meetings and even wrote its minutes in Kiswahili (Legere 2006). Indeed Nyerere addressed all public meetings in Kiswahili including parliament when Tanganyika won independence in 1962.

On the Kenyan side, Kiswahili was the glue that held Kenyans together to fight against British colonialism. Meetings of KANU (the first post-independence ruling party), especially towards the final years of achieving independence, were conducted in Kiswahili. Nationalists and party big wigs, Jomo Kenyatta and Tom Mboya, were firebrand politicians who addressed their audiences in the people's language - Kiswahili. Like Nyerere in Tanzania, Kenyatta addressed the first parliament of independent Kenya in Kiswahili and spoke of a time very soon when everything in Kenya could be done in Kiswahili.

> ....Bwana Spika, mimi nataka kusema maneno kidogo kwa Kiswahili kwa sababu mimi natumaini kwamba wakati si mrefu katika nyumba hii yetu tutaweza kuzungumza Kiswahili ambacho ni lugha yetu. Sasa tukiwa tuna uhuru wetu kamili itakuwa tunajitia katika utumwa wa lugha za kigeni katika mashauri yetu yote, na kwa hiyo, ndugu zanguni, mimi nilitaka kusema hivyo, maana kila kitu kina mwanzo wake (Republic of Kenya, 1965, column 8, in Mazrui 1995:16).

Further liberation through Kiswahili in the post-colonial period can

---
1 TAA   Tanganyika African Association
2 TANU Tanzania African National Union
3 CCM Chama cha Mapinduzi (Party of Reforms)

also be seen in several countries in the east and cenral African region. In 1971, Idi Amin Dada seized power and overthrew President Milton Obote as leader of Uganda. During his nine year tenure, Amin's rogue soldiers plundered Uganda. In his expansionist greed, Amin raided Tanzania. Provoked, Tanzania that had offered Obote asylum, after he was overthrown by Amin, retaliated and declared full-scale war on Uganda. Tanzanian soldiers drawn from her many ethnic communities were united and communicated in Kiswahili as they waged the anti-Amin war. Fighting alongside the Tanzanian forces were Ugandan rebels who also used Kiswahili and they included President Yoweri Museveni. The war culminated in the overthrow of Idi Amin in 1979 and the liberation of Uganda from intimidation, oppression and suppression in 2008.

The powerful role of Kiswahili in liberating countries can also, once again, be seen in Uganda and Rwanda. Following the fall of Idi Amin, Milton Obote came back as President. He was later overthrown by Gen. Tito Okello Lutwa, a soldier, who spoke Kiswahili throughout his six-month rule. He was sworn in as president in Kiswahili. He addressed the nation in Kiswahili. He even spoke in Kiswahili after signing a failed peace agreement with Yoweri Museveni in Nairobi. Unfortunately, he faced a serious rebel movement, the NRM[4], and its military wing, the NRA[5], led by Yoweri Museveni. As already indicated, Museveni's solders used Kiswahili. The NRA overthrew General Okello and "liberated" Uganda. To date, Museveni's UPDF[6] uses Kiswahili. Even Museveni himself in his selfish expansionism into Migingo island in Kenya abused Kenyans in Kiswahili.

In neighbouring DR Congo, Mobutu Sese Seko reigned after overthrowing President Kasavubu in 1964. Mobutu's dictatorial single party and iron-grip over Zaire was opposed by several groups but he still could not fall. With the crumbling of the Berlin wall in 1989 and the strong wind of plural democracy sweeping across Africa, Mobutu did not relent. Etiene Tsishekedi tried to overthrow Mobutu but in vain. However, the final straw that broke Mobutu's back came after Joseph Desire Kabila waged a guerrilla war against Kinshasha. Kabila from eastern Zaire spoke Lubumbashi Kiswahili but had also lived in exile for a long time in Tanzania where Kiswahili is used. Fighting from Kisangani in eastern Cong'o, Kabila's rag-tag army spoke Kiswahili. They fought fearlessly and brought Mobutu down. His one-man rule and total plunder of national resources that were used for personal aggrandizement including owning villas in France crumbled. Once again Kiswahili had won.

Meanwhile, some of Museveni's NRA soldiers both in the bush and after

---

4 NRM   National Resistance Movement
5 NRA   National Resistance Army
6 UPDF   Uganda Peoples' Defence Force

he came to power in 1986 were Rwandese Tutsi. It appears these soldiers were not happy with the goings-on in Rwanda. Thus soon, the Rwandese Tutsi soldiers in Museveni's NRA led by Paul Kagame broke away and waged a guerilla war against Kigali. Since they were part of Museveni's NRA that used Kiswahili, it is safe to argue that they too used Kiswahili in their training and operations. As the guerilla incursions went on, the President of Rwanda who was traveling in the same plane with the Burundian President, died in a plane crash as the plane landed at the Bujumbura International Airport. This provided a fertile ground for Kagame and his soldiers to strike and liberate Rwanda from the ethnic cleansing that was going on in Rwanda. The cleansing that culminated in the 1994 massacre was being waged by the ethnic Hutus and Tutsi extremists.

Kenya's second liberation was also brought about using Kiswahili. During Moi's single party dictatorship, agents of plural democracy were forced to go underground. Repression was not only high but also the norm in Kenya. People did not trust neighbours. Indeed on sensitive occasions such as after the assassination of the popular Foreign Affairs Minister, Robert Ouko in 1990, people sat quietly in matatus fearing their neighbours whom they could not trust. However, from the early 1991, opposition politicians, Jaramogi Oginga Odinga, Martin Shikuku, James Orengo and Paul Muite among others came out to mobilize people against KANU[7] dictatorship. Meetings in Nairobi's Kamkunji Grounds and elsewhere in the country were held in Kiswahili. The pressure that was brought upon KANU was too much as they gave in and plural democracy was established following the repeal of Section 2A of the constitution of Kenya that had outlawed plural party democracy. The fall of single party dictatorship did not mean all was well afterwards. Instead, President Moi and KANU won the first and second multi-party elections in 1992 - 1997. Thus KANU continued with its dictatorship until 2002 when NARC[8] came on the scene using Kiswahili. Kenyan politics is ethnic-based (Elischer 2007) but in 2002, the opposition formed a coalition before the general elections revolving around Mwai Kibaki's NARC. Kibaki went to garner over 3 million votes against KANU's Uhuru Kenyatta who won over 1 million votes. The NARC party mobilized people in Kiswahili with slogans such as *Yote yawezekana bila Moi* (All is possible without Moi). Indeed Hon. Raila Odinga had used the powerful Kiswahili words *Kibaki Tosha* (Kibaki is worth (electing) to galvanize and work up Kenyans towards Kibaki during the first joint opposition rally at Uhuru Park in October 2002.

Inasmuch as the foregoing section has portrayed Kiswahili as a language associated with many positive traits, there have existed instances

---
7 KANU Kenya African National Union
8 NARC National Rainbow Coalition

in history when bad happenings have been carried out using Kiswahili. I now wish to explore these incidents.

To begin with, in the pre-European era the commerce that thrived in the east coast of Africa with caravans going to the hinterland up to eastern DRC was not always clean. The booming clove plantation agriculture in Zanzibar island thrived on forced slave labour of slaves captured from the mainland. True, some of them were captured by their chiefs who "sold" them to the Arabs. The slaves captured in the mainland were driven to the coast and to the island where they worked. With their master and amongst themselves, Kiswahili was the medium of conversations and interactions. The clove farming prospered but not for the benefit of the workers who were uprooted from their families and denied of the all-important family love. Furthermore, those who were used as porters in the caravans of their Arab slave masters also used Kiswahili. Inasmuch as these porters and their slave masters such as TipTippu spread Kiswahili along their trade routes, it should not be lost to us that they were not doing business for the gain of the porters and their kinsmen. They were mere hands in some other people's enterprises. It is those business people who prospered as the enslaved porters suffered while using Kiswahili for communication.

Secondly, as already alluded to elsewhere, Kiswahili was very crucial in the administration of colonial governments. It eased communication and administration in Kenya, Tanzania and even parts of Uganda. What we ask is whether the local people benefited from the smooth administration. Was the use of Kiswahili to administer and run white settler farms beneficial to Africans? Was the use of Kiswahili to collect taxes for the Queen's government beneficial to the natives? Definitely, Kiswahili was in these cases used to exploit the people. Thus this is a negative consequence. It should not be forgotten that before the Europeans, Arab imperialists also used Kiswahili to exploit their colony of Zanzibar and Kenya's ten mile coastal strip.

The same Kiswahili that was used to champion imperialism was handy during liberation wars. This was particularly true of Kenya and Tanzania. However, once independence had been won the founding fathers used Kiswahili either to marginalize other languages or to suppress any opposition to their single party rule. For instance in Tanzania, Nyerere used his oratorical skills in Kiswahili to win the people's support against his policies' critics. The policy in Tanzania is akin to linguicide in that native languages are dying (Msanjila 2003). There is no language policy that protects the rights of Tanzanian languages. Only Kiswahili is recognized, developed and promoted among the 120 or so African languages. Thus Kiswahili is being seen as a killer language - its glorification is at the expense of the other indigenous languages. They are not taught in schools, not heard on radio or even seen in newspapers. This is definitely not good for the survival of the languages. It is good to talk about national unity and cohesion but that should not be done at the expense of destroying the rich linguistic diversity of a country.

A similar but slightly different scenario obtained in Kenya where Mzee Jomo Kenyatta used Kiswahili effectively. He even went a notch higher to muzzle his critics when in 1974 KANU passed a resolution that all bills brought to parliament must be written in English but be debated in Kiswahili. The essence here was not to promote Kiswahili; rather to cripple his critics (e.g., Anyona, Orengo, Jelagat Mutai, etc.) who were not eloquent in Kiswahili. The "seven bearded sisters" as they were known were the government's fierce critics in parliament where they were eloquent in English. But they could not express themselves in Kiswahili. Thus KANU's policy of presenting motions in English but debating them in Kiswahili meant that they could present critical motions' against the government but they could not debate them and therefore the motions significance was reduced. In essence, their criticism was, in this way, killed. This trait was perfected during President Moi's time when he nominated illiterate ethnic kingpins to assist him to manage politics. They included the late Mulu Mutisya (Kamba), the late Kariuki Chotara (Kikuyu) and Ezekiel Barngetuny (Kalenjin) as his points-men among these populous communities. These were his 'ears" and advisors who saw nothing wrong with what the president was doing. They only spoke Kiswahili.

Kiswahili has particularly not had a positive image in Uganda. When Idi Amin took over in Uganda in 1971 he directed that Kiswahili be used in radio and television. Whereas there was nothing negative about this, Amin's soldiers used Kiswahili to oppress and suppress his critics and Ugandans. His soldiers mounted many roadblocks where they extorted people for the nine years that he ruled Uganda. They maimed people using Kiswahili. They displayed utter arrogance and robbed in Kiswahili. Thus the language was associated with anything evil in Uganda (p.c. with Mr. Gumoshabe[9] in 2010 at CASA, Cape Town, in South Africa). This negative image was not helped at all during the Obote II regime and subsequently when General Tito Okello Lutwa took over. Their rogue soldiers harassed people in Kiswahili and made no apologies for this. In brief, Kiswahili in Uganda has a paler picture than anywhere in East and Central Africa.

This negative side of Kiswahili has also been reported in DR Congo. Here the war waged by Kabila has not been seen through positive lenses. True, during Mobutu's time there was exploitation but there was peace.

---

9 Mr. Gilbert Gumoshabe is a Ugandan lecturer at the Institute of Languages, Makerere University Uganda

Mobutu's heavy handedness ensured that opponents did not raise their voice instead they stayed underground. However, since the fall of Mobutu, DR Congo, especially the eastern part has not known peace. Kabila's forces used Kiswahili and brought Mobutu down. The fall was followed by Desire Kabila's reign. He faced rebels and after his assassination, his son took over. He too faced opposition from the Banyamulenge and even the Tutsi rebel Laurent Nkunda. Although Nkunda has been arrested, peace has not been realized as fighting is still on. Thus the advent of a Kiswahili led rebellion in DR Congo was a precursor of a chain of wars that have adversely affected the country (p.c. with Dr. Watonga at Moi University in 2009).

4. Conclusion

The chapter set out to discuss the double-edged nature of Kiswahili through its historical use. It has come out that Kiswahili has had not just rosy repercussions in its use but also negative consequences. The discussion tried to be broad and went beyond the traditional sphere of use of the language. Though I did unravel instances when Kiswahili's use yielded negative effects, it was clear that the positive consequences far outweigh the negative ones.

References

Crystal, D. 2000. *English as a Global Language.* Cambridge: Cambridge University Press.

Chiragdin, S. & M. Mnyampala. 1977. *Historia ya Kiswahili.* Nairobi: Oxford University Press.

Durkheim, E. 1964. *The Division of Labor in Society.* New York: Macmillan.

Edwards, J. 2010. *Language Diversity in the Classroom.* Bristol, UK: Multilingual Matters.

Elischer, S. 2008. Ethnic Coalitions of Convenience and Commitement: Political parties and party systems in Kenya. *German Institute of Global and Area Studies (GIGA) Working Papers* No. 68.

Fishman, J. A. 2006. Sociolinguistics: More power(s) to you! (On the explicit study of power in sociolinguistic research). In: Martin Puetz, Joshua A. Fishman & JoAnne Neff-van Aertselaer (eds.). pp 3-12.

Kiango, J. 2008. Sarufi ya vinyambuo vitenzi vya Kiswahili: Mitazamo mbalimbali kuhusu kanuni za unyambuaji. In: N.O. Ogechi, N. L. Shitemi & K. I. Simala (eds.) *Nadharia katika Taaluma ya Kiswahili na Lugha za Kiafrika.* Eldoret: Moi University.

Legere, K. 2006. JK Nyerere of Tanzania and the empowerment of

Kiswahili. In: Puetz, M., J. A. Fishman & J. Neff-van Aertselaer (eds.) pp. 373 - 404.

Lindblom, C. E. 1977. *Politics and Markets*. New York: Basic Books.

Mazrui, A. A. & A. M. Mazrui. 1996. Swahili State and Society. *The Political Economy of an African Language*. Nairobi: East African Educational Publishers.

Mbaabu, I. 1996. *Language Policy in East Africa*. Nairobi: ERAP.

Msanjila, Y. P. 2003. Kushuka kwa hadhi ya lugha za jamii nchini Tanzania. *Nordic Journal of African Studies* 12,3: 296-310.

Pool, J. 1993. Linguistic exploitation. *International Journal of the Sociology of Language* 103: 31-55.

Puetz, M. J. A. Fishman & J. Neff-van Aetselaer. 2006. *'Along the Routes to Power'; Explorations of Empowerment through Language*. Berlin: Mouton de Gruyter.

SECTION TWO

LANGUAGE AND EDUCATION

CHAPTER EIGHT

CODE SWITCHING IN THE CLASSROOM

Julius O. Jwan
Department of Communication Studies
Moi Universities

Sura hii inachunguza matumizi ya lugha darasani. Imeandaliwa kutokana na uchunguzi uliofanywa katika darasa la vijana waliokuwa wakirandaranda mitaani katika miji mikubwa nchini Kenya lakini serikali imewakusanya katika vituo maalum ili kuwasaidia kurejea tena maisha ya kawaida. Katika vituo hivi wanapewa mafunzo ya taaluma mbalimbali ili waweze kujikimu maishani. Makala haya yanaonyesha kuwa sera rasmi ya lugha katika elimu haitumiki kwani wanafunzi hawa hawana lugha moja ya "nyumbani". Walimu wanatumia ubadilishaji msimbo kama mkakati wa kuwezesha ufundishaji kufanikiwa.

1. Introduction

In many parts of the world, most people have a command of more than one language. They are bi- or multi-lingual. Such people are occasionally faced with situations where they have to decide on a particular language to use whenever they choose to talk. They may also decide to switch from one language to another. When they do this, we say they are code switching. A code can be defined as a language or dialect that one chooses to use on any given occasion.

Code switching has been defined in various ways by different linguists. Scotton and Ury (1977) define it as the use of two or more linguistic varieties in the same conversation or interaction. They state that the variation can be between two languages that are unrelated or two styles of the same language. According to this definition, code switching not only occurs when one switches from one language to another, but also from one dialect to another.

Bokamba (1987:2) defines code switching as "the mixing of words or phrases from two distinct grammatical (sub) systems across sentence boundaries within the same speech event". He then defines code mixing as "the embedding of various linguistic units, e.g. affixes, infixes (bound morphemes), words (unbound morphemes), phrases and clauses from two distinct grammatical (sub) systems within a sentence." This definition shows that while code switching, is inter-sentential, code mixing is intra-sentential. In this chapter, code switching is used to refer to both intra- and inter-sentential switching.

The functions of code switching in the society are determined by psychological, social and linguistic factors. They vary from one community to another and from one context to another. It is a communicative strategy for bilingual/multilingual speakers. The selection of a particular code in a given speech event is dictated by the social situation, norms of interaction and the role that code is supposed to serve in that situation (Hymes, 1972).

In Kenya, apart from English and Kisawahili, there are about 42 other languages spoken by different ethnic communities. The language(s) one decides to use at any given time depends on the context of the speech event and the participants. Wardhaugh (1986:90) explains that "in Kenya the national language is Kiswahili, the prestige one is English and the local languages flourish". He concludes that choosing the right language to use on a particular occasion can be quite a delicate matter. English, being the official language, is used in most of the official matters like keeping of Government records, court records, and writing bills in Parliament etc. Kiswahili, on the other hand, is a lingua franca and is also taught in schools as a subject. The local languages are basically used by various communities in informal conversations to establish a sense of solidarity and oneness.

However, these functions are not fixed. There are times when they are used interchangeably depending on what, where and with whom one is talking. On many occasions, people code-switch between English, Kiswahili and the local languages.

This chapter discusses the use of code switching in the classroom. It is based on a research that was conducted at a centre for the rehabilitation of street children, which also doubles as a school. It derives from data that was recorded during lessons, then transcribed word for word and then analyzed. The lessons attended include; English, Mathematics, Religious Education, and Science lessons. The study set out to answer the questions; why do teachers and children code-switch during lessons in the centres for rehabilitation of street children?

The chapter starts by describing the setting of the research, that is, the rehabilitation centre and the methodology used in the research. It then gives a brief background to the functional approach to the study of language that has been adopted by many researchers. It then identifies the specific functional approaches that have been used by many researchers in discussing code switching in the informal conversations and applies the same in a formal classroom situation. These discussions are backed with samples of discourses recorded during the lessons.

2. Street children rehabilitation centres in Kenya

To date, much of the rehabilitation of the street children in Kenya is spearheaded by Non Governmental Organisations (NGOs) with little support from the government The Undugu Society of Kenya, for example, started Basic Education Programme (UBEP) in 1978 with one school in Pumwani and later expanded to other slums in Nairobi e.g. Kibera, Mathare. Currently, they run four such schools and a special one (Muchuma) specifically for children under 10 years. Their main mission is to care, rehabilitate and facilitate the development of the socially and economically disadvantaged children, youth and other groups to attain human dignity and self - reliance (Outa, 1995).

In Eldoret, a town located in the northwestern part of the country, in the north rift valley province, the Eldoret Children's Rescue Centre run by a Christian organization serves the same purpose. It operates on a non-formal basis with only four stages (classes) D, C, B and A that the children go through. The subjects taught at the centre include English, Mathematics, Science, Religious Education and G.H.C. Trades like Carpentry, tailoring, welding, and plumbing are also taught

Language plays a very important role in the rehabilitation of the street children. Some of the children, just like their teachers, have knowledge of more than one language and so they are bi-or multi-lingual. However, their linguistic repertoire and competence are varied. There are some who have no knowledge of any single language. Their first language is a mixture of English, Kiswahili and the local languages. At the centre, the children are expected by the administration to use only Kiswahili and English. According to the teachers and the administration, this is because the children come from different ethnic backgrounds and allowing them to use their mother tongues would easily lead to ethnic groupings. This in turn might make those who are numerically stronger bully or molest those whose number is small (Kassamani, 1992).

In classrooms, the teachers use a mixture of English and Kiswahili as media of instruction. However, there is no clear policy on the use of the two languages for instruction at the centre. The teachers cannot follow the government language policy in formal schools which states that: in lower primary, language of the catchment areas be used as a medium of instruction in rural areas while English is used in upper primary. In urban and peri-urban areas, English or Kiswahili is used in lower primary. This

cannot apply to the street children rehabilitation centre because: -
- They only have four classes/stages and not eight, as is the case in formal schools.
- They have the dual role of rehabilitating the children to change their life style and be accepted by the wider society and at the same time giving them academic knowledge and knowledge in craftsmanship.

The latter must be handled cautiously lest the children run back to the streets. (Outa, 1995). It should however be noted that some of the Kiswahili used by the teachers while teaching is not standard Kiswahili. Much of it is what is spoken in the countryside.

3. Methodology

The study was conducted at Eldoret Children's Rescue Centre. All the eight teachers at the Centre were used in the study. Three subjects were chosen for research. Judgment Sampling Procedure was used to select the subjects. This sampling procedure was used because the researcher wanted to use subjects from different fields, that is, humanities, sciences and maths. Science and C.R.E. were selected on the basis that the former is a science subject while the latter is a humanity subject. Maths on the other hand was selected because it is closer to the sciences than humanities. Since Science is only taught in the upper stages (B and A), Maths would reflect what happens in the lower stages (D and C). Like Maths, C.R.E. is also taught in all the stages (D, C, B and A).

Four lessons were recorded in each subject in every stage. Of the four lessons, only the last two in each subject in every stage were analysed. The first two lessons in each subject in every stage were discarded because they were meant to make the teachers and the pupils get used to the idea of their conversations being recorded. In the last two lessons, the teachers and the pupils had got used to the idea of the lessons being recorded and so acted more naturally than in the earlier cases. Two subjects (G.H.C. and Music) had been used in the pilot study to test the suitability of the equipment, the questions and the methods of data analysis.

The instruments that were used in the study included the questionnaire, which was used to get information from the teachers and the principal. The tape recorder was used to record the lessons during the class time. An interview/guided discussion was also organized with the teachers and the principal to help clarify information that was not very clear in the questionnaire. Non-participant was also used in the study. This helped capture everything that was considered relevant to the study but could not be covered by the questionnaire, the tape recorder and the interview.

The recorded data was transcribed word for word. Each lesson was then analysed by counting the number of English sentences, Kiswahili sentences, and the sentences containing both English and Kiswahili. Each of these were then converted into percentages by dividing the sub-totals by the total number of all sentences in every lesson and then multiplied by a hundred.

In the questionnaire, the teachers' responses to every question were grouped according to the alternatives that were provided, converted into percentages and then tabulated. The figures were then interpreted. The data that was collected through the interviews were recorded and then analysed descriptively. The same applied to the data that was collected through observation.

A sentence is defined here as; set of words so related as to express a complete thought. It may contain one or more clauses. It can be a simple sentence, which consists of one independent (main) clause, a compound sentence, which consists of two or more independent clauses, or a complex sentence, which consists of one independent clause, and one or more dependent clauses (*Encyclopaedia Americana* 24 (1984:561)).

4. Functional approach to the study of language

Much of the researches on code switching have been guided by different theories; many of which have evolved from the functional approach to the study of language (Jakobson, 1960; Halliday et al, 1964 and Halliday, 1973). It looks at how language is used; trying to find out the purposes that language serves for us and how we are able to achieve this through speaking and listening, reading and writing. It also seeks to explain the nature of language in functional terms; seeing whether language itself has been shaped by use and if so in what ways. That is, how the form of language has been determined by the functions it has evolved to serve.

According to Halliday (1973), the relation between language and its use deals with the social functions of language, which clearly determine the pattern of language varieties in the sense of what has been called "diatype" varieties or registers. The register range or linguistic repertoire of a community or of an individual is derived from the type of uses that language is put to in that particular culture or sub-culture. He states that:

> If we are able to vary our level of functionality in talking or writing or to switch freely between one type of context and another, using language to plan some organized activity, to deliver a public lecture, to keep the children in order then this is because the nature of language is such that it has all these functions built into its total capacity (Halliday, 1973:34)

The same model could potentially account for the choice of a given language. The functions of a language at any given time and context can be used to explain the switching between languages (Appel & Muysken, 1987). They add that code switching is a social communicative phenomenon with certain communicative functions that it fulfils in the society. The functional theory intimates that the speaker who possesses a range of languages and language varieties can choose which of these codes is appropriate for a given context.

Using the functional model, Appel & Muysken (ibid) explain that some of the functions of code switching include:

- **The referential function.** This is the use of foreign words or expressions to provide meaning for a concept or an item for which the language being used does not have a proper term. Expressions from another language can be used when a topic can more appropriately be discussed in that language than the one being used. The words from that language can be more precise in describing the situation in question. Similarly technical subjects normally come with special terminology, which in most cases remain intact. This type of code switching is determined by the topic being discussed.
- **The directive function.** This takes place when a speaker wishes to exclude or include a participant i n a discussion. It can also happen when one is seeking or announcing group membership. This kind of code switching is determined by the participants.
- **The metalinguistic function.** This is a case where code switching is used to comment directly on the languages involved. Here one can switch codes so as to impress the other participants with a show of linguistic skills.

According to Appel & Muskyen (ibid), code switching is not an isolated phenomenon but a central part of bilingual discourse and that it does not have the same functions in every community. They look at the idea of a host language psycho-linguistically, grammatically and socio-linguistically. Psycho-linguistically, they consider the host language as the dominant language of the bilingual speaker making the switch since it is the most important language in determining the verbal behaviour of the speaker. Grammatically, the base or host language is the one imposing a particular constraint for a particular case of switching while socio-linguistically, the notion of base language is defined as the language in terms of which the discourse situation is defined.

The functional approach adopted by Appel & Muysken in code switching is also advanced by Wardhaugh (1986). He states that the possible reasons why people code switch are solidarity with the listeners, choice of topic and perceived social and cultural distance. Wardhaugh, like Appel & Muysken, discusses the significance of topic in influencing code switching. He identifies metaphorical code switching as one that occurs due to change of topic. Some topics may be discussed in either code although some codes add distinct flavour to what is said about the topic. The choice encodes certain social values. Metaphorical code switching can be equated to Appel and Muysken's referential function, which states that some topics can more appropriately be discussed in one language than the other.

Wardhaugh (1986) based on Gumperz (1982) discussion on codes witching further explains situational code switching as one that occurs when the languages used change according to situation in which the conversation takes place. He explains that one can change codes to redefine a situation from formal to informal, official to personal, serious to humorous, and from politeness t*o solidarity. This is linked to the functional framework in that it puts emphasis on the context.

5. Code switching in the classroom

In this study, it was found that some of the functional models that have guided code switching in informal discussion are also applicable in switching of codes within the classroom to different levels. It was found out that adult utterances are functionally very complex. Every adult linguistic act, with a few exceptions, is serving more than one function at once.

The interactional/contextualization model

In this approach, code switching is viewed as a contextualization cue. That is, it signals contextual information equivalent to what in monolingual settings is conveyed through prosody or other syntactic or lexical processes. It generates the pre suppositions in terms of which the content or what is said is decoded (Gumperz 1982:98). He makes a distinction between situational code switching and metaphorical code switching. Oksaar (1972:492) refers to the same as external code switching and internal code switching while Jacobson (1978) refers to them as sociologically conditioned code switching and psychologically conditioned code switching. The former has to do with the social factors that trigger code switching such as participants, the topic and the setting. It states that the bilingual's code choice partly depends on these factors. The latter, on the other hand, concerns language factors, in particular the speaker's fluency and his/her ability to use various emotive devices.

Wardhaugh (1986) defines situational code switching as one that takes place when the languages used change according to the situation in which the conversation takes place. According to him, one can switch from one language to another to redefine a situation from formal to informal and, from serious to humorous. Situational factors include the participants, their level of education and the topic of discussion.

All the above factors determine the pattern of switching between English and Kiswahili by the teachers and the children in the classroom at the centre. The factors discussed under the situational code switching include; length of time at the centre and exposure to English, topic and ease of expression, and switching to facilitate learning.

Amount of exposure to English

At the Centre, the pattern of language use is partly determined by the length of time a child has been at the centre and thus exposure to English language of the children. The teachers stated that they use more English than Kiswahili when teaching in Stage A (which is the highest class) than in Stage D (the lowest class at the centre). This means that the pattern of code switching is determined by the stage in which the pupils are. In the lower Stages (D and C), most teachers use more Kiswahili than English because the pupils at these stages have not been exposed to adequate English and so if the teachers use more English than Kiswahili, the pupils may not understand what they are taught. On the other hand in the upper Stages (B and A), most teachers use more English than Kiswahili because they (the teachers) know that the pupils in these stages have been exposed to adequate English and therefore can understand what is being taught well. Kiswahili is the dominant language and English is the embedded language in the lower classes (D and C) while in the upper classes (B and A), English is the dominant language and Kiswahili is the embedded language. This is illustrated in the following discourses:

Discourse 1 (C.R.E. Class B)

T. Yes, you can't miss that. It is the time when girls become very sensitive about themselves. They care much more about themselves being clean. There is a body change. They become soft, shiny and as somebody said during that time there is some kind of unusual shyness. Now we had learnt that there are several areas in the growth in human beings. The ones that we have mentioned are called puberty. But we grouped the kind of growth that human beings undergo into different groups. One is called spiritual growth, emotional. Another one, what of this, the one that we have been mentioning?

P. Physical.

T. Yes, physical change. So you will still agree that as a child will be growing physically, it will also be growing mentally, emotionally and even spiritually. Right, let us have a look at another sub topic called Traditional and Christian views on Boy-Girl relationship. *Wakati huu unapoendelea kuwa, labda kuna vile unavyo angaliwa kijamii, si hivyo?* 'As you grow, there is away the society looks at your moral development, isn't it?'

PC. *Ndiyo.* 'Yes'

T. *Na kuna njia nyingine vile unavyo angaliwa labda kama nani?* 'And there is another way you are looked at as?' I'm talking of traditional and Christian views on boy-girl relationship. *Kwa upande moja unaangaliwa kijamii vile ulivyo Kimwafrika na kwa upande nyingine unaangaliwa kama?* 'In one way you are looked at from the traditional point of view as an African. On the other hand you are looked at as?'

T *Mtoto wa Mungu* 'Child of God'

From Discourse 1, although the teacher code-switches between English and Kiswahili, the amount of Kiswahili used is very little. The lesson is basically in English with a few switches to Kiswahili. This is because the children in this class have had adequate exposure to English and therefore can understand it. English is the dominant language in which the class is being conducted. This is very different from what happens in the lower stages (D and C) as seen in the following discourse

Discourse 2 (C.R.E. Class D):
T. *Ndiyo mkubwa wako. Mkubwa wako ni kama baba na mama wako. Hata walimu hapa ni kama baba na mama kwa sababu wanawalinda. Wanawatunza wanajua mnatakiwa mkule nini, mlale wapi. Mkiwa wagonjwa hawa ndiyo wanawashughulikia mnaenda hospitali. Kwa hivyo anybody mkubwa wako inatakiwa umheshimu. Na hata tutasema sisi watoto kwa watoto inatubidi tuheshimiane. Tufanye nini?* 'Yes, an older person than you should be regarded as a parent. Even the teachers here are like your parents because they take care of you, they protect you, and they know what you are supposed to eat and where you are

supposed to sleep. If you fall sick, they take you to the hospital. Because of that' anybody 'who is older than you should be respected. And even we the children must respect one another. What should you do?'

PC.   *Tuheshimiane.* 'We respect one another'

T. *Alafu hiyo kuhonour pia inakuja kwa wazazi. Baba na mama waliye kuzaa lazima umheshimu kwa sababu ukiwakosea na aseme huyu mtoto ni mbaya hata Mungu mwenyewe ataona wewe ni mbaya. Hata mzazi akikukosea lazima uende pole pole. Alafu ya tano unaambiwa do not kill. Usiuwe.* Do not do what? 'That respect be extended to parents. You must respect both your father and mother because they gave birth to you. If you show disrespect to them and they say you are bad then God will view you as such. Even if you parents are on the wrong you must remain respectful. Then the fifth commandment is?'
PC.   Do not kill.

In Discourse 2, the teacher uses Kiswahili with very few switches to English. For example "*kwa hivyo* 'and therefore' anybody *mkubwa wako inatakiwa umheshimu*" 'You must respect your senior'. The second instance of switching, "Do not kill" is motivated by an attempt by the teacher to quote the commandment in English, which he does and then states the same in Kiswahili "*usiuwe*" 'do not kill' probably to make the point clearer. Out of the 16 sentences in the discourse, only 2 are in English, 3 are intra-sententially switched and the rest are in Kiswahili.

Topic and ease of expression

The topic of discussion is one of the reasons why people code-switch. Some topics are more easily discussed in some languages than others (Wardhaugh, 1986). At the Centre, the topics being taught seemed to influence the way the two languages (English and Kiswahili) were switched. "Ease of expression" as discussed here refers to a case where a teacher switches from one language to another to express a concept despite the fact that the language previously being used also has the same concept. 'Ease of expression' can also be due to the physical articulation of words or phrases. Some words and phrases take a shorter time to articulate in one language than another and thus can make one switch from one language to another. This is illustrated in the following discourse.

Discourse 3 (Maths Class D):

T. Fifty, fifty minus forty? *Nani atatufanyia.* 'Who will answer that?' Kase?

P. Ten.

T. Ten. *Unafanya namna gani?* 'What do you do?' Zero minus zero is?

PC. Zero.

T. *Nikisema ni mtu mmoja ni mtu mmoja sio nyinyi* wote. 'If I say one person I mean it not a chorus answer, Five minus four ni ngapi? 'What is the answer?'

P One.

T. *Inakuwa* 'It will be' how many?

PC. Ten.

T. Ten. *Hezabu kingine,* 'Another sum' sixty plus thirty five? *Nani atatufanyie hiyo? Tumefanya mbili za kuondoa sasa tunafanya mbili za kuongeza.* Who will answer that? We have done two sums on subtractions, now we want do two on additions' Sixty plus thirty five? *Sitini kuongeza thelathini na tano?' Mkono juu, wewe?* 'Sixty plus thirty-five?, hands up, yes you?'

P. Ninety-five.

T. Good. *Kwa njia ingine tunaweza kusema* ' Through another method we can say' five plus zero is?

PC. Five.

T. Three plus six is?

PC. Ninety-five.

| T | Ninety five. Seventy-five plus thirty-five, *tunaweza kufanya namna gani? Nani anaweza kutuambia tunaweza kufanya namna gani?* ' How do we handle that sum?' Yes, five plus five is ten, *tunaandika?* 'How do we write that?' |

PC.   Zero.

T.   We carry?

In this discourse, the teacher is using English in Mathematical expressions like "plus", "minus", and figures like "fifty", "forty", "ten" etc. For example, "fifty minus forty". "Zero minus zero". "Sixty plus thirty five", etc. On the other hand, in explanations that don't involve the figures and mathematical expressions he switches to Kiswahili. For example, "Yes ten, *unafanya namna gani?*", "*Nilisema ni mtu moja sio nyinyi wote*", "*Nani atatufanyia hiyo?, Tumefanya mbili za kuondoa*", 'How do we handle that? I said only one person to answer not a chorus answer. We have already handled tw hamsini ondoa arobaini o on subtractions'. Here the teacher switches to English because of ease of expression. He finds it easier to express the figures and the mathematical expressions in English than Kiswahili.

Some switches from English to Kiswahili h can also be attributed to fewer syllables of some expressions and figures in English than Kiswahili. Such expressions and figures take a shorter time to articulate in English than Kiswahili. For example, "fifty minus forty" has six syllables while its equivalent in Kiswahili "*hamsini ondoa arobaini*" has eleven syllables. "Zero minus zero" has six syllables while the Kiswahili equivalent "*Sufuri ondoa sufuri*" has nine syllables. This partly explains why the teachers found it easier to express the mathematical concepts and figures in English than Kiswahili. Other examples in this discourse include "Ninety five" which would be "**Tisini na tano**". "Seventy five plus thirty five" would be "*Sabini na tano ongeza thelathini na tano*". The subject and/or the topic being taught influenced this kind of switching.

The foregoing also confirms the answers provided by the teachers when they were asked why they code-switch when teaching, 38% of them stated that one of the reasons they do so is because sometimes they find it easier to express certain concepts in English thanKiswahili and vice-versa.

Switching to facilitate learning

This is another situational factor that was found to influence between English and Kiswahili in the classroom. From the data that was recorded, it was found that the teachers also code-switch from one language to another to enable the pupils to understand the subject. A teacher could explain a point in English and then switch to Kiswahili to explain the same. Myers-Scotton (1993) refers to this type of switching as an exploratory choice. She states that it occurs when a speaker is not sure of the expected or optimal communicative intent or at least not sure which language will help achieve their social goals. When the explanation in one language does not appear clear, then one switches to another language to make alternative exploratory choice. Most of these types of switches were from English to Kiswahili, as illustrated in the following discourses.

Discourse 4 (C.R.E. Class A)
T In Mathew Chapter twenty-two verses thirty-six to forty, *Yesu alifanya jambo. Kutokea kitabu cha Mathayo sura ishirini na mbili kutokea mustari wa thelathini na sita hadi arubaini, Yesu alifanya jambo fulani. Ni nani anaweza kutuambia kulifanyika nini?* Jesus did something. In Mathew Chapter twenty-two verses thirty-six to forty. Who can tell us what Jesus did?'

P. He summarized the commandments.

T. Right, Jesus summarized the commandments into two. They were summarized into what we call the greatest commandment. Okey that is when we actually come to our today's topic. The greatest commandment. We want to see how the Ten Commandments were actually summarized into the greatest commandment. *Ikiwa alifupisha aliunganisha hizo amri kumi, na akawa na amri iliye kuu zaidi. Hii inamaanisha kwamba alivunja hizo hizo zingine za mwanzo?* 'He summarized the Ten Commandments into two. Does this mean he dismissed the ten?'

P. *Hapana.* 'No'

T. *Haimaanishi ya kwamba alivunja hizo zingine za mwanzo kumi. Bali inamaanisha kwamba alifupisha tu hizo kumi ziweze kueleweka, amri ziweze kutumika vizuri.* 'It means he made them shorter and easier to understand.' What did we say about the two parts of the Ten Commandments? What did we say? *Tulisema nini kuhusu hizo sehemu mbili za amri kumi?* 'What did we say about the two parts of the Ten Commandments?'

In this discourse, the teacher starts by identifying the book in the Bible and the verses where the teachings of Jesus can be found. He does this in English, "in Mathew chapter ... to forty", and then does the same in Kiswahili *"Kutoka Kitabu cha ... hadi arubaini."* Similarly, the teacher explains that Jesus summarized the Ten Commandments into two, in English and then switches to Kiswahili to explain the same. Finally when he asks the children, "What did we say about the two parts of the ten commandments?", he goes ahead and asks the same question in Kiswahili, *"Tulisema nini kuhusu hizo sehemu mbili za amri kumi?"*

This type of switching is necessitated by the need for the children to understand clearly what is being taught. A teacher keeps switching from English to Kiswahili to explain the topic. The same thing is reflected in the following discourse:

Discourse 5 (Science Class A):
This chapter set out to discuss the use of code switching in formal contexts, in fact in the classroom. It is derived from a research that was conducted in a street children rehabilitation centre. It shows that some of the models that have guided the study of code switching in ordinary informal discussion are also applicable in switching of codes (English and Kiswahili) within the classroom. The research was based on Halliday's (1973) explanation that adult utterances as functionally very complex. Every adult linguistic act, with a few exceptions, is serving more than one function at once. This means that at any given time adult conversation can have several explanations and interpretations. From this study it emerged that;

- English is the most official literary modality. Even where Kiswahili is heavily used along with English the words written on the blackboard are almost always English.
- When English is the dominant language, translation or word substitution is often given in Kiswahili.
- When Kiswahili is used as the dominant language, an English word is used where there is not an equivalent word e.g. soil texture, sandy soil etc.
- The instructional plan most widely used for teaching the children is code switching with Kiswahili as the dominant language in the lower stages while gradually making English as the dominant language as the children stay longer at the centre and move to the higher classes.

It emerged that some of the factors that trigger code switching in formal discussions apply as well in formal contexts and the same models of studying code switching informal conversations would equally apply in formal conversations like classroom.

Abbreviations and symbols used in the article

C.R.E.　　Christian Religious Education
G.H.C.　　Geography, History, Civics.
T　　　　Teacher
P　　　　Pupil
PC　　　　Pupils (chorus answers)

References

Appel, R. & P. Muysken. 1987. *Language Contact and Bilingualism.* London: Arnold.

Asher, R.E. & J. M. Simpson. (ed). 1994. *The Encyclopaedia of Language and Linguistics Vol.7.* Oxford: Pergamon Press Ltd.

Bokamba, E.G. 1987. "Are there syntactic constraints in code switching?" A paper presented at the 15th NWAV. Stanford University.

Bourdieu, P. 1991. *Language and Symbolic Power.* Cambridge: Polity Press

Eliason, S. 1989. English Maori contact. Code-Switching and the free morpheme constraint. Reports from Upsala University. *Linguistics* 18: 1-28.

Faltis, J.C. 1989. Code-switching and bilingual schooling: an examination of Jacobson's New Concurrent Approach. *Journal of Multilingual Development* 10,2:117-126.

Fasold, R. 1984. *The Socio-linguistics of Society.* England: Basil Blackwell Ltd.

Finlayson, R. 1991. "A Preliminary Examination of Code-Switching in South Africa". A paper presented at 22nd ACAL. University of Nairobi.

Fishman, J.A. 1971.The relationship between micro- and macro-sociolinguistics in the study of who speaks what language to whom and when. In: J. B. Pride & J. Holmes (eds) *Sociolinguistics.* Harmondsworth: Penguin, pp.15-30.

Gumperz, J. J. 1982. Conversational Code-Switching. In: J. J. Gumperz (eds). *Discourse Strategies.* Cambridge: Cambridge University Press, 59-99.

Halliday, M. et al. 1964. *The Linguistic Sciences and Language Teaching.* London: Longmans Green and Co. Ltd.

Halliday, M. 1973. *Explorations in the Functions of Language.* London.: Edward Arnold Ltd.

Heller, M.1992. The politics of code-switching and language choice. *Journal of Multilingual and Multicultural Development*.13: 123-142.

Hudson, R.A. 1986. *Sociolinguistics*. Cambridge: Cambridge University Press.

Hymes D. H. 1972. On communicative competence. In: J. Pride & J. Holmes (eds.) *Sociolinguistics*. Harmondsworth: Penguin, 269-293.

Jakobson, R. 1960. Linguistics and poetics. In: T. Sebeok (ed) *Style in Language*, Cambridge Mass: Cambridge University Press, pp.350-377.

----- 1978. Code-switching in South Texas. *Journal of Linguistic Association of South West*3: 20-32.

Kamwangamalu, N. M. 1998. "We-codes, they-codes and the codes-in-between: Identities of codeswitching in post-apartheid South Africa. In: N. M. Kamwangamalu (ed) *Aspects of Multilingualism in Post Apartheid South Africa: A special Issue of Multilingua* 17, 2 &3.

----- 2000. State of code-switching research at the dawn *Southern Africa Journal of Linguistics* of the New Millennium (2): Focus on Africa .1-10.

Kassamani, H. (ed.). 1992. Street contact. *A Journal on Street Children*. Nairobi, Undugu Society of Kenya.

Kerlinger, F.N. 1983. *Foundations of Behavioural Research*. Delhi: Surjeet Publications (2nd ed).

Khamadi, S.D. 1972. *Using the Library and Writing Research Proposal, Reports and Papers*. Nakuru:Technopress Kenya Ltd.

Lyons, J. 1981. *Language and Linguistics*. Cambridge: Cambridge University Press.

Meeuwis, M. & J. Blommeart 1994. The markedness model and the absence of Society; remarks on code-switching , *Multilingua* 14, 4:387-423.

----- 1997. A monolectical view of code-switching: layered code-switching among Zairians in Belgium. In: P. Auer (ed) *Code-Switching inn Conversation : Linguistic Perspectives on Bilingualism*. London: Routledge

Merrit, M. 1987. "Language of instruction and instruction of language." A Paper presented at the Bureau of Educational Research - McGill University Workshop. Canada.

Montgomery, M. 1986. *An Introduction to Language in a Society*. London: Methuen and Co. Ltd.

Nyaga, C. 1994. .*Motivating Factors for Kiembu - Kiswahili-English Code Choice and Code-Switching: A case study of Kivutiri Secondary School, Embu*. An unpublished M.Phil. Thesis, Moi University, Kenya.

Oksaar, E. 1972. On code-switching; an analysis of bilingual norm. In: J. Qvistgaard et al (eds) *The Proceedings of the Third Congress of the International Association for Applied Linguistics*. Heidelberg :Julius Groos, pp 491-500.

Outa, B. (ed.) 1995. The Flash. *The Quarterly Newsletter of the Undugu Society of Kenya (Journal on Street Children)* January-March Issue. Nairobi.pp???

Parkin, D. J. 1974. *Language switching in Nairobi.* In: W. H. Whiteley (ed) *Language in Kenya.* Nairobi :Oxford University Press, 189-216.

Perecman, E. 1989. Language processing in the bilingual: evidence from language mixing. In: K. Hyltenstan & K. Obler (eds). *Bilingualism Across Lifespan.* Cambridge: Cambridge University Press, pp.227-42.

Pfaff, W.C. 1979. Constraints on Language Mixing: Intra-Sentential Code-Switching and Borrowing in Spanish-English. *Language* 55:291-318.

Poplack, S. 1981. Syntactic structure and social functions of code-switching. In: P. D. Richard (ed) *Language and Communicative Behaviour.* Norwood: N.J. Ablex, pp.169-84.

Sankoff, G. 1980. Language use in multilingual societies; some alternate approaches. In: J. B. Pride & J. Holmes (eds) *Sociolinguistics* Harmondsworth: Penguin. pp.33-51.

Sankoff, G. and S. Poplack 1981. A formal grammar for code-switching *Papers in Linguistics.* 14:3-45.

Scotton, C. M. 1976. Strategies of neutrality; language choice in uncertain situations. *Language*: 52: 919-41.

----- 1982. The possibility of switching; motivation for maintaining multilingualism. *Anthropological Linguistics* 24:432-444.

-----1983. The negotiation of identities in conversation; a theory of markedness and choice. In*ternational Journal of the Sociology of Language* 44: 115-36.

-----1993. S*ocial Motivations for Code-Switching - Evidence from Africa.* New York: Oxford University Press.

Scotton, C. M. & W. Ury 1977. Bilingual strategies; the social function of code-switching. *International Journal of the Sociology of Language.* 13: 5-20.

Wardhaugh, R. 1986. *Sociolinguistics* Oxford: Basil Blackwell.

Whiteley, W.H. (1969). *Swahili: The Rise of a National Language.* Great Britain: Lowe and Brydon.

----- (ed) 1974. *Language in Kenya.* Nairobi: Oxford University Press.

CHAPTER NINE

EXPERIENTIAL ENGLISH LANGUAGE TEACHING FOR BEHAVIOUR CHANGE IN HIGHER EDUCATION

Okumu-Bigambo, W.
Department of Communication Studies
Moi University

Dhana mpya za utandawazi, uangavu na uwajibikaji zimepenya katika uga wa ufundishaji na ujifunzaji shuleni, vyuoni na vyuo vikuu kwa kasi sana, hivi kwamba ni muhimu uamuzi ufanywe kuhusu viwango vya mtagusano. Mitindo ya maisha inabadilika kila uchao na kuwa na ushindani mkubwa, changamoto pamoja na mwingiliano. Katika mazingira yoyote ya shughuli na mtagusano wa kibinadamu, suala la kimsingi ni watu ambao wanaweza kukumbana na changamoto kupitia mawasiliano anuai ya lugha. Sura hii inajadili haja ya walimu na wanafunzi kupanua nafasi, mikakati na kulenga zaidi katika upataji wa maarifa na stadi za lugha lengwa kimuktadha. Sababu ni kwamba kila mshika dau – mzazi, mwajiri, kijana na mzee; msomi, kanisa na jamii - kwa pamoja anachunguza kiwango cha mtu aliyetwikwa jukumu la kufundisha, na kiwango cha mtu anayehitimu kutoka darasa la lugha ya Kiingereza. Kuna haja kubwa ya kubadili mwelekeo wa ufundishaji kutoka kwa mwelekeo wa michakato iliyowekwa hadi kwa mwelekeo mpana ambao unatoa nafasi na kuimarisha ujifunzaji na hatimaye kutoa huduma kwa ulimwengu mpana kiutandawazi. Mawasiliano kilugha ni ya kitajriba na kitabia.

1. Introduction

English is said to be the official language of communication in Kenya and also the medium of instruction in schools, colleges and universities (K.I.E. 2004). Therefore, good mastery of the language is important not only because proficiency in the language will make the learning of other subjects much easier, but also because English language is the international medium for interaction and transaction (Broughton, 1993). However, English language remains a hard nut to crack for most students. Today, educationists and language experts argue that the standard of the language in the country, at all levels of education, has continued to deteriorate. The Kenya National Examinations Council (K..N.E.C) reports:

> There is lack of wide reading which is a significant means of enhancing a student's vocabulary. Students should be encouraged to read widely as this will not only enhance their vocabulary but will also familiarize them with English usage. From the fore-going, it is obvious that there is still a great deal to be done to bring the candidates' Language to an acceptable level (KNEC, 2004:23).

Communication behaviour is manifest in interactions and transactions. Language Education should serve to solve an existing problem. Language is a tool, or a weapon that should be used well. English Language Communication Education (ELCE) has, since the introduction of the 8-4-4 Education System in Kenya[1] , not lived up to the demands of effective language use in the delivery of crucial services. The employers and the related partners, and the society of keen communication intellectuals are worried about most of these graduates. Their language behaviour is rather inconsistent with their role-expectations in responsible contexts. The intriguing questions are: Are teachers and the Ministry of Education aware of this? Is anybody anywhere disturbed by the worrying inability of most leaders, i.e., Members of Parliament in Kenya, to communicate responsibly? How about some teachers themselves who abuse language use rules like traffic rules? The behaviour of their students reveals them all. Language teaching and training should, in the case of target tasks, be specific and focused on the practical needs of the clientele in time and space. Present day society, driven by the ever competitive market economy, puts teachers to the test in relation to their roles as mentors. One of the major highlights in this debate is that the main step towards successful language teaching is at preparation level. The larger society's behaviour expectations are focused on how teachers of English Language Communication (ELC) select knowledge relevant to the learners, categorize the layers of knowledge of ELC in relation to consumption levels; develop methods, strategies and techniques specific to each category of ELC knowledge input; establish teacher-learner rapport by one-to-one, and one-to-group consciousness and create a family of ELC knowledge-sharing. This is what forms the experiential thresh-hold.

The previous system of Schools Inspectors, especially after 1984 to 2004, did record lots of misgivings, for example: poor teacher-background

---

[1] 8-4-4 means 8 years of primary school education, 4 years of secondary school and at least 4 years of university undergraduate studies. The system of education was introduced in Kenya in 1984.

in English Language Communication; lack of effective teacher-preparedness in ELC content variety; missing links between teachers and learners of ELC; lack of appropriate teacher-exposure to diverse contexts for ELC; and lack of enough confidence to mentor the learners to be confident and efficient ELC users. This chapter is, therefore, aimed at proposing that teachers of ELC have many options to reconstruct their image, nature, and responsibility for more acceptable language performance (Bishop 1986; Wright 1987; Whitehead 2000; MarcFarlane 2000). The justification for the behaviour-type observation is that society is watching the nature of classroom discourse and how it prepares the graduate for diverse communication confidence.

2. Cognition of English language teaching

What do the language users know about language and language-use behaviour? There exist elegant and confident users of English language, there exist too shy and poor users. Did both of them get the same training by similar teachers? If so, what happened to the latter? Language curricula for schools, colleges and universities specify objectives that the language teacher has to achieve in the classroom situation. For example, according to the Kenya National Examinations Council Syllabus and Regulations (2004:4-5), the objectives of teaching the various English language skills and grammar are: teaching listening and speaking skills that lead to speaking effectively; teaching reading skills that lead to the ability to read fluently and effectively both in school and for life; teaching writing skills that lead to learners acquiring the ability to express their ideas clearly and effectively in writing; and teaching grammar that helps students understand how language works and how to use it correctly. Cognition of English language teaching, therefore, according to Brooks (1964) and Freeman (1969), involves having pedagogical knowledge, instructional techniques and the right attitude to English language teaching. It is usually hoped that the teacher who invests in this type of background will aim at producing a graduate with the right attitude too. Attitude change is one of the components of communication behaviour. The biggest challenge lies with the teacher to know and understand how to turn round the shy-poor student into an elegant-confident language user. Examinations at the end of a course do not give an appropriate assessment. That has been a lasting assumption over the years but the examination mode of evaluation has not been effective enough in giving the right and objective results. The one or two lessons of a learner's exposure to some basics of English language structures, rules and regulations do not provide enough ground for user-experience.

3. Pedagogical knowledge and experiential teaching

Pedagogy is about the knowledge of methods the teacher uses to deliver his knowledge of content to the learners. Methods may be learned, acquired or inherited. It is expected that teaching methodology grows from primary level through secondary, colleges to university. But what exactly is the difference? In order for the language teacher to achieve user-experience, he should use methods that increase learner autonomy. Richards and Nunan (1990), Ahmed (2005), and Baker & Westrup (2003) argue that the language teacher should use awareness raising methods. They explain that these are practices intended to develop the learner's conscious understanding of the principles underlying language learning. The first stage is awareness raising whose order is presented in Figure 1:

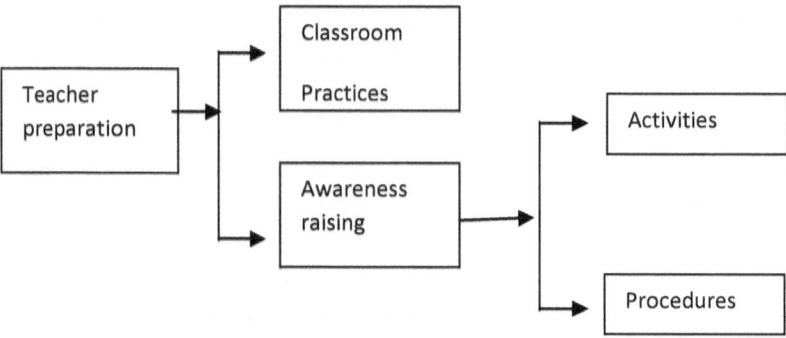

Figure 1: An Outline of Teacher Preparation Practices

The underlying argument is that the teacher of English Language Communication has a duty to research into the preparation practices that aim at generating in the learner behaviour of both inquiry and trials in the related context dynamics. At this stage, the student acquires pre-practice experience of language communication that he puts to use when need arises. Effective awareness ignites in the learner a deep sense of grasp and sensitivity to communication dynamics. This is the kind of background that instills elegance and confidence in the graduate of language communication.

4. Putting style ahead of content delivery

A teacher is his style. Behaviour is style. Therefore, we teach in style and for style. All the way from kindergarten and early childhood development programmes to university, teachers are expected, like goldmine searchers, to dig around and dig deep into the subject taught for the learners to feel the thrill. Both young and old learners expect teaching and learning to be fun and a commitment. This is the result of teaching as art. Art is strategic aesthetics. It involves all the mind and body. Art is realized in creativity and innovation, i.e., the power of self-participation and transformative interaction in knowledge creation games and skill management games. The art of instruction provides equal opportunities for all learners; motivates ideation and guides focus in context. In this case, style draws more on practical situations and tasks. It then lends specific language features to the related tasks targeting relevant behavioural expressions of the participants. The secret of experiential English language use is "content and style-style-style". At the end of it all, content gets subsumed in style. Language communication experts usually get more interested in how one "styles the content". Experience can be taught and can also be earned and lived.

Teaching and learning styles are important because they are the relevant expressions of the uniqueness of the individual and give rise to individual configurations which promote personal identities. Teachers can, therefore, teach with individual differences facilitating productive learning, which forms a variety of models (Joyce & Showers, 1992). The choice of strategies should be guided by the development of the capacity to acquire user strategies that assist learners demystify selective traditions which are the basis of the reality held by the society. This would involve learners freely reacting to texts which they feel are sexist and racist and to compare these with others which they feel contain more fully realized and realistic characters. Such an approach places a lot of faith in the learners and a firm belief that a fundamental goal of language education is to empower learners to read, write, and think critically while making difficult decisions in the light of varying conceptions of what is right and just.

The apparent inconsistence in handling obvious language dynamics by the youth today has revealed that some teachers carry to class a lesson plan like a mason with a hammer to hit a six inch nail into a piece of timber. A whole lesson of grammar or comprehension turns out to be a battlefield between a crude teacher and unmotivated learners. Of course, at the end of the day, he will have completed the syllabus. The question here is about teacher-depth. The greater the depth a teacher has in the topic/subject, the more potential he has for inquiry into the seamless parts of the English as a subject; sizing up the class into individuals, small groups, and whole class; and allocating tasks according to the anticipated exposure. Teacher-depth involves exposure to diverse dimensions of English Language Communication and research into competitive advantage procedures. The expected learner-behaviour in this case, seems to ask the question: How much do you (teacher) think beyond the obvious of your subject? The exercise at this point puts extra demands on the teacher beyond the training he had while in college. He has to open up more in order to remain relevant to the learner who is faced with lots of ever emerging language-use challenges. Above all, the art of teaching, especially for the teacher who is aesthetic, has the following implications: reconditions one's concept of time and space; changes one's concept of relationship dynamics and changes one's perception of personal limitations. These dimensions, therefore, put demands on the teacher to be as flexible as possible to the extent of becoming a more sensitive interpreter and programmer into the existing prescriptive curriculum.

According to Richards & Nunan (1990) good language teaching is a complex and abstract phenomenon comprising clusters of skills such as those relating to classroom management and lesson structuring. Therefore, the teacher of ELC has to understand theories on second language learning and acquisition, approaches of teaching ELC, and acquire relevant knowledge, skills and attitudes towards teaching ELC. Littlewood (1989:21) notes, "A recurrent theme in discussions about language teaching is the need to develop the autonomy of the learner." This is what leads to the graduate owning and experiencing English language use. He explains that learner autonomy involves learners participating in making decisions in almost all the components belonging to curriculum design. For example, determining the objectives, defining content and progression, selecting methods and techniques being used and evaluating what has been acquired. At this stage the learner has a stake in experiencing language dynamics that he is committed to. K.I.E (2004) observes quite agreeably that in the teaching of English, the emphasis should be on the acquisition of communicative competence and not simply on the passing of English language examinations. Proficiency in the language is a desirable life-long goal.

The main question to the teacher is: how do you encourage basic English language use curiosity, especially the learner's power to predict, control and explain diverse language use encounters? The answer to this question would provide the basis for the language user's elegance and confidence. The teacher has to acquire a higher level of interpreting the curriculum – be a programmer! He should be seen to:

- Develop cognitive maps, i.e., place language use ideas in functional contexts or responsive environments for the learner to build on.
- Develop appropriate experiences and materials for true inquiry, i.e., provoke the learner to go an extra mile practicing to face communication challenges beyond the classroom.

5. Responsibility-based management of ELC teaching resources

To be responsible is both a matter of style and practice. The profession of teaching is not only a vocation, but according to Castell (1989) a responsibility that involves mentoring. If the teacher of ELC lacks a concrete image based on known researched knowledge, s/he turns out to be like a mother with dry breasts yet the baby looks up to her. Experience reveals that:

- There exist two types of teachers: the big Q and the small q (where q stands for quality). While the former (big Q) uses an open-ended lesson plan, the latter is complacent by sticking to a thin (small q) layered lesson plan that does not open up the learners' minds to challenges beyond the classroom.
- To be responsible is to think aloud about your commitments, i.e., teaching resources and teaching methodology in relation to the current market demands.
- A teacher/trainer who does not get troubled by his/her performance is irresponsible and on the verge of irrelevance. Language and behaviour are dynamic, both respond to contextual needs analysis.

Effective experiential teaching is nothing less of the art of categorizing resources. For example, the teacher who strategizes for experiential English language use has to:

- Determine ELC resources that initiate ideas, concepts, and facts.
- Select resources that enable learner participation.
- Distinguish resources that enable collaboration.
- Distinguish resources that enable co-operation.
- Determine resources that provoke language use activism.
- Establish resources that inject professional morale, i.e., communication ethics.

A quick analysis of what we have considered so far, reveals that teaching that focuses on needs analysis increases the teacher's workload. But that is not all. What seems more crucial is whether the graduates of certain institutions of teaching and learning are prepared to be authoritative enough in English Language Communication. We have seen students of English language graduate from secondary schools, colleges and universities. But society whether in Kenya or the rest of Africa, wonders why there exist today numerous cases of immoral language use, or lack of appropriate style of language communication that would enhance interactive harmony. Lack of confidence in language management leads to cheap and casual interactions and transactions. Teachers are again on the spot.

Kenya, for example, Westaway (1995) notes, is a pluralistic society and the English language syllabus is focused on the need for consensus to be reached about what competencies learners should acquire as common knowledge before graduation. This is reflected in some of the objectives of teaching English in secondary schools which include: the acquisition of necessary knowledge skills and the attitudes for the development of the individual mentally, socially, morally, physically and spiritually; the enhancement of understanding, appreciation and respect for own and other people's cultures and their place in contemporary society, and the identification of individual talents and their development. These objectives place a lot of premium on what a teacher of English should be or have before the learners experience them.

The teacher of English, therefore, should function as a mediator of knowledge in which case he/she is responsible for the English language curriculum interpretation, and the transmission of literacy and non-literacy materials. This makes one pre-figure meanings and interpretations for learners to enable them develop mentally, spiritually, intellectually and emotionally. This leads to questions of how potentially diverse and interpretive communities' needs would be catered for in an English language teaching and learning programme. This can be appreciated if it is acknowledged that debate and controversy regarding what is to be taught may stem not only from epistemological knowledge but also from social, ethical and political questions about the vastly unequal conditions under which the learners live within the Kenyan society. Since the meaningfulness and worthiness of school knowledge depends on the life such knowledge has outside the school, a teacher's position should highlight how different social lives make quite different social meanings and the worth of the same knowledge. All these positions serve to show how teachers are responsible for the educational well being of learners from a diversity of interpretive communities. The teachers of English for responsibility would, therefore, be determined by considerations such as for whom, by whom and with whom the meanings and values of linguistic knowledge can and must be differently made in the Kenyan context.

Society defines the status of the teacher in the local culture and the social role of education. This background throws the challenge to the teacher to carry out continuous self-evaluation of his delivery of services in well-sourced and acceptable English language. The delivery-of-services approach teaching seeks to confirm that teachers' knowledge is also a source of authority which should enable him to reflect in his teaching the beliefs he holds about the needs of the learners, their ways of learning and the best method of motivating the learners. The more knowledge a teacher is able to glean from the wealth of learning in the field of English language, the better he will be able to combine this knowledge with practical experience to produce a suitable teaching methodology that reflects his authority.

Closely related is the need for teachers to carry out research with a view to acquainting themselves with curricular design models to facilitate an objective assessment of the worth and efficiency of particular resource materials in transferring identifiable skills, knowledge and competencies. In this way, Paliwal (1998) observes the teachers take responsibility for the relevance of the curriculum which they are able to interpret into meeting the contemporary linguistic needs of Kenya as a pluralistic society. This puts demand on determining whose culture or what elements of whose culture are selected at a given point, and why some knowledge appears essential for the demarcation of English as a discipline while other forms of knowledge are treated as marginal.

As researchers, the teachers should display sensitivity to the social and economic forces which mediate the development and publication of school books. These books influence what counts as school knowledge, not so much of diverse life contexts. The capacity to explain how knowledge may be constructed and reconstructed in the context of institutional use are all products of the authoritative capacity of teachers. When teachers design and participate in communication programmes, they should also be held responsible for the practical experience of their learners. Teachers have the capacity to alter the syllabus content and goals to reflect the relative diversity in the composition of their learners for delivery of services beyond the classroom. For example, in cases that require courtesy, honour, humour, firmness; precision, sustaining an argument; proving and disapproving; gender care, etc. There are sorts of communication that aim at rehabilitating and or reconstructing relationships after a disaster.

For teachers in higher education to obtain maximum learning with a super-imposition of their own beliefs and philosophies, they should be guided by their recognition of the vital role of the learners' socio-cultural background, past experiences, the learners' level of cognitive and social development. Teachers should view learners as active participants in the creation of language experiences; hence their teaching of the language will be undertaken in ways that are significantly different from those practiced in the past less competitive times. This transforms a teacher's role from one who leads learners to the simply correct meaning of a language item to one who seeks to create conditions which will permit the learners to construct their own but relevant meanings in context. Such an enterprise necessitates the development of a community of learners who exchange ideas, share insights and perception, and deliberate over areas of agreement and disagreement.

Teachers especially at the university level should, therefore, engage learners in the acquisition of repertoires that capitalize on the characteristic of students to help them achieve control over their own linguistic growth. One way through which this is done is the transfer of knowledge both horizontally and vertically depending on the need. Vertical transfer calls for constant retraining or in-service of teachers so that they are able to acquaint themselves with the current trends in the teaching of English language for diverse interactive opportunities. Horizontal transfer involves routine procedures of language practice. Joyce & Showers (1992) equate exercising communication authority to developing executive control over teaching. A language teacher should be able to operate with relatively little surveillance and few standard operating procedures. For example, teachers should exercise a lot of latitude regarding the literacy works to be studied, the concepts in language that should be emphasized in the relationship between the study of literature and writing, and the teaching strategies to be used as well as the methods of evaluation to be exercised. This has a lot of bearing on the context of teacher education and language learning for communication.

6. Teacher instructional techniques in ELC teaching

Teachers who understand what they do in the classroom are supposed to be big thinkers and facilitators of communication skills. This type of teacher prepares his graduates to think about the language they use. His tasks should be:
- Plan the methodology; plan the class reception; plan the impact of the selected knowledge and skill.
- Generate ideas through team "ripple games".
- Integrate trainer's new knowledge with learners' ideas and focus them on the objectives of the lesson.
- Test the amount of change taking place, i.e., speed of understanding; accuracy of knowledge; activities and initiative for learning; creative thinking; and appreciation of set objectives.
- Ensure a student does not learn what was in a lecture or a book. S/he learns what the lecture or book caused him/her to do.
- To train learners to acquire a skill about a Problem as Given (PAG) and a Problem as Understood (PAU).
- To control the behaviour of learners to achieve training objectives

with maximum efficiency.
- Facilitate probing, correcting, directing and maneuvering, i.e., use ideas rather than simply remembering them.

How many teachers in schools, colleges or universities ever bother to go this far? This is what adds up to experience. According to Rao & Ravishanka (1982), Burton (1984), and Roberts (1992) effective instructional techniques in language teaching should be learner- centered. They add that in a formal educational system, where teaching is increasingly a matter of passing on knowledge, the main aim is to convey the message in a form which enables the student to grasp it, understand it, and store it. They argue that teaching aids (audio-visual) contribute enormously to the communication process in the teaching and learning situation, by making the subject matter more easily comprehensible and increasing, at the same time, the retention factor. Finally, they note that the teaching aids, ranging from blackboard to closed circuit television (CCTV), offer the teacher an opportunity to accomplish the following:
- Active involvement of learners in teaching-learning activity;
- Greater variety of dissemination of ideas and knowledge;
- Increased retention of information, usually accompanied by increased motivation to learn;
- The reality of experience which stimulates self-activity on the part of the learners.

Quist (2000) suggests that teachers of English for communication can develop the learner's inter-language through dramatic activities and conversation exercises. He argues that for effective use of dramatic activities, the teacher should divide students into groups. He explains that each group should be given roles to play in target simulations. On the other hand, he says that conversional exercises should be used if the teacher uses a story for conversational activities. For example, asking and answering questions on the story, explaining something about the story, and discussing a particular theme from the story. Does it not surprise you that many educated people do not know how to ask good questions? By extension they do not know how to offer objective answers. A teacher requires a strong mastery of questioning skills by displaying the capacity to clearly and carefully think out the different types of questions he could choose to challenge and promote the thinking of the learners. Such types of questions, i.e., leading questions require a good effort on the teacher's part in order to involve all the learners regardless of the size of the class. This is a simple skill yet requires knowledge of use in different contexts.

7. Building communities in the ELC classroom

Teaching is a process of building communities of learners who use their skills to educate themselves by exploring the world's communication needs. Effective experiential language teachers should be team builders in the sense that by developing cooperative relationships in the classroom which is essentially what team building is all about, there is a positive school culture which emerges through productive ways of interacting and norms that support vigorous learning activity. In this case, a language teacher builds a quality team of learners by providing guidance, support and direction for the team by being committed to the team of learners. His commitment removes from the learners the fear of failure by viewing it as a learning tool that characterizes improvement. The learner thus takes risks to secure the necessary knowledge and assurance that the teacher would support them in context-related language use cases.

The teacher as a team-builder should be able to design tasks which require social interaction to enhance language learning. This is known as expository teaching. This is done to teach the students to work personally, but positively to coach one another as they develop language skills. Of much concern is for the teachers to study their learners, learning how effectively they cooperate and decide how to design subsequent activities to teach them to work productively together. For example, the team builder organizes learners to work in pairs and larger groups so that they tutor each other and share rewards apart from sharing responsibility and interaction in order to produce more positive feelings towards tasks in real life situations. The teacher should also strive to ensure that the teams generate better inter-group relations resulting in better self-image for students with histories of poor performance. For effective team participation, the team builder uses various techniques to train the team members on efficiency, interdependence, division of labour, competitive goal structures and intrinsic and extrinsic motivation. In view of the fact that a team shares a common vision or purpose which the team builder helps the learners in formulating, every member of the team supports and believes in the vision adopted by the group. Even where the team leader creates the vision for the team, the vision should be able to unite the members into a cohesive team. Each member, therefore, recognizes his responsibility to the team members in relation to language communication beyond the classroom. From team confidence, the individual acquires personal elegance and confidence use of English language in style and in space.

Language teaching, therefore, is an enterprise that necessitates the involvement of both learners and teachers in a cooperative mode for the learning and teaching to be successful. The fundamentals for experiential enterprise-type teaching English language are:

- Content control is shifting from teacher/trainer to learner in order to participate in it and own it.
- The teacher builds learning experiences around the manifest interests of learners.
- Enrich, enlarge and enhance learners' interests. Provide him/her with opportunities to own the selected communication knowledge.
- Systematize the learning experiences for the learner to acquire the order and significance in relation to his/her career.

An effective enterprising language teacher exploits the resources of his voice also in terms of the quality, the inflections; the content of what is said and the manner it is said, in order to have an empathetic view of the learners. In this way, the teacher is enabled to get his message over as clearly as possible in ways that draw appropriate responses from the learners. Furthermore, the teacher assists the learners match the present knowledge being relayed with the previous knowledge that they come with to a learning situation. Viewing the teacher as a spokesperson also demands that he possesses given communication skills. These include presentation skills which encourage the ability to present any learning materials in ways which capture attention and help the learners to focus on what is most significant. This calls for good prior preparation and the effective use of the voice, gestures and other paralinguistic features which are effective in communication. On the whole, language use is in vain unless voiced or written. Either form of behaviour has to be learned, practiced and perfected in context.

Furthermore, the capacity to present language learning experiences by scanning the learners to evaluate their responses is an asset to teaching. Skillful and model spokes teachers are aware of the length of time use and can talk without learners ceasing to listen. Part of the experience will be the ability to draw together points that have been made from the responses to the questions in class in relation to those external to the learners. How often do the teachers of English language per se ever stretch out to reconcile experiences of communication with career needs?

Experiential language teaching in general is a complex issue (Richards 1989). There is no single way to teach English language. He adds that the behaviour pattern that is the goal of language teaching and learning is so intimately dependent upon teacher- learner interaction that the role the teacher plays is more critical than in any other subject. It is through the exercise of his role as model, interlocutor, and a coach that the teacher eventually establishes in his learners the control of the language skills that is for them a prime objective. The language teacher has several approaches to use in language teaching. The methods adopted by the teacher will either motivate or demotivate the learners. The methods that the teacher may use include the grammar translation, the direct method, the communicative approach, and task-based approach to language teaching.

Another dimension involved in experiential language teaching is the role of tasks in language learning. Richards (1989:76) defines a task as ..."a specific goal or activity that is accomplished through the use of language." On the other hand, Griffiths (2006) notes that there has been a great deal of interest in the use of tasks as a means of teaching language. He adds that a language task is defined as meaningful in its own right and linked to the real world although it may so be focused on a language goal. He further notes that because tasks are related to authentic activities beyond the classroom, tasks are believed to be more interesting and motivating for students than other teaching/learning methods such as pattern drills or grammar exercises. He concludes that good language learners use a variety of procedures to manage language tasks including identifying task purpose, task classification, and establishing task demands.

The language teacher, therefore, should make every effort to help the learner acquire and continually refine the language use skills to enable him interact with others effectively and confidently. The argument here is that the teacher as an evaluator of user-skills has to create situations within which learners use English language communicatively, responsibly and innovatively. For example, debates, impromptu speeches, oratory and role play. This is in line with Avery & Bryan (2001: 173) who observe, "Oral articulacy amongst primary and secondary school students should be encouraged".

8. Conclusion

Effective language communication performance is both a professional and an institutional concern that requires a framework that integrates individual planning and performance in real life situations. In order to realize experiential English language use beyond the classroom, the teacher has a duty to engage in several components of the art. Some of these are:

1. Clarifying language performance objectives (this could include tasks, outcomes, behaviours and values based systems or a combination of these) and linking these with career expectations.

2. Periodic experiential language performance appraisal of teacher-tasks, individual learner-tasks or teams against the achievement of set objectives.
3. Individual and team development to build more comprehensive language use capabilities for diverse contexts.
4. Counseling or other action to deal with competitive English language performance.
5. Establishing a link between the context related challenges and classroom scenarios, i.e., planning outcomes but also having a system that provides continuous feedback.
6. Evaluating the contribution of individual, team and organizational performance.

The exercise of teaching should involve strategic and proactive planning to determine where target communication is going over the next year or more for the learner, and how it is going to get there. Typically, the process is community and career-wide. It reflects a partnership in which role-players share responsibility for developing their relationships in such a way that enables the achievement of communication harmony. Language performance management systems if properly designed and implemented can change the behaviour of persons and the institutions they serve. An effective approach to experiencing the language of interaction and transaction identifies, or defines, the performance expectations for individuals and teams that are inherent aspects of their institutions. We are the way we were taught; we behave the way we were taught. This is why the argument held in this chapter is that the teacher of English language communication has a choice to construct his learners' behaviour – from school, college and university to society.

Abbreviations used

CCTV	Closed Circuit Televisions
ELC	English Language Communication Education
KNEC	Kenya National Examinations Council

References

Ahmed, A. 2005. The Effect of Post Reading Tasks on incidental word Learning. *Indian journal of Applied Linguistics*, 31:30-55.

Avery, S. & C. Bryan. 2001. Improving spoken and written English. *Teaching in Higher Education*, 6:169-182.

Baker, J. & H. Westrup. 2003. *The English Language Teachers' Handbook.* London: Continuum.

Bishop, G. 1986. *Innovation in Education.* London: Macmillan Publishers.

Brooks, N. 1964. *Language and Language Learning* (Second Edition). New York: Harcourt, Brace and World.

Broughton, G. 1993. *Teaching English as a Foreign Language.* London: Routledge.

Burton, S.I.I. 1984. *Mastering English Grammar.* London: Paigrave.

Castell, L. 1989. *Language, Authority and Criticism; Readings on the School Textbook*London: Falmer Press

Freeman .J. 1969. *Team Teaching in Britain.* London: Ward Lock Educational Company.

Griffiths, C. 2006. How Do Good Language learners Learn to Speak? *The Journal of English Language Teaching,* 44, 1: 3-13.

Joyce, W. & R. Showers. 1992. *Models of Teaching.* Boston; Ailyn and Bacon.

K.I.E 2004. *English Language Syllabus,* Nairobi: K.I.E

K.N.E.C 2004. *KCSE Examination Report.* Nairobi; K.I.E

Goodson, I. 1994 *Modern Educational Thought; Studying Curriculum* Buckingham; open university press.

Littlewood: W. 1989. *Foreign and Second Language Learning: Language Acquisition Research and its Implications for the Classroom* (6th edition). London: Longman.

MarcFarlane, B. 2000. *Inside the Corporate Classroom in Teaching in Higher Education,* 5, 1.

Nunan . D. 1989. *The Learner Centered Curriculum.* Cambridge: Cambridge University Press.

Paliwal, A.K. 1998. *Psychology of Language Learning.* Jaipur: Surabhi Publishers.

Quirk, R. 1978. *The Use of English.* London: Longman.

Rao, A.B. & S. Ravishanka. 1982. *Readings in Educational Technology.* Bombay; Himalaya Publishing House.

Richards, J.C. 1989. *The Context of Language Teaching.* Cambridge: C.U.P.

Richards, J.C. & D. Nunan. 1990. *Second Language Teacher Education.* Cambridge: C.U.P.

Roberts, C. 1992. *Language and Discrimination: A Study of Communication in Multiethnic Work Place.* London: Longman.

Westaway, G. 1995. English Language in Kenya: Development or Decline?. K. Senanu & D. Williams (eds.) *Creative Use of Language in Kenya.*

Nairobi: Jomo Kenyatta Foundation.

Whitehead, J. 2000. How Do I Improve My Practice? Creating and Legitimating an Epistemology of Practice. *Reflective Practice*. 1, 1.

Wright, T. 198). *Roles of Teachers and Learners*. Oxford: Oxford University Press.

CHAPTER TEN

THE ENGLISH LANGUAGE FACTOR IN EDUCATION IN KENYA

Peter L. Barasa
Department of Curriculum, Instruction and Media
Moi University, Kenya

Sura hii inatalii nafasi ya lugha ya Kiingereza katika elimu nchini Kenya. Ili kulifikia hili, mjadala huu unahoji hadhi "inayochukuliwa" kuwa ya Kiingereza nchini Kenya na kisha inatathmini nafasi "inayotakiwa" kuwa ya lugha lugha ya Kiingereza nchini Kenya. Kutoka hapo, sura hii inashughulikia changamoto zinazoikumba lugha ya Kiingereza nchini Kenya na kujaribu kutoa ufumbuzi kwa swali "Je, sisi kama taifa tunafahamu nafasi muhimu ya lugha ya Kiingereza katika sera ya elimu?" Katika kufanya hivi, madhumuni makuu ni kuchokoza mjadala kuhusu nafasi halisi ya Kiingereza katika mkeka wa lugha nchini Kenya na kuonyesha juhudi zinazofanywa sasa hivi na Wataalamu na Watafiti wa lugha ya Kiingereza ili kushadidia nafasi na uamilifu wa lugha ya Kiingereza katika elimu nchini Kenya. Sura hii ni matokeo ya tafakuri iliyojengeka katika mjadala wa semina ya wazamifu katika taaluma ya lugha katika elimu.

1. Introduction

In 2007, during one of my lectures with the Doctor of Philosophy class in Language Education, I posed a question to seven students and the question was, *"What are the challenges facing the teaching and learning of English Language in Kenya?"* After what appeared to be a very long period of silence, three students, Paul, Carolyne and Robert all spoke almost at the same time! The striking thing about their response was the choice of opening words and emphasis on the use of the present continuous tense. Taking turns, (upon my prompting) they all insisted that I had posed the wrong question and should have, instead asked, *"Are we as a nation aware of the critical role of English Language in our educational policy?"* The next two hours of our lecture was turned into an inquisition into the state of English language in our schools and society today. Reflecting on the lesson where my seven students, Paul, Carolyne, Robert, Erick, Beatrice, Laban and Richard discussed, argued and shared their views and experiences, I find the basis to share this chapter with readers. My students were composed of two lecturers of a university, three teachers of English in high schools, a head teacher and a head of department; all with over 10 years experience in teaching English language. In retrospect, I realise that my views on the state of English in Kenya were totally changed on that day and continue to be informed by the seven voices of my students even after four years.

In this chapter, I share these views which now are mine because according to me nothing has changed with regard to English language education in Kenya.

The chapter will lay a brief background to the 'presumed' status of English in Kenya; discuss the 'supposed' role of English in Kenya; the challenges English language is facing in Kenya and attempt to provide an answer to the question my Doctor of Philosophy students posed in 2007, *"Are we as a nation aware of the critical role of English Language in our educational policy?"*

2. 'Presumed' status of English in Kenya

Mbaabu (1996) observes that the language policy in Kenya after independence was greatly influenced by the policy that existed during the colonial rule, especially just before Kenya gained independence. He correctly suggests that in spite of its colonial extraction, English found acceptance even with those fighting for independence. There were reasons why English found acceptance among Kenyans. First, it was given a privileged position by the commissions before and after independence. Second, many Kenyans sought to learn English because it provided them with the possibilities of attaining white collar jobs and opportunities to replace the colonial workers who were leaving the country. Third, the language carried with it a sense of 'prestige' and was felt to be elevated above the African languages. Fourth, the new nation, Kenya did not endeavour to create a policy that would develop the indigenous languages; even Kiswahili as a national language would be seen to gain acceptance more because of political patronage, through the struggle by scholars of Kiswahili than through a clear and well formulated language development policy. Indeed English was portrayed by Kiswahili educators as the impediment to the development of a national language that was needed to clearly set out a Kenyan and African identity. In the words of Mbaabu, Kiswahili 'deserved to be taught as a compulsory subject in primary schools because of its usefulness as a unifying language and as a regional *lingua franca*' (1996; p122).

This 'presumed' status of English is debatable today; it is worth asking the question, 'Does English still enjoy the status many would want us to believe it does'? In my view, the status of English has been shredded by the lack of an association of professionals trained to teach and research on English language education. In the absence of such a professional body, many voices against the status English has enjoyed over the years have used both misinformation and nationalistic propaganda to damage the position of the language. In the first three decades of independence, education in Kenya was seen as sacred and the main route to merit and wealth. In this scenario, English was at the centre of education. Today, this is not the case and unfortunately, evidence available would suggest that rebels against education and proponents of street culture have a stronger influence on society. This has seen the influence of street culture undermine the status of English.

3. The Role of English in Education and Society in Kenya

While discussing the role and function of English in the system of education in Barasa (2005, p10), I draw upon a quote by Kogan (1976: 80). He observes that *"English is at the heart of the National Curriculum. All other learning depends crucially upon the mastery of the fundamental skills of English Language, which are vital not only for educational purposes but... also for our economic growth and competitiveness"*. It is true that those words were addressed to a British audience but to me they stir several issues which inform that unending debate on the role of English, and its function in the Kenyan society. There are strong views held by some members of the Linguistics and Language Education community who strongly believe that English has hampered more than aided education and development not just in Kenya but the world over. Scholars like Rubagumya (1994) argue that language policies in Africa have to do with entrenching the status quo; which is to use English to oppress the majority and exclude them from decision making.

These views remain to be shared by literary giants, such as Ngugi who now propagate the need to write in African tongues, ostensibly to 'break' the hold of English on the Africans' mentality. For me, this does not respond adequately to the question of the role of English in education in Kenya. The consequences of not keeping this in sight as we engage in this debate could be serious in our endeavour to develop a clear language policy for education. The discussion is not about having our own languages as media of instruction, we already have an answer to that; let us strive to develop all our language as we have done with Kiswahili. The matter under review is: what have we assigned to English as its roles in Education? First, all learning from Standard 4 in Kenya to University is conducted in English. The implication here is three fold; first, the thinking of our people is nurtured through English; second, English provides a level playing ground for all the children and young people of this nation; third, anything that undermines the process of teaching and learning this language is an affront to the education policy of the Kenyan nation.

English has other roles, which include being a language of our legislative assembly, government business, commercial enterprise, international relations and international communication. This in essence would begin to set English way above our other languages. In our specific case, English facilitates needed mobility of students among different communities and promotes uniformity of teacher education (Barasa, 2005). The Ministry of Education, Namibia (1993: 65) holds a similar view in its own country where it observed that 'English is a language of international connections, not foreign cultural domination'. Eshiwani (1990) had long argued that 'English is there to facilitate discussions amongst many African states (p19). All the arguments I have put forward can and will of course be countered by those who feel that I have no moral basis to argue for English and to propose that English should continue to hold this status and to perform such roles. But to be honest, I would like to suggest something even more radical; that we have the moral obligation to see English as the major cog in the wheel of development. In a triangle which has three corners, Education and Development would occupy two angles, and the third angle would be English language. Why am I convinced thus? The English has been tested and found to 'effectively' serve Kenya. Second, it continues to hold fort for us as we grapple with what to do with our inability to enhance the capacities of our languages to perform some of the roles and functions assigned to English by historical design.

But as I press for the above to be agenda number one in our struggle to develop a language education policy, I remain totally aware that the English language is facing numerous challenges in Kenya, in addition to what I may have alluded to as I discussed the status and role of English in Kenya.

4. Challenges facing English Language in Kenya

If there is a single language that is besieged from all corners and is least appreciated for its numerous functions, it is English language. The challenges include among others:

- **Teacher cognition and process of teacher education**

The first challenge that English language faces, is with regard to the teacher education programmes. In their current form, the education programmes do achieve the sole objective of preparing teachers who have knowledge in content and pedagogic skills in English language teaching.

This, in my opinion, is totally inadequate because it leaves the teachers without specific knowledge about teacher cognition in English language education. The concept of teacher cognition in education is relatively new but it forms a major component in the process of teacher preparation. It would certainly place the English Language Teacher in a better position to explain why he should teach English without any apology for the existence of the language in Anglophone speaking countries. The teacher would have a better understanding of what constitutes their discipline as language educators.

In addition, I would suggest that the teacher knowledge of teaching English language is limited because it leaves out to a large extent a definitive course that examines the impact of Kenya's society and culture on the learning and teaching of English language. More specifically, there is the challenge of customizing the topics to do with language varieties and general sociolinguistics to relate closely to the language classrooms the student teachers intend to operate in at the end of the initial teacher education process. Further, there is need to take on the challenge of preparing teachers of English language who understand language identity, language socialization and many second language acquisition models' (O'Keeffe et al 2007) in addition to interactionist approaches to language teaching and learning. This does call for more relevant teacher education programmes.

- **English conceding ground to Kiswahili**

One of the most direct challenges to the role of English as a factor in education is the growth and development of Kiswahili. Today, English and Kiswahili share the same status of official languages of Kenya. Equally, both languages are granted equal status in the accreditation process by the Kenya National Examinations Council. Kiswahili has become the preferred language of daily use in many fora including the school setting. Having said as much, it is prudent that we note that this does not change the functions of English in education. By extension, what obtains is that the growth of Kiswahili only serves to undermine this role. To explain further, it is a positive thing for Kenya to develop Kiswahili not just as an official language but also as a language of development and hopefully a language for education in future. However, on the prevailing scale of need and function in education, as stipulated by the society, the two languages are not at par. It may require that as a country we either re-define or down-size the functions of English or that we re-state these functions and then proceed to ensure that they are not confused with the roles of other languages in our society.

The former is not possible in my view because, like any other language, most times standard languages evolve their own additional functions as society evolves its own needs. This is the case with English, especially with the emerging concepts of globalisation and Information Communication Technology (ICT). The language continues to regenerate and position itself at the centre of learning in our society and the world as a whole.

- **Challenge of English as a medium instruction**

There is a level of ambivalence among educationists as to when English should be introduced as a medium of instruction. The widely held view which is in concord with the UNESCO position is that children best learn using their mother tongue/first language, in their initial years of education. In Kenya, this is expressed in the policy which stipulates that children should be taught using the language of the catchment area in homogeneous linguistic communities. This policy still has its weaknesses given the multilingual nature of the Kenyan society. The alternative view, which is also held by the larger populace in Kenya, is that it is best for children to be taught using English right from when they begin Early Childhood Education (ECD). This is borne out of the belief that exposing the children to English from the earliest opportunity affords them a better command of and more advantages in the use of the language.

The latter is a strongly held view by many a Kenyan and many will be found to take their children to ECD centres that introduce the learning and use of English as opposed to those that would prefer to use other Kenyan languages. This is expressly visible in the growth and development of ECD centres found all over the country, including peri-urban centres. In these ECD centres, you will find modern approaches of instruction which include the use of English language straight from kindergarten.

- **Challenge of the entry behaviour of the language teacher trainees**

Today many students who join institutions to prepare to teach English language do so without the pre-requisite tools. The most important tool that the trainees should have would be linguistic and communicative competence. A large number of the student teachers have restricted abilities in their command of the language they are meant to teach. Of particular concern is the structure of the programmes they undertake which do not stress practical aspects; learning practical aspects of English such as phonology, pragmatics, and linguistic discourse. The import of all these is that the poor entry behaviour of student teachers means learners will not benefit from proper English language 'models'. There does not exist mechanisms to help weed out weak 'models' of language at the University and in the words of my colleague in the year 2000, she really wondered what our business as teacher educators was with the numbers of students hitting the 300 mark each year, some of whom found ways of not attending lectures.

- **Challenges in the English language classrooms**

First, the practice today, in language teaching, is to turn language classrooms into research places. The objective of which is to interrogate the process and issues to do with language learning and subsequently use the findings to enhance the methods and techniques of teaching. Inquiry into the language learning and teaching process has been the vanguard for our counterparts' push for the development of Kiswahili. The proponents of expanding the landscape of Kiswahili have effectively used research data to create and sustain a debate that has served the language well. Why do I dwell on this? The reason is that English language in Kenya and its scholars have largely relied on findings and research activities going on in USA, Europe and the Far East. Except for a few lone voices whose work is mainly in the area of general linguistics, not a lot has been generated in the area of language education. This is not to imply that there are no masters and PhD studies in applied linguistics and language education. In speaking of research in language classrooms, I see the teacher as a researcher and a reflective practitioner; a person who does not see all the students as the same, on whom he or she can apply the same methodology while teaching a language. I see the classroom as the laboratory for investigating ones practice in the language process. Further, the teachers would need to be aware of the current developments in pedagogy for there to be a transfer of knowledge and skills into the language classrooms.

Second, the language classroom in Kenya is overflowing with students; the classes are congested, making the teachers' work almost impractical. Besides this, the teachers hardly have adequate resources and some may not utilise their education to develop and select learning resources relevant to their learners' needs.

Third, in these language classrooms operate teachers some of whom are not professionally tuned to the task assigned them. It is assumed at times that anyone who can speak English can therefore teach English. This has been disputed by many language education researchers because you require more that your linguistic competence to make a teacher of English language or any other language for that matter.

Fourth, the language teacher in Kenya operates from a disadvantaged position with regard to the material placed at his disposal; he has little control over whom he finds in the classroom and the kind of language experiences the learner brings into the classroom. This situation obtains at all levels of learning and the teacher has to find ways and means to use or turn the language experiences into worthwhile launching pad for his input. Many teachers would appear to treat all learners as having the same entry behaviour which in effect means, language learning processes are weakened.

- **Challenge from the linguistic environment; society**

Without referring to the various views available to us in existing sources and literature, let us examine the aspect of the poor linguistic environment in which the learning of English language occurs in Kenya. I have already said elsewhere that English language is threatened by a myriad of issues but its biggest threat comes from the nature of linguistic environment the learner operates in. The environment is predominantly filled with speakers of several languages of Kenya, Kiswahili and *Sheng* (Sheng is a concoction made out of Kiswahili, mother tongues and English) specifically. Whatever the teacher of English models in the language classroom is undone either at home where Kenyan mother tongues dominate or in the play ground or outside class where learners prefer to use either Kiswahili or Sheng. Therefore, 'successful' language teachers are compelled at times to employ unorthodox means to insulate learners from what is deemed inappropriate language input/environment. You end up having certain days, a majority, set aside for learners to speak English. The argument put forward here is that teachers do this because they are fully aware of the functions of English language and are protecting English because of the fact that it is a major factor in education in Kenya. Of course teachers of other languages complain that this is an infringement on the learners' right to choose which language appeals to him to use. In addition, they feel that English language teachers and the school authorities should give all languages equal opportunities to be practised.

- **Challenge of the concept of the integrated approach**

The concept of the integrated approach to teaching and learning English language in Kenya still remains an enigma to many teachers of the subject, curriculum developers and others in Kenya. What is baffling is that the concept of integration is now over a decade old, but as implementers we are still seen to grapple with it. Those concerned with teaching must determine whether it is integration of content, methodology or assessment techniques or all the three. They must also examine how each levels of integration impact on the processes of learning the disciplines, English and Literature. This is an ongoing struggle which apparently is not being resolved and there is in the air a debate suggesting that English and Literature may in effect be separated in the near future, each to its own identity.

5. Thoughts into the future

In reflecting upon my journey of 16 years as an English Language teacher in high school and 11 years of educating teachers of English in the University, and when I contextualise my thoughts within the discussion by the seven voices of my students, my thoughts move into the future. The objective being the need to respond to the question we posed earlier in this paper, *"Are we as a nation aware of the critical role of English Language in our educational policy?"*

My view is that English language is a factor in our education system and we need to remain cognisant of this fact and it should help shape how Kenya handles its language policy with regard to education. May be we should begin to acknowledge that English language is part of our education landscape and in the main, change what does appear to be a war waged against a language whose role and functions go beyond its historicity.

In doing the above, we will be compelled in principle to re-organise the way we educate our teachers of English, they way we have structured the syllabi of English language at all levels of learning, and act upon our attitude towards the language. This should be informed by the fact that developing English alongside our other languages would provide a platform for us to understand the level of support each language may receive from the other, the impediments each places in the way of the other thus giving us a the correct picture of our language scenario.

The challenge in the future, which to me is now, is to interrogate the piece meal approach to language development policies in our country. We would need to ask how the country benefits from the efforts of individual languages pushing their own agenda and presenting them as though they were in conflict with other languages. Probably this is what I have just been doing, pushing the agenda of English without regard to other languages. Having said that, English language educators and researchers have a lot to borrow from their counterparts in Kiswahili; English language teaching requires a professional body to create a platform that will provide space and voice to the members. In this respect, we welcome the body that is being formed under the acronym ASELER, the Association of English Language Educators and Researchers, currently undergoing registration. This in my opinion will take the English language debate beyond the previous attempts by each institution of higher learning to hold a one-off conference to discuss matters relating to language education and linguistics.

I see the association bringing together practitioners, researchers, curriculum developers and quality assurance officers in the area of English language. It will provide an opportunity to place our question, *("Are we as a nation aware of the critical role of English Language in our educational policy?")* before the correct audience, the people concerned with English Language in Education in our country. As we look forward to that happening soon, I must acknowledge that my thoughts in this chapter have been influenced by other views previously expressed by many other scholars in the field of Linguistics and Language Education in Kenya. Although, I may not have directly referred to their works, their views matter and there is no doubt that they have enriched this discussion.

References

Barasa, L. P. 2005. *English Language Teaching in Kenya: Policy, Training and Practice.* Eldoret: Moi University Press.

Eshiwani, G. S. 1990. *Implementing Educational Policies in Kenya.* Washington, DC.: World Bank Papers.

Kembo-Sure, S. Mwangi & N.O. Ogechi. 2006. *Language Planning For Development in Africa.* Eldoret: Moi University Press.

Mbaabu, I. 1996. *Language Policy in East Africa.* Nairobi: Educational Research and Publication.

O'Keeffe, A, M. McCarthy & R. Carter. 2007. *From Corpus to Classroom: Language Use and Language Teaching.* Cambridge: Cambridge University Press.

CHAPTER ELEVEN

HOW TO TEACH POEMS TO KENYAN SECONDARY SCHOOL STUDENTS

Paul Kiprop Chepkuto
Department of Communication Studies
Moi University

Sura hii inajaribu kueleza jinsi ya kufundisha mashairi (ya Kiingereza) katika shule za upili nchini Kenya. Kabla ya kufanya hivyo, tunatoa maeleo mafupi kuhusu hali ya kozi ya Kiingereza nchini Kenya kuunganishwa kwa ufundishaji wake na kozi ya Fasihi ya Kiingereza. Mifano ya mashairi iliyoteuliwa inatoka Afrika Magharibi na Afrika Mashariki. Mashairi yote yanagusia dhima za kimsingi na ambazo zi dhahiri katika Afrika ya sasa. Mwelekeo unaojikita katika mwanafunzi ndio ulioteuliwa katika ufundishaji wa mashairi haya. Hii ni kwa sababau tafiti katika taaluma ya ufundishaji zimedhihirisha kwamba kuna kiwango cha juu cha kujifunza pale ambapo mwanafunzi anashiriki zaidi katika mfanyiko wa ufundishaji.

1.0 Introduction

This chapter attempts to demonstrate an example of how to teach poems to Kenyan secondary school learners. Before this is done, a brief description of the historical background of the teaching of English in Kenya is done. Thereafter the essay looks at how to teach two selected poems. There are as many methods of teaching as there are stars in the sky, however, the crucial issue is how to assist learners learn successfully. The student – centred approach chosen in the teaching of the poems in this chapter is a step in this direction.

1.1 The historical background

From the colonial period, until the attainment of political independence and after[1], the teaching of English in Kenya was divided into two. First, the English language was taught as a subject of its own with seven lessons a week in the timetable and secondly, literature in English was taught

---
[1] Kenya was a colony of Britain from the 1880s to 1963 when she attained political independence.

separately as a subject and was allocated three lessons a week in the teaching timetable.

However, with the introduction of a new education system[2] in 1983, the English language and literature were integrated as one subject. This was allocated five lessons only a week. It was left to individual schools to decide on how many lessons would be allocated each to English and literature respectively. The syllabi and set books for the teaching of these subjects are prescribed by the Kenya Institute of Education – an arm of the Ministry of Education charged with the responsibility of drafting the curriculum and syllabi to be used in schools and middle level colleges.

The integration of Literature and English as one subject was done because of its latent benefits accruing from the two subjects. It was believed that if literature was taught with English language, it would assist the learners learn English and also aid in their reading and writing skills. In literature, poems, long and short stories are taught. For example, the short stories could be used to teach reading and comprehension.

The interest in a good story, it was thought, would make good material for language learning, for new words and expressions are encountered and can often be understood solely from the context, and the reader's mind becomes more and more accustomed to the syntax and structural patterns of the new language.

It was also believed that the reading of shortened versions of good prose literature would provide language practice and training in the reading skills. The student may

learn to use these words himself more effectively, and also more appropriately in different contexts like in writing poems.

Indeed while commenting on the teaching of English in general, Gurrey (1964:168) noted that if pupils persist in reading often and with some enjoyment or even with avidity, improvement in understanding will certainly increase and after a time should favourably affect their own use of language in speaking and writing.

1.2 The teaching of a poem

How then do you teach a poem to the Kenyan Secondary school learners? In this lesson (this will be a double lesson of forty minutes each) a form three class has been chosen to be taught two African poems. The class is only one grade below before they sit for their university entrance

---

[2] From 1963 to 1983 Kenya pursued an education system that saw a learner spend 7 years in primary school, 4 in secondary school, 2 in high school and at least 3 in University (7-4-2-3). However, this was revised to the prevailing 8 in primary school, 4 in high school and at least 4 in University (8-4-4)

examination. They are therefore mature and the poems chosen are within their level of understanding. In order to teach this successfully one must have objectives.

Lesson Objectives

a) By the end of the lesson the student should be able to appreciate the poems by stating the reasons why she/he liked or disliked the poem.

b) By the end of the lesson the student should be able to note down the difficult words and give their meaning. She/he should also be able to construct sentences using these words correctly.

c) She/he should be able to explain the theme of the poem.

d) The student should be able to write her/his own poems about the characters in the poem.

1. IN THE BEGINNING
By Lenrie Peters - West Africa

The politicians came and went
meteors about the sky –
it was necessary to seek loans
to beg in style

'it will cost each of you　　　　　5
a meal a day'
The taxes rose
The common income fell
The death rate stayed alive
But excuse me Sir　　　　　10
We're free
Why do we have to beg?
'Industrial development
Dams, factories, the lot –
Change the face of the continent'　　　　　15

'I see
but my children –
beg pardon sir
will they go to school?'
'Later!'　　　　　20

> *Will they have food to eat*
> *and clothes to wear?'*
> *'Later I tell you!'*
> *'Beg pardon Sir:*
> *a house like yours?* 25
> *'Put this man in Jail'.*

Before they hear or see the poem, the students are asked questions closely relevant to the poem. For example, the students could be asked to list down what they think to be the role of politicians in society. The discussions that will ensue will serve as a start up or warm up to the poem.

After the warm up, the students are asked to form groups and several learners are appointed by the teacher to read different stanzas of the poem loudly under his/her guidance. The aim here is to demonstrate how to pronounce words correctly. In this way, it is hoped that they will polish their pronunciation. They are then allowed to read the poem silently and answer the following questions for discussion.

Questions

a. Do you like or dislike the poem? Why?

b. What stylistic devices has the poet used in this poem?

c. List the hard words and check the meaning from your dictionary. Construct sentences using these words.

d. HOMEWORK: Write a poem on 'development' or 'poverty'.

Discussion

In the poem and in the discussion, the student should be able to note the oppressive, heartless and greedy tendencies of the politicians and the plight of the poor. For example in the fifth stanza we see the people starving and dying while the politicians beg for loans not so much for the betterment of the citizens but for their own use.

In the twentieth stanza we see the twisted logic of the politicians, their priorities are all wrong. They seek loans for 'industrial development' and yet the pre-requisite for this, that is education, is planned for "later"! Similarly the people have no food, no clothes and shelter (stanza 25) and is not a priority. The question therefore is development for who? The citizens are suffering and their interests are not considered as important.

The poem presents dramatically a picture of this oppression – a picture which in one breath satirises the hollowness of political freedom without economic independence, and the Marxist notion of the gap between the have and the have-nots (Egudu 1978). The students should get this from the yearning of the poor interlocutor to have "a house like yours".

Here the learners should note and bring out in the discussion that the man (as is made apparent in the poem) who has power also controls the finances of the nation, and the powerless man – the poor man, faces the problems of starvation and oppression. The politician does not take into account the worries or the priorities of the poor man. The students should bring out examples of how the 'big man' dismisses the poor man's worries. For example in stanzas 20, and 25 'big man' dismisses the poor man's anxiety "later", "later I tell you"! and when the poor man insists that his needs be catered for he is 'put in jail'. They should also be able to cite the priorities of the two people in the poem, such as: food security, freedom, clothing, health, education for his children and good shelter as priorities for the poor man. While power, access to loans, industrial development and luxurious lifestyle such as good housing (Stanza 25) are the priorities of the politicians.

2. **BUILDING THE NATION**
Henry Barlow – East Africa

Today I did my share
In building the nation
I drove a Permanent Secretary
To an important urgent function
In fact to a luncheon at the Vic. 5

The menu reflected its importance
Cold Bell beer with small talk,
Then fried chicken with niceties
Wine to fill the hollowness of the laughs
Ice-cream to cover the stereotype jokes 10
Coffee to keep the PS awake on return journey

I drove the Permanent Secretary back
He yawned many times in the back of the car
Then to keep awake, he suddenly asked,
Did you have any lunch friend? 15
I replied looking straight ahead
And secretly smiling at his belated concern
That I had not, but was slimming!

> Upon which he said with a seriousness
> That amused more than annoyed me,   20
> Mwananchi, I too had none!
> I attended to matters of state.
> Highly delicate diplomatic duties you know,
> And friend, it goes against my grain,
> Causes me stomach ulcers and wind.   25
> Ah, he continued, yawning again,
> The pains we suffer in building the nation!
>
> So the PS had ulcers too!
> My ulcers I think are equally painful
> Only they are caused by hunger,   30
> Not sumptuous lunches!
>
> So two nation builders
> Arrived home this evening
> With terrible stomach pains
> The result of building the nation –   35
> Different ways.

Again just like the first poem, as set induction, the students are asked general but relevant questions to the poem. For example, the students could be asked to explain what "building the nation" constitutes? These could be listed on the chalk board such as activities aimed at developing the nation, providing facilities to the people: schools, roads, water, electricity, providing services to the citizens in offices etc. Then the teacher could appoint several students to read the poem loudly, thereafter the students are asked to read it silently and answer the questions that follow. These questions will serve as a guide in the discussion.

Questions
a) What is your reaction to the poem? State your reasons.
b) List down the hard words used in the poem - check their meanings in your dictionary and construct sentences using them.
c) What stylistic devices has the poet used in the poem?
d) Who is the genuine nation builder? Explain.
e) Discuss about the ulcers of the two people in the poem.
f) HOMEWORK: Write a poem about the chauffeur or driver.

Discussion

In the discussion the students should be able to explain their reactions to the poem. This may be varied but the teacher, while guiding the discussion, should not lose sight of the theme of the poem.

In the poem the students should be able to deduce the suffering experienced by 'small' people in government and the indifference, dishonesty and hypocrisy shown by the high and mighty. For example the PS told the chauffeur that he was attending 'an important urgent function – highly delicate diplomatic duties'. It turned out that the PS actually attended a luncheon at which, according to the chauffeur, the PS enjoyed:

> *Cold Bell beer with small talk*
> *then fried chicken with niceties*
> *wine to fill the hollowness of the laughs*
> *ice-cream to cover the stereotype jokes.*
> *Coffee to keep the PS awake on the return journey*

These were the 'delicate diplomatic duties' of course. But besides this pretence, there is the indifference of the PS whether or not the chauffeur had eaten any food, for it was only during the return journey that he asked if he had had anything to eat (Egudu 1978). The students should bring out this observation.

In the discussion the learners should also raise the fact that the poem is presented in the form of a dramatic monologue spoken by a permanent secretary's chauffeur, and that, satire and irony are used as stylistic devices.

Finally in the discussion, the students should explain that there is only one genuine nation builder, and that is, the chauffeur whose job it is to drive around the PS in the car, for he has performed his proper function. The PS is not only a fake nation builder, but a nation breaker and a cheat as well. And the irony of the situation is that it is the sincere worker that suffers.

Homework

After the discussion the students are then asked to do the homework individually. This offers the student an outlet for self expression which he/she needs. Secondly when they are actively involved in writing poems they enhance their creative abilities and this goes a long way in improving their command of the English language. The homework would be collected and marked later by the teacher.

2.0 Conclusion

In this brief chapter we have looked at the teaching of English in Kenya. We have also looked at its subsequent merger with Literature and noted that the rationale for this merger was essentially the belief that these two subjects would complement each other in the teaching and learning.

Finally, we have looked at examples of how one could teach poems to the secondary school students. Here it was shown that before any teaching is done there must be lesson objectives – these serve as the guide in the instruction process. The method adopted is the student-centred approach where the learners are actively encouraged to participate in the learning process. This is because as (Powell 1968:19) notes; "it is an axiom of modern approaches to the teaching of English that the less the teacher does, and the more the student does, the better it is."

While we try to encourage learners to read and appreciate poetry, there is also an overwhelming need to encourage them to be creative and this can be done through their writing of poetry. Similarly the hard words they learn from the poems and the students' use of the words to construct sentences enhances their language competence.

The teacher should therefore at all times take the responsibility to encourage students to be actively involved in writing poems during some of the English periods and also, should choose suitable poems. They should be so appropriate as to touch the student personally and arouse responses in him. The poems we have used to demonstrate how to teach poems have been chosen with relevance to the pupils' experience and familiarity in mind. It is hoped that with their experience, the students would find in the poem a confirmation of something they already know or a revelation of some aspect they were dimly, perhaps not consciously aware of in their society. This, it is hoped, would elicit interest and participation. In this way learning would take place.

References

Cook, D. & D. Rubadiri (eds.). 1971. *Poems from East Africa*. Nairobi: Heinemann.

Egudu R.N. 1978. *Modern African Poetry and the African Predicament*. London: Macmillan.

Gurrey P. 1964. *Teaching English as a Foreign Language*. London: Longman.

Millar, R. & I. Currie 1971. *English Through Poetry Writing*. London: Heinemann.

Powell, B. 1968. *English Through Poetry Writing*. London: Heinemann.

Shayer, D. 1972. *The Teaching of English In Schools 1900-1970.* London: Routledge & Kegan Paul.

Soyinka, W. (ed.). 1975. *Poems of Black Africa.* London: Secker & Warburg.

CHAPTER TWELVE

TERMINOLOGIES IN TERTIARY KISWAHILI TEACHER TRAINING PROGRAMMES IN KENYA: RETROSPECTIVE AND PROSPECTIVE REMARKS

Isaac Ipara Odeo
Department of Language and Literature Education
Masinde Muliro University of Science and Technology

Sura hii inaangazia matatizo ya kiistilahi wanayokumbana nayo wahadhiri na wanafunzi katika vyuo vinavyowaandaa walimu wa Kiswahili nchini Kenya. Kwa muda mrefu, umuhimu wa Kiswahili katika elimu haukuzingatiwa. Kwa hivyo, serikali ilipoanzisha mfumo wa kufundisha na kutahini somo la Kiswahili kwa lazima katika mitihani ya mwisho ya shule za msingi na sekondari, wahadhiri wa vyuo wanamopitia walimu wa viwango hivi walijikuta wana tatizo la ukosefu wa istilahi sare. Ukosefu huu ulikuwa ni kati ya vyuo mbalimbali na pia kati ya wahadhiri mbalimbali katika chuo kimoja. Makala haya yanajaribu kuyamulika matatizo hayo na juhudi zilizofanywa kuyasuluhisha mbali na kutaja mustakabli wa istilahi za Kiswahili.

1. Introduction

Although the activities of widening and integrating vocabulary into the Kiswahili language have been going on for centuries (Ohly, 1988), the development of terminologies is a more recent concern.

The definition of 'terminology' to be used in this article is based on a synthesis of Mwansoko's (1990a:162-164) exposition. Thus, terminology is a word, compound or phrase, which tends to reflect the characteristics of a concept it represents and is distinguished by consistency, precision, conciseness and lack of ambiguity and emotive connotation. Terminologies are usually used for communication in specific subject fields.

The expansion of terminologies is Kiswahili language education as a specific conceptual field can be traced to the beginning of the 20th Century when missionaries begun using the language in formal African education (Mutahi, 1986; Sifuna & Karugu, 1988). After independence in 1963, there was a gradual increase in the status and scope of use of Kiswahili in educational spheres; gaining impetus especially after its adoption as a national language in 1974. Notable changes, however, came in 1985 following the introduction of the 8-4-4 system of education[1]. These developments have created a realization of the deficiencies in Kiswahili terminologies. This has subsequently prompted the urgent need for their accelerated enrichment.

In this paper, I set out to describe the past and current situation regarding the formulation, dissemination and use of terminologies in tertiary Kiswahili teacher training programmes, focusing on Kenyan universities, both public and private, and to outline future prospects.

2. Kiswahili Language Policy, Development and Use

Expansion activities of technical lexicon in Kiswahili pedagogy can be loosely divided into three phases associated with major shifts in language policy. From about 1920, it was generally agreed by Christian missionaries and the colonial administration that instruction in the first three or four years be done in mother tongue or Kiswahili (Mbaabu, 1991). This did not ensure a clear-cut situation but nevertheless provided practical guidelines.

Later, in 1949, the Beecher Committee in its recommendations (quoted in Mbaabu, 1991) restricted the use of Kiswahili in lower primary school to urban areas. Henceforth English received great emphasis at the expense of Kiswahili which remained an optional subject for very few beyond elementary school. Because of this relegation and compounded by the shortage of work force, Kiswahili was taught poorly and in some cases in the English medium.

This phase saw no purposive and planned activities to modernize Kiswahili pedagogy terminologies. Any chance contribution in this regard came from the activities of Kiswahili standardization and the publications of the Inter-territorial Language Committee[2] as enumerated by Mbaabu (1991).

After independence in 1963, statements of the various education commissions (Republic of Kenya 1964; 1972; 1976) tended to promote Kiswahili as a subject of instruction at the tertiary level of education. Endeavors focused more on expanding and improving the teaching of the language at this level even more after Kiswahili was declared a national language

---

[1] The 8-4-4 system of education recommended by Prof. Mackay was segmented into 8 years of primary education, 4 years of secondary level and 4 years university cycle. It emphasized the acquisition of relevant knowledge, values and practical skills. Under this system the Kiswahili syllabuses at all levels of the education system were revamped.

[2] The committee was formed by the East African countries when they started the process of standardizing Kiswahili from 1925.

of Kenya in 1974. However, these efforts faced impediments[3]. It is also important to note that by that time there were only two institutions of higher learning training teachers to teach Kiswahili at secondary school level. These were Kenyatta College, which was established in 1965 and became Kenyatta University in 1986 and the University of Nairobi (founded in 1970). The activities characterizing this phase generally impacted positively on the development of Kiswahili as a subject of instruction. Among the most encouraging phenomena were the introduction of literature in Kiswahili (Fasihi ya Kiswahili) as a subject at both tertiary and secondary school level and the increased publication of secondary school Kiswahili class textbooks. But much as these were welcome, most if not all basic textbooks recommended for Kiswahili at tertiary level were written in English. It is most probably because of this that some Kiswahili courses at the University level were and continue to be taught in English[4].

During this phase there was apparent recognition of the terminological gap. There was, therefore, a hurried attempt to expand technical vocabulary in Kiswahili, a language many criticized for technical lexical bareness (Kitsao, 1989). The activities of formulating then could be described as spontaneous. They were mainly motivated by individual needs particularly of university lecturers. However, a few lecturers namely Jay Kitsao, Ireri Mbaabu and Karega Mutahi who were incorporated in planned terminology development in Tanzania were guided by more specific objectives and procedures. Unfortunately these scholars were better grounded in linguistics and literature and not Kiswahili teacher training. Their contribution to tertiary Kiswahili teacher training was, therefore, minimal.

The year 1985 witnessed a more remarkable change in focus. That year, the 8-4-4 system of education was introduced following recommendations of the MacKay Report (1981). Resulting from this was the bold decision to declare Kiswahili (including Fasihi ya Kiswahili) a compulsory and examinable subject up to secondary school level. It then became imperative for tertiary institutions to reorient their programmes and emphasis to meet the challenge and demand especially of increased learners and subsequent need for more secondary school teachers of Kiswahili. To date we have seven public universities, fourteen constituent colleges and two

---

3 Many bureaucrats including Charles Njonjo who was then Attorney General harbored disdain for Kiswahili, a language they associated with Arab slave traders and Islamic crusades. They opposed its teaching and development.

4 In the 1970s most Kiswahili linguistics courses were taught in English. Even today most Kiswahili teaching methodology courses at postgraduate level including dissertations are taught and examined in English

private universities training teachers of Kiswahili for secondary schools[5].

One of the most pressing and immediate challenges facing tertiary Kiswahili teacher training programmes in Kenya has been and still is the limitation of terminology. Indeed one issue that preoccupies many patriotic Kenya educationalists in both formal and informal fora today is the urgent need for planned terminological development activities.

Efforts by individuals to coin technical words for Kiswahili pedagogy at university level, a field which incorporates linguistics (isimu), literature in Kiswahili and methodology of teaching Kiswahili (njia za kufundishia Kiswahili) have not been fruitful in producing sufficient terminology. The proliferation of publications in Kiswahili from both internal and external sources has also not provided any remedy. In fact both have intrigued more serious concern for centrally planned and coordinated endeavours for the development of terminology in this area. Most, if not all, educationalists seem to unanimously agree that "a language cannot be left to its own devices to cope with the plethora of new foreign terms and proliferation of indiscriminately coined ones" (Fulass, 1971:307).

3. Motivation for Terminology Development

From the time the teaching of Kiswahili and its congenial component of Kiswahili teacher training were emphasized at tertiary level soon after independence, the need for systematic terminology to signify concepts used became necessary. This necessity is undoubtedly more apparent at university level today because of the nature of Kiswahili and Kiswahili teacher training as distinct subject fields. There is, therefore, need for exact and explicit definitions in the field of linguistics and literature in Kiswahili, both written (Fasihi Andishi) and oral literature (Fasihi Simulizi). In addition, a parlance in the field of methodology of teaching Kiswahili and its subfields is required. According to the Moi University Faculty of Education (1990), teaching methods subfields comprise preparation (maandalizi), classroom control (udhibiti wa darasa), instructional strategies and procedures (mikakati na michakato ya kufundishia), resources (nyenzo), testing (tathmini), research (utafiti) etc.

The present situation reveals several terminological constraints. The field of Kiswahili teaching and teacher training at university level has per-

---

[5] The public universities training teachers of Kiswahili include Kenyatta University and constituent colleges at Pwani, South Eastern University College; University of Nairobi and its constituent college at Kikuyu; Egerton University with its constituent colleges based at Kisii, Laikipia and Chuka; Moi University and its constituent colleges at Narok, Karatina and Kabianga; Maseno University with its constituent college at Bondo and Masinde Muliro University of Science and Technology. The University of Eastern Africa at Baraton and Catholic University of Eastern Africa are the only private universities training Kiswahili teachers.

petually lacked sufficient terminology. This is particularly evident during Teaching Practice supervision when most assessors of Kiswahili lessons who are themselves lecturers of Kiswahili are forced to write comments in English in order to adequately cover various concepts. To date there are many areas, for instance oral literature in Kiswahili and concepts such as microteaching, interaction, feedback and so on which urgently require terminology. Mulokozi (1989) has made a tremendous contribution to fasihi simulizi terminology but more work is needed especially from Kenyans.

The present author like his colleagues in sister universities, has since his appointment faced perennial problems of inadequate terminology in the area of Kiswahili language education. To cope, he has had to develop terminology basically in three ways. The first has been through own formulation of terms typical examples being: msamiati toevu – active vocabulary; msamiati butu – passive vocabulary; uzalishi-input, masuala ibuka- emerging issues and lugha simulizi – spoken language. The second method has been by way of own translation, for example: uradidi – drill; utawala wa darasa – classroom management, ung'amuzi – insight; mada ndogo –sub- topic and stadi – skills. The third option takes the form of adapting terminologies used in publications and speeches of other people some of which include: tajriba – experience; mitaala – curriculum; vitabu vya kiada (class texbooks) and uchunguzi kifani- case study.

Though these are positive steps towards terminology enrichment, those accumulated through own formulation and translation have several shortfalls. Foremost, they are a resultant feature of endeavors of an individual who is not acclaimed with unquestionable linguistic and pedagogical endowment. There is so far no evidence that the same terms have been adapted beyond the confines of course lectures or use of students of Kiswahili Special Methods. Similarly, there is no certainty that they will withstand the passage of time.

Several of the Kiswahili terminologies currently used, whether because of historical accidents, haste or the *laissez faire* approach used in their formulation, appear deficient.

Like Gibbe (1983) asserts, many of them are ambiguous, inconsistent, not precise and are phonologically or morphologically tailored differently, by different people. This is especially so with borrowed terminologies, a case in point being 'teknolojia/tekinolijia' from the English word technology. Some terminologies are inadequate because they are homonyms. The words 'hamasa' and 'motisha' for example are used interchangeably to refer to motivation just as 'teknolojia' and 'ufundi' are used to refer to technology. Other words, because of their synonymic characteristics appear inefficient. The following Kiswahili words, 'maki', 'tuzo' and 'alama' are sometimes used to refer to mark or score in evaluation without distinction.

As the science of pedagogy continues to develop and as we head more towards a scientific definition of teaching, there is more need for terminology on whose use there will be universal agreement (Smith, 1987). Similarly there is a realization that Kiswahili teaching and teacher training need to accelerate the pace of the formulation of terminology more than ever before in order to cope with the influx of new concepts and terminologies.

The need for terminology has never been as apparent as in this era of information and knowledge explosion. Kiswahili as a subject and medium of instruction will continue to rely on what is churned out from the frontiers of information and knowledge and therefore if terminological development is slow, users stand to be disadvantaged since 'the rate of interaction between people of diverse cultures has been accelerated by electronic devices' (Fulass, 1971:307). Today, without sufficient and efficient terminology, it is impossible to assimilate new borrowings and innovations accessed through, for instance the e-mail and internet. Developing countries such as Kenya cannot evade this unidirectional bombardment because of their dependency syndrome and secondly because the flow of information is backed by greater technological forces. But with more activity directed towards development of specialized terminology, Kiswahili could also loan out words to modern languages. The wide acceptance of the Kiswahili word safari into English exemplifies this notion.

4. The Necessity of Terminologies

The definition of 'terminology' given in the introductory section of this paper has numerous implications. It is noteworthy that apart from being a vital characteristic of each and every field of study, terminology and especially its definition, reveals many potential functional benefits to each subject area of specialization.

The formulation of terminology is a basic and ongoing activity in any subject field of study. This process is necessary for the assimilation of new concepts within a particular subject field or borrowed from others and thus symbolizes its vibrancy; an indication that a specific field of study is not condemned to a state of entropy. Tertiary Kiswahili teacher training programmes in Kenya are growing. As their subject matter expand, and diversify, the more they will need to replenish their current stock of terminologies.

The 8-4-4 system of education has recommended about 25 different academic and practical subjects and several extra-curricular games and clubs for secondary schools (Vuzo, 1995). As a national language, Kiswahili apart from being taught as a subject, is expected to serve as a vehicle of talking about general knowledge cutting across all the subjects and also to be used as a language of communication in diverse situations out of class. There is need for appropriate terminology pertaining to content, equipment and activities related to these subjects. This entails equipment of Kiswahili teachers with the necessary terminological base (requisite) in the effective use of the language in order for them to effectively perform all the functions associated with the language.

Terminology provides identity and contributes to the development of a culture of a particular area of specialized knowledge (Smith, 1987). This is because of its nature in terms of preciseness and distinctiveness. Kiswahili pedagogy definitely needs to boost its identity and culture, not as a way of isolating itself from other disciplines but rather as a way of stamping its mark and demanding recognition from and contributing to the world of knowledge.

Fulass (1971) and Gibbe (1983) suggest other positive uses of terminologies as including that of defining concepts in a precise way. What this means is that terminologies ensure the effective and efficient transmission of knowledge, skills, attitudes and values within and among specialized fields of study. The advantage of this to tertiary Kiswahili teacher training is that clarity of the transmission of concepts will avoid imprecisions and rid the field of confusion and ambiguity in the communication of modern scientific ideas, which is today a big problem. To date, there still is confusion over the use of the word 'mrejesho' to refer to feedback; there is no agreement over an appropriate terminology for reinforcement. Thus, these two concepts and many others are hazy and not clearly understood.

Interaction and exchange of ideas between scholars across disciplines is a universally encouraged norm. This practice will have more functional utility where and when efficient terminologies, particularly those on whose use there is 'universal agreement' (Smith, 1987) are employed. Such terminologies make it possible to translate concepts from other languages, subject fields and cultures.

5. Procedures of Terminology Development and their Limitations

Enthusiasm and commitment to development of terminology in Kiswahili in general and the area of tertiary Kiswahili teacher training by individuals and institutions has been quite evident since independence in 1963 and even more so in the last ten years. Although the objectives of those concerned were good and their endeavors fairly productive in the contexts of the requirements then, the whole process of developing terminologies has been as a whole haphazard, faulty and potentially threatened to create a crisis.

Most terminology development initiatives have been necessitated by peculiar requirements of individual institutions. The outcome has been the use of the 'lone ranger' approach, in terminology development, which is usually characterized by informal, disparate and diverse processes. In this way, one individual or institution will use one process of coining a word to signify a particular concept while another uses a completely different process to coin an equivalent term for the same concept, many times leading to duplication of terminologies. For example, Kenyatta University and the Kenya Institute of Education (K.I.E) have separately coined and used the following terminologies:

Kenyatta University	**KIE**	**English**
Mjarathimini/mjarabu	tathmini mfululizo	continuous assessment
Mkaratiba	ratiba ya mafunzo	scheme of work

This kind of duplication is not a serious issue at the university level because of the autonomy each enjoys. It, however, becomes an issue in communication when the university products get into the field where academic programmes are uniform.

Most terminology development work has often been spontaneous, prompted by needs of people in specific situations and not arising from planned foci based on a specific model. Because of this, it becomes difficult to understand precisely which terminological working method(s) are used. According to Mwansoko (1990a) there are two terminological working methods: the translation method and the conceptual method.

The translation method involves listing terminologies in a given subject field say in English and giving them equivalents in Kiswahili. There are cases, however when individual words are translated in Kiswahili for example:

Competence – umilisi; improvisation – ufaraguzi

The conceptual method on the other hand starts with the analysis, systematization and definition of concepts in the fields of concern then assembling terms for them.

The Kiswahili oral literature terminologies used by Mulokozi (1989), were most likely assembled in this way. Mwansoko (1990a) avers that this is the most acceptable method. In the absence of empirical evidence, however, it would be safe to speculate that terminology work in Kenya has so far embraced an eclectic approach.

There is evidence that terminologies in tertiary Kiswahili teacher training programmes have been increased, although not impressively. This process has employed two main ways that are universally recognized and which Mwansoko (1990a) has explained in detail. The internal method of word formation is the first. It includes use of the following strategies:

1. Kiswahili equivalents, e.g., sauti – sound; insha – essay
2. Compounding words, e.g., elimu lugha – language education; fasihi simulizi – oral literature.
3. Derivation, e.g., simulia – masimulizi – narratives; eleza-kielelezo – demonstration
4. Semantic expansion, e.g., kipindi which means segment of time to intonate period on class timetable.
5. Acronyms, e.g., CHAKAMA (Chama cha Kiswahili cha Afrika Mashariki) – Association of Kiswahili lecturers in universities in East Africa.
6. Blending, e.g., runinga (television) from the words rununu (box) and maninga (eyes).
7. Word manufacture. Although this was used by Temu (quoted in Mwansoko, 1990a) it does not seem to be popular[6].

The second method of word formulation is by calques or loan translations of terms, e.g., 'ala za matamshi' from organs of speech. Perhaps the most used controversial strategy of this method has been word borrowing. Several scholars including Tumbo (1982), Mwansoko (1990a) and Ruo (1989) have in their works discussed this controversy. Exigent in their exposition are the sources of borrowing as prescribed by the Tanzania National Swahili Council. These in order of priority, are:

1. Swahili itself and its non-standard varieties, e.g., Kiamu
2. Bantu languages, e.g., ngeli (non classes) from Haya
3. Other African (non-Bantu) languages, e.g., Sukui (blank verse) from Susu, Guinea
4. Arabic, e.g., elimu (education), darasa (classroom), mitaala (curriculum)
5. Other foreign languages, e.g., shule from Germany schule.

While this list of sources for borrowing terminologies is embraced and acceptable in many quarters, its application has generated hot debates even in Kenya. For instance many national purists support Kiswahili and

---

[6] Temu employed use of the computer to manufacture words by combining various phonemes on the basis of possible Kiswahili phonological and morphological combinations. However, resultant words e.g. sansi (Manufacture) had no historical or conceptual context.

Bantu languages as main sources, yet very little research has been done to 'enable them become a meaningful resource of vocabulary expansion in the technical fields' (Mwansoko 1990a). Advocates of Arabic fall back on the long contacts between the Arab world and Eastern Africa and the large lexicon already borrowed. Their detractors on the other hand argue that most Arabic terms are new and difficult to non-Arabic speakers. They further add that Arabic words are bound to fail the test of international translatability which favors terminologies of classical Greek and Latin origin.

National pride has been the antecedent for the support of the relegation of English as a source. But in practice English has and is a major source leading many to champion for the reversal of its position on the list of possible sources. The reasons for this being that many Kenyans have had a long association with English through the colonial legacy, thus many people speak the language. More important is that many books used in the teaching and learning of Kiswahili are written in English.

The debate over which source is crucial still goes on quietly. What is important, however, is not which source but rather the sufficient number of terminology from whichever source to meet the demand. The rest can come later when we have a reasonable working number of terminologies and can then afford the luxury of being selective.

The process of technical Kiswahili word formation at tertiary level in Kenya is done by both specialists and non-specialists, who in most cases work without the support of auxiliary specialists or without recourse to procedures recommended by the International Standards Organization (ISO) under the auspices of UNESCO[7].

The technical word formation enterprise has lacked backing from the Government and institutions (beyond the occasional political window dressing and statements) in terms of goodwill, financial resources and technical support. Even the little done through individual sacrifice, say through seminars, academic papers or the media are not recognized and thus are reduced to mere academic exercises. There is no nationally recognized central agency to co-ordinate and oversee terminology development work in order to give it official and legal backing. Moi and a sister university, Kenyatta, have tried to fill this lacuna by launching Kiswahili language institutes. Sadly these noble ideas were never implemented.

Because of the non-cooperation among terminology development workers, unfair competition and mistrust emerge. Kenyan Kiswahili terminologists from the Kenya Coast have occasionally despised the work of those from up country. This suspicion has also been manifested against Tanza-

---

[7] The procedures recommended by UNESCO include research on terminology, delimitation of subject fields, systematization of concepts and terms on the basis of the Universal Decimal Classification and their proper analysis, accumulation, and documentation

nian language planning agencies on the basis that they intent to linguistically colonize neighbouring countries (Ruo, 1989). This has resulted in growing differences between vocabulary use in Kenya and Tanzania (Mdee, 1995). Therefore, for some of the terminologies formulated and used by Tanzanians, Kenyans have proposed their own as indicated below:

English	Tanzania	Kenya
television	televisheni	runinga
vacuum	ombwe	bwaka
university	chuo kikuu	ngasi
pen	kalamu	ndandi

The impact of this is obvious; it shuts out benefits implicit in collaborative endeavors.

6. Dissemination and Use of Terminologies

Lecturers and students at university level are all involved, albeit in varying degrees and levels, in coinage, dissemination and use of terminologies. Because of the attendant factors the process of dissemination and use of terminologies is as uncoordinated as their formulation.

There are two discernible channels of dissemination of terminologies. The formal channel is by way of literature originating from the Kenya Institute of Education, the Kenya National Examinations Council and the Ministry of Education. Activities organized by these organizations such as seminars, workshops, examination setting and making sessions, curriculum development panels etc. which incidentally incorporate university lectures sometimes require and involve the development of terminologies. These are then, if adopted, distributed through reports of proceedings, official records, and other publications or even through oral communication. Normally, the circulation of such literature is restricted and not designated for university use and many users are those who chance upon them. Terminologies regarding planning for instruction from KIE are usually published in their course outlines. However, tertiary education institutions spurn them.

The second channel of dissemination is the informal one. This is the most widely used though no legal authority backs it. People utilizing this channel are the university lecturers and their students. Usually after words have been developed, adapted from terminological publications particularly by language planning agencies in Tanzania or acquired from informal contacts, they are used by lecturers in lectures, academic papers, seminars, workshops, conferences, discussions and publications, and so on. Students similarly disseminate terminologies they have coined and acquired through discussions, seminars, term papers, local publications and activities of student associations. So far these include journals like Mshindo at Moi University, Baragumu at Maseno University College and Mwamko at the University of Nairobi.

In addition individual university lecturers like Prof. Nyaigotti, the late Prof. Kitsao, Prof. Kimani Njogu, Prof. Chimerah and others have previously used the electronic and print media for dissemination. These, however are only beneficial to those who tune in or read the Kiswahili newspapers.

Again, the circulation of terminologies through these channels is restricted. For example, in a recent workshop attended by several university lecturers including the author, the word 'dori' was adopted to signify microteaching instead of 'udurusi' which is conceptually unsuitable. But the term might not gain circulation unless an aggressive approach is used.

The success of the channel mentioned above and that of the activities inherent has been severely constrained by the lack of funds, pressure of work on the side of both lecturers and students and more critical, by the fact that some dependable terminologists (lecturers) have left for greener pastures.

It is clear that there are no official terminology publications. Even those by KIE for example are not official in the strict sense. All the written materials mentioned above are some kind of in-house affair with limited circulation. The problem arising then is that of limited, disparate and uncoordinated dissemination resulting into confusion among users.

Terminologies disseminated in most of these ways are never accompanied by clear definitions, explanation of contexts and use. It is probably because of all these that many users find it difficult to readily accept certain terminologies. This kind of situation should be avoided. And although Mkude (in Kitsao, 1989) proposed that there should be no need of systematic coinage, standardization and use of terminologies because people should be free to develop language as they wish, it might be difficult to clean the muddle in future and so the idea is to start streamlining terminology development now.

7. Future Prospects

Terminology work in Kiswahili will continue to be required (Mwansoko, 1990b). This state is even more critical at tertiary level where one cardinal and direct reason for this is the expansion and diversification of the Kiswahili programmes and the requirement and they are all taught in the Kiswahili medium.

The demand to expedite terminology work is also prompted by factors positively affecting the status and development of Kiswahili language on one hand and those related progressively to changes pertinent to Kiswahili as a medium and/or subject of instruction.

The ever-expanding use of Kiswahili in political and public sectors for example Parliament, Lower Courts, communication, administration and political and religious meetings has increased its scope. In addition, its extensive use in Tanzania, its role as a lingua franca in many countries in Eastern, Central and Southern Africa and its status as a co-official language in Kenya means that new terminologies have to be introduced into the language as a whole to 'express the concepts which had been hitherto inexpressible in Swahili' (Mwansoko, 1990b). This is what Fishman (1977) implied when he stated that when a language moves into functions for which it was not previously accepted or employed its modernization becomes necessary, if it is to be able to fulfill its new role.

A further catalyst for developing terminology is the adoption of Kiswahili as a working language of the Organization of African Union and regional institutions of East and Central Africa as predicted Temu (Mwansoko, 1990b).

Currently, Kiswahili as a subject of instruction at various levels of education is receiving considerable attention in Uganda, Sudan and countries in Southern Africa[8]. The focus in Kenya is more on university level where about 1500 undergraduates and postgraduate students, most of them teacher trainees, are currently registered to study and conduct research in Kiswahili.

There has been in many informal discussions among educationalists a proposal that Kiswahili be adopted as a co-medium of instruction in secondary school for non-pure science subjects. Although no specific subjects have been mentioned nor justification provided, this proposal seems to be gaining currency. The successful implementation of this and indeed the other roles of Kiswahili, will definitely depend on the availability of adequate and appropriate terminologies. Tertiary Kiswahili teacher training programmes have to take a leading role in this activity in their capacity as both terminology developers and consumers.

The first initiative should be to commence 'planned' terminology development. This does not mean we abandon what has so far been done, though haphazard! We need to proceed from there. This involves the identification of subject specialists, field experts and documentalists, who will then define, prioritize, set objectives and determine procedures for terminology development for tertiary Kiswahili teacher training programmes as a specific field. The same can be replicated for other subject fields under

---

[8] During a conference organized by Chama cha Kiswahili cha Taifa (CHAKITA) in Nairobi in September, 2009 it transpired that some of the participants were involved in drawing policies and curriculums for the teaching of Kiswahili in Sudan and South Africa.

one or several national language planning agencies. The whole exercise should be based on theoretical and methodological aspects of terminological modernization as laid down by the International Standards Organization under UNESCO and briefly highlighted above (see Mwansoko, 1990a).

The choice and prioritization of one terminology development method, source or dissemination channel should then be carefully considered and based on impeccable rationale. This kind of systematic approach will undoubtedly, like Mwansoko (1990a; 1990b) says, reduce the time factor in terminology development, increase quantity and efficiency of terminologies and guarantee their acceptability. The eclectic approach, however, is highly recommended because it provides for the blending of various methods of formulation and channels of dissemination.

Work of this nature can be done efficiently if there is one national body charged with the legal authority of guiding and co-ordinating activities of individual terminologists and language planning agencies, dissemination and research. Kenya does not have an institution of this nature despite the fact that many Kenyans have submitted numerous proposals for the establishment of a Kiswahili Institute. Various universities are at various stages of launching language institutes but these lack legal authority and are not national. What is, therefore, needed is an institute established by an Act of Parliament under whose ambit will fall various small agencies charged with special terminology development assignments pertinent to specific subject fields.

8. Conclusion

Terminology development work for tertiary Kiswahili teacher training programmes in Kenya has been going on for some time but the pace needs to be accelerated in order to cope not only with challenges of the increasing status of Kiswahili language and expanding Kiswahili academic programmes, but also with the influx of new concepts. This activity portends to be more vigorous particularly considering the future prospects and status of Kiswahili as a subject and medium of instruction at tertiary level of education. It is, therefore, imperative that an official national Kiswahili language development agency is established which among other duties would streamline, plan and coordinate the development and dissemination of terminology for this segment of the education system in accordance with procedures laid down by ISO under UNESCO. We hope that deliberations of scholars and stakeholders will ultimately contribute towards this.

References

Faculty of Education 1991. *Teaching Practice Guide*. Eldoret: Moi University.

Fulass, H. 1971. The Problems of Terminology. In: W. H. Whiteley (ed.) *Language Use and Social Change*. London: Oxford University Press, pp. 305-317.

Gibbe, A.G. 1983. Maendeleo ya Istilahi za Kiswahili. In: *Lugha ya Kiswahili 1*. Dar es Salaam: Institute of Swahili Research, 144-161.

Kitsao, J. 1989. Ukubalifu wa Msamiati. In: *Usanifishaji wa Istilahi za Kiswahili Makala za Semina ya Kimataifa*. Dar es salaam: TUKI, 50-66.

Mbaabu, 1, 1991. *Historia ya Usanifishaji wa Kiswahili*. Nairobi: Longman.

Mdee, J.S. 1995. Kiswahili cha Kenya na Tanzania katika Kamusi ya Kiswahili. In: Kiango J.G. & J. S. Mdee (eds.) *Utafiti na Utungaji wa Kamusi*. Dar es Salaam: TUKI, pp. 26-38.

Mulokozi, M.M. 1989. Tanzu za Fasihi Simulizi. In: *Mulika* 21: 1-21.

Mutahi, K. 1986. Swahili Lexical Expansion – Prospects and Problems. In: *Kiswahili* 53/1 and 2, 104-111.

Mwansoko, H.J.M. 1990a. *The modernization of Swahili Technical Terminologies: An Investigation of the Linguistics and Literature Terminologies*. Unpublished D. Phil. Thesis. York: University of York.

----- 1990b. Swahili Terminological Modernization in the Light of the Present Language Policy of Tanzania. In: C. M. Rubangumya (ed.) *Language in Education in Africa*. Philadelphia: Multilingual Matters Ltd.,pp. 35-45

Ohly, R. 1977. The Problem of Scientific Terminology in Swahili. In: *Kiswahili* 47/1, 80-84.

Republic of Kenya 1964. *The Ominde Report*. Nairobi: Government Printer.

----- 1972. *The Bessey Report*. Nairobi: Government Printer.

----- 1976. *The Gachathi Report*. Nairobi: Government Printer.

------ 1981. *The MacKay Report*. Nairobi: Government Printer.

Ruo, K.R. 1989. Matumizi ya Msamiati katika Vyuo Vya Elimu. In: *Usanifishaji wa Istilahi za Semina ya Kimataifa*. Dar es salaam: TUKI, 92-102

Smith, B.O. 1987. Teaching: Definitions of Teaching. In: M. J. Dunkin (ed.) *The International Encyclopedia of Teaching and Teacher Education*. Oxford: Pergamon Press, 11-15.

Sifuna, D.N. & A. M. Karugu 1988. *Contemporary Issues in Education in East Africa*. Nairobi: Kenyatta University.

Tumbo, Z. 1982. Towards a Systematic Terminology Development in Kiswahili. In: *Kiswahili* 49/1, 87-98.

Vuzo, Amina C.A. 1995. Matumizi ya Kamusi ya Kiswahili Sanifu katika Shule za Upili Nchini Kenya. In: J. G. Kiango & J. S. Mdee. *Utafiti na Utungaji wa Kamusi*.Dar es Salaam: TUKI, pp. 62-72.

SECTION THREE

LANGUAGE AND DEVELOPMENT

CHAPTER THIRTEEN

LUGHA, MAWASILIANO NA MAENDELEO MASHAMBANI

Naomi Luchera Shitemi
Department of Kiswahili and Other African Languages
Moi University

This chapter discusses the role of African languages in communication and development in rural Kenya. It explores the significance of a language that people understand in negotiating peace and development in a war-ravaged society. The focus is a society that is conservative and practices cattle rustling as a source of wealth. It is shown that to change the people's way of life and persuade them to engage in alternative ways of life, there is need to talk to the people in languages that they understand well. Through anecdotes, the chapter shows how people can change for a better way of life once they understand what is being explained.

UTANGULIZI

We cannot successfully change our societies until we make serious efforts to understand how these societies work. Neither can we understand these societies ... until we get ourselves fully involved in the processes that can change them ... take meaningful participation into the process of development, observing, recording and analyzing everything that we see. (Mararike 1995)[1] and going steps further to understand, empathise, communicate and create environments that facilitate empowerment and innovation through interventions that are responsive to given needs and environments for sustainability.

Azma ya sura hii ni kuchangia mjadala kuhusu umuhimu na utambuzi wa uamilifu wa lugha katika kuchangia maendeleo ya mashambani. Inajenga tasnifu kuhusu ukuzaji wa lugha na mbinu za mawasiliano kwa maharubu maalum ili kulenga uwezeshaji na uamilifu wa wateja mbalim-

---

[1] Dibaji ya, **Grassroots Leadership: The Process of Rural Development in Zimbabwe**. University of Zimbabwe Publications

bali. Nadharia tete hapa ni kwamba mawasiliano kupitia lugha na mbinu za kisemiotiki na kiamali ni uti wa mgongo katika aina yoyote ile ya maendeleo, hasa yenye kuhitaji utangamano na ushiriki wa wengi. Licha ya haya, umuhimu wa kuwekeza katika uimarishaji wa lugha na mbinu za mawasiliano haujatambuliwa inavyofaa katika sera na mipango ya maendeleo. Sura hii inashauri umuhimu huu utambuliwe na kushinikizwa katika harakati, mipango na utekelezaji wa maendeleo, hasa ya mashinani na mashambani.

Eneo la mashambani linahitaji kustawishwa kwa dharura ikiwa pana matarajio ya nchi kuendelea na pembe zote kushiriki na kusherehekea maendeleo haya. Hili ni suala la kuhusisha sekta zote za kushughulikia sera, mipango na utekelezaji katika viwango mbalimbali. Ili kutimiza dharura hii, tunahoji kwamba lugha iimarishwe kama zana na chombo mojawapo kuu ambayo inahitaji kushirikishwa kwa maksudi na kudhamiriwa. Inahitaji kuwekewa mikakati ya uamilifu kwa kuwezesha wote wanaotagusana nayo na kuitumia kama amali. Wakaazi wa mashambani wanahitaji kuwezeshwa kitajriba, kijamii, kiuchumi na hasa kimawasiliano ili waweze kujikimu na kuchangia kauli za kimaendeleo kwa mujibu wa upekee wa mazingira, mali na uwezo wao. Uwezeshaji unaodaiwa hapa unaweza kupatikana, kimsingi, kupitia mawasiliano, mashauriano na ubadilishanaji wa habari kupitia matumizi ya lugha na zana nyingine za uwezeshaji katika miktadha mbalimbali ya uamilifu wa kisemiotiki na kipragmatiki inavyofaa.

Jamii zinahitaji kupewa fursa ya kujifikiria, kutafakari mazingira yao kwa kubainisha na kutanabahi kutokana na uhasi na uchanya wa kuambatana na mapitio ya maisha yao. Waweze kushirikisha na kueleza hali na mielekeo yao huku wakichangia uwekaji wa mikakati ya kufaa na kudumu, yenye kukubalika, iliyo wazi na yenye kuwezekana ili hatimaye wachangie katika kujiondolea dhiki na kudumisha hali bora zenye kupatikana. Pana haja ya kuendeleza mawasiliano yenye kuheshimu pande zote mbili, watoa huduma na wapokeaji wa huduma, ambapo wakala na wateja wana umilisi na uwezo wa kutagusana ili kufikia malengo ya kuwafaa wote na yenye kuleta maendeleo.

Sura hii, kwa hivyo, inajadili suala la maendeleo ya mashinani na kuonyesha umuhimu wa kuiwezesha jamii kimawasiliano kwa kuzingatia lugha na mbinu za mawasiliano kama zana kuu. Miktadha maalum yenye kubainisha juhudi za kijamii katika kujiwezesha na kuwajibika kwa maendeleo yao inanukuliwa na kufafanuliwa. Mwelekeo huu unalenga hasa kushinikiza dhima na uamilifu wa lugha na mbinu nyinginezo za mawasiliano, na jinsi inavyotumika katika kuratibu na kusanifu habari katika kutimiza mawasiliano na mitagusano baina ya wanajamii ili kuchangia maendeleo.

Mjadala unatambua ya kwamba, uratibu na uamilifu wa lugha hufungamana na ruwaza za utambulisho wa kijamii ikiwemo utamaduni, usanifu wa ujumbe na utambuzi wa ujumbe husika na mifumo mingine ambayo kwa pamoja inahitajika katika harakati za maendeleo katika mazingira na miktadha maalum. Miundo ya lugha, viwango na sajili zake mbalimbali zinavyodhihirika kisemiotiki na kiamali huchangia katika kuweka na kubainisha uamilifu katika miktadha na harakati maalum za wanajamii kujiendeleza, kushirikiana na kutagusana wenyewe kwa wenyewe kwa upande mmoja, na pia baina yao na asasi nyingine za kuwafaa, (Lamb 1984:71)[2].

Vijelezi ambavyo vimetajwa awali, vyenye kutokana na vikundi maalum vya wanawake katika jamii, vinatokana na makundi maalum ya mashinani. Itaonekana jinsi ambavyo makundi haya yamechukua fursa ya kuwawezesha wanachama wake kupitia mawasiliano, utendaji wa kiuwekezaji na uzalishaji mali. Inabainika kuwa makundi haya yamefikia viwango mbalimbali vya uwezeshaji ambao umeyapa fursa ya kukabiliana na hali zao za kiuchochole ili kufikia viwango vya kutajika kimaendeleo.

Vipengele vya kuzingatiwa katika kujenga mjadala huu vinahusu jinsi makundi haya yalivyojitathmini, yakajadiliana, yakashauriana juu ya miradi na kuiteketeleza. Mbinu za mawasiliano ambazo zilichangia katika hatua na uwezeshaji uliopatikana zinazingatiwa. Jambo la kutia moyo na ambalo linashika nafasi kuu katika tasnifu hii ni jinsi ambavyo makundo haya yametia fora tangu pale mwanzo pa kushughulikia utumbo hadi pa kujihusisha na masuala makuu ya kisiasa, kiuchumi na yenye kuathiri maslahi yao kwa jumla ikiwemo upatanishi na uwekaji amani.

Suala la usalama na amani ni nyeti katika eneo ambamo makundi yenye kujelezwa humu yanatoka. Ni eneo ambalo limeathiriwa na mizozo ya wenyewe kwa wenyewe na pia yenye ukengeushi wa kisiasa. Makundi yenye kujadiliwa humu yamejichukulia jukumu la kutafuta, kurudisha, kupatanisha na kudumisha amani kadri wanavyoweza. Mizozo ya kisiasa ya miaka ya tisini, (1992, 1997), na baada ya uchaguzi wa 2007, imeathiri sana hali ya maisha na mahusiano baina ya watu wa mashinani katika eneo hili. Juhudi za makundi haya katika usuluhishaji wa mizozo na upatanishi zinarejelewa kwa namna ya kutambua mbinu na matokeo ya harakati zao. Fahamu kwamba zana kuu hapa ni ukwasi na mbinu za kujitolea, kushauriana, kustahamili na hasa matumizi ya lugha. Kwa pamoja amali za kisemiotiki, kiamali na lugha zinahusishwa kiutendaji.

---

2 *Semiotics of Language & Culture: A Relational Approach.* Katika *The Semiotics of Culture and Language Vl.2.* Fawcett et al. Wahariri. (1984).

LUGHA: MUUNDO MSINGI

Umuhimu wa lugha kama muundo msingi wa maendeleo na ishara ya utambulisho umetajika na kutambulika katika viwango mbalimbali vya kimataifa, bara, kanda na hata taifa. Katika ngazi za kimataifa, Haki za Kibinadamu ziliwekwa baada ya ulimwengu kusukwasukwa na maafa mengi ya kutokana na mizozo ya kilimwengu[3] . Hatimaye zikafuatia vile vile haki za kilimwengu za kilugha ambazo ni namna mojawapo ya kutimiza na kufurahia haki za kibinadamu[4] .

Isitoshe, bara la Afrika, kupitia vyombo mbalimbali vya kimuungano limetoa mapendekezo na kauli mbalimbali kuhusu suala na nafasi ya lugha, hasa lugha za Kiafrika katika utambulisho na maendeleo. Umoja wa Nchi Huru za Afrika (UNHA) iliweka mpango maalum wa lugha mnamo 1986[5] na mpango huu, japo haukutekelezwa kikamilifu, ulipitiwa tena miongo miwili baadaye, mnamo 2006[6] baada ya kuidhinishwa asasi ya ACALAN (Akademia ya Kiafrika ya Lugha (AKKL) kama chombo mojawapo cha Umoja wa Afrika (UA). Lengo ni kuweka mikakati yenye kutekelezeka kwa kuzingatia masuala ibuka na uhalisia wa hali ya lugha barani.

Kabla ya harakati za ACALAN, Azimio la Harare, (1997)[7] , kwa niaba ya UNHA, lilileta pamoja mawaziri wote wa madola ya Afrika ambao walihusika na sera na upangaji wa lugha. Azimio hili linataja malengo kumi ya kufuatwa ili kushughulikia masuala nyeti ya lugha za Afrika, (Shitemi, 2007a, 2007b)[8] .

Chombo chipukizi cha kutetea na kulea lugha za Afrika, ACALAN[9] , kilichoidhinishwa mnamo mwaka wa 2001, kimewezeshwa na kupewa makali na asasi ya Umoja wa Afrika. Asasi hii imeweka sera maalum ya kutambua, kutambulisha na kuchunguza uamilifu na uhalisia wa lugha katika utambulisho, utamaduni, maendeleo na mawasiliano ya kimtagusano wa Afrika.

Hali na maazimio haya yote kuhusu lugha na haki za aina mbalimbali ni ishara ya kushinikiza umuhimu wa lugha kama chombo maalum. Dharura ya kukilea na kukiendeleza, hasa katika enzi hizi za mitagusano

---

[3] http://www.un.org/Overview/rights.html tovuti imezuriwa Septemba 2008.
[4] http://www.linguistic-declaration.org/index-gb.htm tovuti imezuriwa Septemba 2008
[5] http://www.bisharat.net/Documents/OAU-LPA-86.htm tovuti imezuriwa Septemba 2008
[6] http://www.acalan.org/eng/ala/ala.php tovuti imezuriwa Septemba 2008
[7] http://ocpa.irmo.hr/resources/docs/Harare_Language_Declaration-en.pdf Tovuti imezuriwa Sept. 2008
[8] *Formal Response to Augustine Simo Bobda's Paper, Facing Some Challenges in Language Planning* ... Katika Kembo et.al. (2007), na *Mikabala ya Tafsiri Katika Taaluma Kiswahili: Ilhamu kutokana na Maazimio ya Kilimwengu* (TUKI, 2007).
[9] http://www.acalan.org/eng/accueil/accueil.php African Academy of Languages (ACALAN). Tovuti imezuriwa Sept. 2008

ya hali ya juu na TEKNOHAMA ya kilimwengu haiwezi kupigiwa debe kupindukia. Licha ya asasi na vyombo ambavyo vimetajwa, maazimio yenye kuakisi rajua za kutambua uamilifu wa lugha katika mawanda mbalimbali ya kijamii ikiwemo amani yametajwa kwa njia maalum na Shirika la Umoja wa Mataifa kuhusu Elimu, Sayansi na Utamaduni (UNESCO). Rajua za kutolewa ni muhimu katika tasnifu ya sura hii kwa hivyo chache zinatajwa kwa njia maalum.

Mwaka wa Kimataifa wa Amani, (1986)[10]

Tangazo la mwaka wa kimataifa wa amani, 1986 lililenga kutafuta utangamano baina ya mataifa, hasa, kwa kuweka amani kupitia uamilifu wa lugha kama chombo maalum. Lililenga kuweka msingi wa mikakati yenye kuwaongoza binadamu ili kufikia karne ya ishirini na moja wakiwa wanafurahia amani ya kudumu.

Malengo mengine katika azimio hili ni pamoja na: Kuandaa warsha za mafunzo zenye kuwezesha uandalizi wa zana na vifaa vya kimaandishi na kanda za kufundishia ili kuendeleza mafunzo na ufahamu, hasa wenye kudumisha mbinu za kushirikisha tamaduni mbalimbali kiupatanishi. Ifahamike kuwa lengo hili haliwezi kutimilika bila uimarishaji na ujenzi wa lugha ili kutimiza uamilifu wa aina mbalimbali katika miktadha ya kukusudiwa. Ushiriki wa wananchi wa mashinani na uwezeshaji wa kiuchumi, kimawasiliano na kisiasa ni baadhi ya matokeo ya kutarajiwa.

Mwaka wa Kimataifa wa Utamaduni wa Amani, (2000)

Tangazo hili lilitegemea utambuzi wa Shirika la Umoja wa Mataifa kuhusu Elimu, Sayansi na Utamaduni (UNESCO) kuwa, "kwa vile vita vina chanzo katika akili za binadamu, ni katika akili za binadamu vile vile ambapo mbinu za kujikinga na vita zitabuniwa kwa namna ya kuweza kutekelezeka."[11] . Lilitambua kwamba amani si hali ya kutokuwepo na mizozo tu bali amani pia huhitaji maksudi ya harakati shirikishi ambamo mashauriano yanahimizwa na mizozo kutatuliwa kwa nia njema ya kimtagusano. Mashauriano hayafikiwi ila kwa kupitia lugha kama chombo na mbinu.

Katika muktadha huu basi, utamaduni wa amani unahitaji kuwa:
i) Seti ya maadili, mielekeo, kanuni na mbinu za kitabia zenye kuhimiza staha ya maisha, kukomesha mizozo na kudumisha hali ya kutokuwa na michafuko kupitia elimu, mashauriano na ushirikiano.

---

10 Tazama pia Shitemi (2008), Nguvu Neno na Upatanishi, Makala ambayo iliwasilishwa katika kongamano la CHAKITA-2008 kuhusu Lugha na Upatanishi. Makala hii itachapishwa hivi karibuni.
11 Katiba ya UNESCO http://www.icomos.org/unesco/unesco_constitution.html Tovuti imezuriwa Sept 2008

ii) Kuwezesha watu katika viwango mbalimbali ili kukuza mbinu za mashauriano, upatanishi, utatuzi wa mizozo na kutoelewana.

iii) Kukuza mbinu za kuleta amani kupitia kubadilishana habari na maarifa miongoni mwa wanajamii na wakereketwa wengine.

Malengo haya yote yanahitaji uwajibikaji wa lugha kiuamilifu katika sekta mbalimbali yakiwemo maeneo ya mashinani.

Mwaka wa Kimataifa wa Lugha za Kiafrika (2006)

Tangazo hili lilitolewa na Umoja wa Afrika (UA). Miaka ishirini baada ya kuwekwa mpango wa lugha na UNHA, UA ulihitaji kufanya tathmini na marekebisho. Tamko hili lilipendekeza kuwa:

i. Mipango ya lugha ifahamike na itumike katika kudumisha lugha za Kiafrika.
ii. Lugha za Kiafrika zikuzwe kwa manufaa ya maendeleo ya Afrika.
iii. Lugha za Afrika ziwekewe mikakati ya maendeleo katika viwango vyote.
iv. Makini iwekewe sera za lugha na mikakati ya utekelezaji.
v. Umuhimu wa lugha za Kiafrika ushinikizwe kwa kuzitumia katika ufundishaji, utoaji wa huduma mashinani, na katika viwango mbalimbali vya kitaifa.

Mwaka wa Kimataifa wa Lugha, (2008)

Tangazo hili lililenga kudumisha mapatano na maelewano ya kimataifa katika miktadha ya uamilifu na kuwepo kwa wingi lugha ulimwenguni.

Inavyotokea, kila tangazo na tamko linaweza kuzamiwa na kuwa tasnifu au makala kamili lakini kwa mujibu wa sura hii, lengo ni kubainisha udhati na upana wa juhudi za asasi za kilimwengu katika kutoa kipaumbele kwa suala la lugha kiasi cha kupangiwa na kuwekewa rajua maalum.

Si ajabu basi sura hii kuonekana ikishinikiza umuhimu wa maendeleo ya mashinani. Ni imani ya mwandishi huyu kuwa pakipatikana maendeleo, hasa ya kiuchumi, na watu wapate uhuru wa kweli wa kujieleza na kufurahia mazingira na tamaduni zao, bila shaka mizozo itapunguka ulimwenguni. Muhimu vile vile ni kwamba malengo kadhaa ya maendeleo ya milenia yatatimilika na nchi kushuhudia amani na maendeleo katika sekta nyingi.

Lugha imetambulika kama chombo cha kuchangia na kuwezesha maendeleo kwa namna ya ushiriki wa wananchi kidemokrasia, kuondoa kutojua kusoma na kuandika, na kuwezesha wananchi ili kuweza kutimiza malengo ya milenia na maendeleo yenye kuchipuka na kuota kutoka mashinani. Inasikitisha kwamba ingawa baadhi ya maazimio ya serikali ya Kenya wakati wa kupata uhuru yalikuwa: kuondoa umasikini, kutojua kusoma na kumaliza maradhi, madhara ya majanga haya bado yanakabiliwa na serikali zaidi ya miongo minne baadaye! Kwa sababu hii, kuna umuhimu wa wananchi kujihami wenyewe kwa wenyewe, ili kupigana na majanga haya na mengineyo ya kuwanyima maendeleo na uhuru wa kiuchumi. Mashirika na makundi ya mashinani yametambua kuwa yasipojihami na kujitetea yatazidi kuangamia. Hii ni sababu mojawapo ya kujiunga pamoja na kutekeleza miradi jinsi inavyofafanuliwa na kusherehekewa humu. Chambilecho Adama Ssemasekou, Katibu Mkuu wa ACALAN,[12] :

In Africa,
If we want to foster the emergence of agents for change who are able to participate in an informed manner in the decision-making processes, business management and the strengthening of democracy at the grassroots level,
If we really want to promote, in our countries, a new democratic citizenship - a sine qua non condition for a genuine participatory democracy,
If we really want to deal with illiteracy
If we want to combat all diseases affecting the Continent,
If we want all Africans to have drinking water,
If we want to achieve the MDGs and EFA,
..., if we want an endogenous development,
It is necessary, ... to refuse to lie down and die .... Therefore, we must join forces in the promotion and enhancement of African languages. We must also make them working languages in public life.
We should also adopt a convivial approach by taking into consideration the current official languages.

Ingawa Ssemassekou alilenga Afrika kwa jumla, udhati na ukweli wa matamshi haya, unahusu kila nchi ya Afrika kwa njia maalum. Ni kama mwale wa kutia moyo na ilhamu kwa wakereketwa. Ni himizo na changamoto la kuwataka washika dau kutanabahi na kushirikisha zana changamano, ikiwemo lugha, katika uwekaji sera na mipango ya maendeleo. Licha ya haya, maendeleo hayapatikani ila kupitia mawasiliano.

Mawasiliano bila uelewa wa lugha vilevile hayatatimia. Upataji wa maarifa na ushirikishi wa wadau unahitaji lugha kama zana kuu - lugha ya kukuza mitagusano na mawasiliano yenye kufahamika pande zote. Kuna pia lugha ya kitaaluma na kisajili, lugha ambayo huandamana na

---

[12] Hotuba wakati wa "The Eastern Africa Conference on Cross Border Languages and Less used Vehicular Languages". Kongamano liliandaliwa mjini Dar es Salaam na kufadhiliwa na ACALAN, May 22 – 26th 2008 (Ripoti haijachapishwa).

miundo, mitindo na istilahi maalum kwa kutegemea sekta, taaluma na masuala husika. Si ajabu suala la lugha, katika enzi hizi za teknolojia na habari si la kupuuzwa tena.

Masuala nyeti yenye kuibuka kutokana na matamshi ya busara ya Adama Semmassekou, na ambayo yanatia ilhamu tasnifu ya sura hii ni pamoja na:

- Umuhimu wa lugha za Kiafrika katika uwezeshaji wa wananchi ili kuwashirikisha katika masuala ya kuwahusu.
- Kukabili mazingira na hali ya lugha za Kiafrika na wingi wake kama amali ya kufaa bali si kama kizuizi na kitenganishi.
- Umuhimu wa kuchunguza, kupangia na kuweka bayana zana na asasi za kuchangia uamilifu wa lugha za Kiafrika ili kutimiza majukumu ya kijamii, kitamaduni na maendeleo ya kiuchumi.

Bila shaka pamekuwa na mikakati ya hapa na pale inayotambua na kushughulikia suala la lugha katika utambulisho, katika maendeleo ya sekta na asasi maalum za mashinani hadi za kitaifa. Baadhi ya mikakati imeendelezwa kibinafsi na baadhi imepangiwa kimaksudi japo mipango inayowekwa haiwezeshwi na kupewa makali ya kutekeleka.

Mifano iliyomo humu ni kielelezo cha jinsi wananchi walivyochukua jukumu la kuendeleza gurudumu la maisha yao na maendeleo kupitia mitagusano na miradi ya pamoja. Msingi ni utambuzi wa haja ya kutagusana, kuwasiliana na kuwezeshana kwa kutumia amali ya kutokana na mazingira yao ikiwemo lugha na mbinu nyingine za kisemiotiki na kiamali.

MUUNDO MSINGI WA LUGHA NCHINI KENYA

Ipo haja ya kutathmini upya suala la lugha nchini. Hii ni pamoja na tathmini za nafasi na majukumu ya lugha ya taifa, lugha rasmi, lugha za kiafrika, lugha ya ishara, breli, na mbinu nyinginezo za mawasiliano. Masuala haya yanahitaji uongozi kupitia sera na mipango pamoja na kuwekewa mikakati yenye kutoa mwelekeo kwa wadau, asasi na wakereketwa wengine. Mikakati hii inahitaji kuonekana kuwa na mpango na dhati ya kudumisha sekta ya maendeleo ya mashinani kama mojawapo ya njia za kuchangia utambulisho na maendeleo ya nchi. Suala hili ni muhimu hata zaidi tukitambua namna ambavyo vyombo vya kimataifa vinatafakari na kuweka mikakati yenye kuhitajika katika upakiaji, usambazaji na upakuaji wa habari na maarifa.

Aina yoyote ya maendeleo huhitaji lugha ya kukubalika na kueleweka ili kutumika kwa pamoja baina ya wadau. Katika miktadha ya wingi lugha jinsi ilivyo Kenya na Afrika kwa jumla, kuna haja ya kuwepo sera ya kutambua lugha ya kushikamanisha wananchi katika umoja wa kitaifa na pia iwezeshe uendelezi wa majukumu mengine ya kijamii na kimaendeleo kama vile uzalishaji mali; utoaji wa huduma; ulinzi na ufaidi wa kimazingira; utambulisho wa kibinafsi na kimakundi; mitagusano katika viwango mbalimbali; n.k. Tofauti katika viwango vya umilisi na uamilifu wa lugha zinahitaji kutambulika na mbinu za kuondoa visiki ziwekwe kwa mujibu wa kufanikisha sera na mipango yenye kuwekwa.

Haya yote yanaweza kufikiwa tu iwapo lugha ya taifa itatambuliwa na kuwekewa mikakati ya kimatumizi na kiujenzi. Maendeleo ya mashinani ni sekta mojawapo yenye kuhusisha maeneo ya kuhitaji lugha ya taifa kwa majukumu na shughuli mbalimbali. Kwa hivyo, katika malengo ya kitaifa kuna haja ya kuwa na juhudi za maksudi zenye kulenga kuendeleza na kutekeleza mipango na mahitaji ya lugha ikiwemo teknolojia.

Waama, Kenya inayo lugha ya taifa. Na lugha hii, Kiswahili, kwa hakika imekua na kuimarika huku ikipiku mipaka ya jinsi yeyote yule angefikiria, hasa kwa kutambua kuwa ilikuwa haijawekewa sera na mipango maalum katika katiba. Inavyotokea, changamoto kwa wadau ni pamoja na:

- Ni kwa kiasi gani lugha inaweza kupangiwa na kuwekewa sera ya kuilinda na mikakati ya utekelezaji na uamilifu?
- Ni vipi ambavyo lugha huandaliwa na ikatumiwa ili kufikia malengo ya kitaifa mbali na kutangaza sera za serikali na mikakati ya maendeleo?
- Je, ni nini nafasi na umuhimu wa lugha nyingine za Kenya - lugha ambazo hutambulisha ubinafsi wa wananchi, hasa mashinani na uchangamano wa kitaifa?

Suala La Lugha Katika Katiba Kongwe

Katiba kongwe haikubainisha sera ya lugha wala haikutaja cho chote kuhusu namna rasmi ya kujenga na kueneza matumizi ya lugha kwa njia maalum. Makini iliwekewa lugha ya matumizi katika bunge na kanuni ambazo wagombeaji wa viti vya bunge walihitaji kutimiza kadri ya umilisi wao wa lugha ili kuteuliwa kugombea viti hivyo. Kwa mfano :

- Sehemu 53(1) ilihusu lugha rasmi katika bunge : kwa mujibu wa kifungu hiki, lugha rasmi ya bunge ilikuwa Kiswahili na Kiingereza na shughuli za bunge zilihitaji kuendeshwa katika mojawapo ya ugha hizi au zote mbili kwa pamoja.
- Sehemu 53(2 & 3) zilitaja Kiingereza kama lugha ya kutumiwa katika ukataji wa kauli, marekebisho ya sehemu za katiba, utayarishaji wa makala na manukuu ya katiba yaliyofanywa na bunge.
- Wagombea wa viti vya bunge walihitaji kuwa na umilisi wa Kiingereza na/au Kiswahili ili kuendesha shughuli za bunge.
- Sehemu 34 (c) ilihitaji kwamba, wakati wa kuteuliwa ili kuwa mgombeaji wa kiti cha bunge, mgombezi alihitaji kwa lazima kuwa

ambaye aliweza kuzungumza kiingereza, na, isipokuwa pale ambapo alikuwa na upungufu wa kutoweza kuona au ulemavu mwingine wo wote, ilihitajika aweze kushiriki katika harakati za bunge.
- Wanabunge waliruhusiwa kuendesha mijadala ya bunge katika Kiswahili lakini miswada yote ilihitaji kunakiliwa katika Kiingereza.

Sura ya 9
- Lugha rasmi nchini Kenya ni Kiswahili na Kiingereza na hati zote rasmi ni lazima zitolewe kwa lugha zote mbili.
- Lugha ya taifa nchini Kenya ni Kiswahili.
- Serikali itaheshimu na kulinda lugha anuai za watu wa Kenya na itakuza uendelezaji na matumizi ya Kiswahili, lugha za Kiafrika, lugha ya ishara na breli.

Sura 134
- Lugha rasmi za bunge zitakuwa Kiswahili, Kiingereza na lugha ya ishara.

<u>Suala La Lugha Katika Vielelezo vya Katiba ya Kenya (2002, 2004, 2005)</u>

Kielelezo cha Katiba kilichotolewa kufuatia juhudi baina ya 1997 na 2002, na kuchapishwa na Government Printers (2002) kilitokana na harakati za kina na pana za Tume ya Marekebisho ya Katiba kwa madhumuni ya kuweka dira ya matumaini kuhusu suala la lugha. Katika *Taarifa ya Tume ya Marekebisho ya Katiba ya Kenya* tunapata maelezo ya kina kutokana na maoni ya wananchi yenye kueleza azma kwa upande wa utambuzi, upangaji na uamilifu wa lugha. Maoni haya yanashinikizwa katika *Kielelezo cha Katiba (2001)*[13] . Kwa mfano, tunapata yafuatayo:

Sura 2 JAMUHURI Ibara 8:
- *Lugha ya jamuhuri ya Kenya itakuwa Kiswahili*
- *Lugha rasmi za Kenya ni Kiswahili na Kiingereza na nyaraka zote rasmi zitawasilishwa katika lugha hizi mbili.*
- *Serikali itaheshimu na kulinda wingi wa lugha za wananchi wa jamuhuri ya Kenya na itadumisha maendeleo na matumizi ya lugha za asili na lugha ishara.*
- *Serikali italinda na kudumisha matumizi ya Breli na mbinu nyinginezo za mawasiliano za watu punguani wa kuona na upungufu mwingineo.*

---
13 Baada ya Tume ya Marekebisho ya Katiba palitokea aina mbalimbali za vielelezo vya katiba, baadhi zikiandaliwa na wadau katika sekta ya binafsi na baadhi zikiandaliwa na majopo kazi mbalimbali ya

Sura 6 Sehemu II HAKI ZA KIMSINGI NA AINA ZA UHURU Ibara 68:
• *Kila mtu ana haki ya kutumia lugha na kushiriki katika maisha ya kitamaduni kadri ya mapenzi yake*
• *Mtu yeyote wa jamii ya lugha na utamaduni maalum hatakinaiwa, pamoja na wanajamii wengine:*
   • *Kufurahia utamaduni na lugha yake*
   • *Kuunda, kujiunga na, au kuhifadhi mashirika ya lugha, utamadu ni na vyombo vinginevyo vya maisha ya kijamii*

Sura 11 UTAWALA Ibara 139 kuhusu lugha ya bunge:
Lugha rasmi ya bunge itakuwa Kiswahili, Kiingereza na lugha ishara.

Japo vielelezo vya katiba vilipigiwa mijadala ya mara kwa mara ya yenye kuchukua *muda uliokaribia miaka kumi*, vilitoa matamko maalum kuhusu nafasi ya lugha katika katiba ya nchi. *Matamko haya hayakuzusha utata wo wote kwa hivyo yalionekana kukubalika na ukubaklifu kama sheria ulicheleweshwa na mijadala mingineo yenye unyeti na utata wa kisiasa.* Vielelezo hivi vilitaja juhudi za maksudi za kutaka kushinikiza utambuzi na upangaji wa lugha katika Katiba ya nchi baada ya marekebisho. Licha ya mabadiliko kufuatia mijadala ya kisiasa, vielelezo vya katiba katika awamu za kutajwa vililenga uwekaji wa sheria kuhusu lugha; misingi ya kuweka sera ya lugha; na mipango maalum ya kutambua na kuendeleza uamilifu wa lugha kadri ya haki za kiisimu na kwa kuakisi hali halisia ya lugha nchini Kenya.

Ilikuwa matumaini yetu kwamba endapo hatimaye pangewekwa katiba mpya nchini Kenya, kauli ya serikali kuhusu suala la lugha ingebainika wazi jinsi ilivyopendekezwa na Tume ya Marekebisho ya katiba. Kwa njia hii, masuala ya lugha yangetambulika kisheria na kuwekewa mikakati ya maksudi ya utekelezaji. Kiswahili na lugha nyingine za asili, bila shaka, zingepata makali ya kutambulika, kuendelezwa na kutumiwa katika miktadha jinsi ambavyo ingehitajika na kutokezea. Bila shaka dhima ya lugha katika asasi mbalimbali ingepewa heshima na kushirikishwa katika mipango ya utoaji huduma na maendeleo, hasa ya mashinani. Ilikuwa matumaini yetu pia kwamba asasi za masomo na mafunzo zingehitajika kuweka mikakati ya kuchangia utekelezaji wa sera. Hatimaye, ndoto na matumaini yetu yalitimia wakati ambapo Katiba mpya hatimaye ilikubaliwa na kuidhinishwa kufuatia kura ya maoni mnamo Agosti 2010. Ilikuwa imepitia hatuma mbalimbali za kujadiliwa na kufanyiwa marekebisho kwa kufuata juhudu za kamati mbalimbali baada ya Tume ya Marekebisho. Kamati ya mwisho ilikuwa kamati ya Wataalamu mashuhuri ambayo iliwekwa na bunge la baada ya uchaguzi wa 2007. Katika katiba mpya ambayo ilitokana na kura ya maoni mnamo Agosti 4 2010 na kuidhinishwa mnamo Agosti 27 2010, yafuatayo yaliwekwa kuwa sheria katika muktadha wa masuala ya sera na mipango ya lugha:

<u>Suala La Lugha Na Mawasiliano Katika Katiba Mpya Agosti 4, 27 2010</u>

Sura ya Pili, JAMUHURI: Ibara 7
Lugha ya Taifa, Rasmi na Lugha nyingine (National, Official and other languages).
1) The national language of the republic is Kiswahili
2) The official languages of the repiublic are Kiswahili and English
3) The state shall;
   a. Promote and protect the diversity of language of the people of Kenya; and
   b. Promote the development and use of indigenous languages, Kenyan sign language, Braille and other communication formats and technologies accessible to persons with disabilities

Sura ya Nne, BILL OF RIGHTS:
Ibara 34: *Freedon of the media*

Ibara 35: *Access to information*

Ibara 44 : *Lugha na Utamaduni (language and Culture)*
1) Every person has the right tio use the language and to participate in the cultureal life of the person's choice
2) A person belongiong to a cultural or linguistic community has the right, with other members of the community to:
   a. Enjoy the person's culture and use the person's language; or
   b. To form, join and maintain cultural and linguistic associations and other organs of civil society
3) A person shall not compel another person to perform, observe or undergo any cultural practice of rites

Inavyotokea ni kwamba, licha ya vikwazo vingi, Kiswahili kimehimili na kuwa maarufu kwa wateja na huduma mbalimbali. Isitoshe, kutokana na misukumo ya binafsi na mahitaji ya kitaaluma, baadhi ya asasi na mashirika yanaelekea kufuata upangaji na utekelezaji wa maendeleo na uamilifu wa vipengele vya Kiswahili ambavyo vinachangia utimilifu wa ajenda zao.

Hali hii ya kutatanisha na ambayo awali iliathiriwa na kutokuwepo kwa sera wala mifumo maalum ya kuzingatiwa na kupangiwa ndiyo ambayo wakala wa maendeleo hukumbana nayo wanapotafuta kuwasiliana na maeneo ya mashinani yenye kudhihirisha lugha mbalimbali na umilisi wa aina mbalimbali wa Kiswahili. Mara nyingi hata wakala huwa hawana umilisi wa ama Kiswahili au lugha za asili za mashinani na hutegemea wakalimani ambao pia umilisi wao huteteleka. Isitoshe, hupata matatizo ya kukubalika katika jamii husika kwa namna ya kuathiri upokeaji na ukubalifu wa maoni na miradi ya kupigiwa debe.

Ya kwamba mazingira ya Kenya ni ya wingi lugha, na yenye kuletwa pamoja na kuwepo kwa lugha ya taifa ni jambo la kuonea fahari. Ni jambo ambalo linahitaji kushinikizwa katika sera na mipango na maendeleo ya taifa.

Mmusi (1998), akizungumzia sera ya lugha yenye kushirikisha lugha kumi na moja nchini Afrika Kusini, anataja utata na uchangamano wa kupangia na kutekeleza uamilifu wa kitaifa na kimataifa wa idadi hiyo kubwa ya lugha. Anatambua ya kwamba msingi wa kuweka lugha hizi zote kama lugha za taifa ulitokana na haja ya kutaka kuendeleza ufaafu na utangamano wa jamii-lugha zote katika taifa huru. Isitoshe, ni hatua ambayo pia ililenga kukuza uzalendo. Ni matumaini ya nchi hii kukuza dhana ya kwamba, si lazima wingi wa lugha uonekane kama kichocheo cha utengano bali unahitaji kuangaliwa kama amali ya kitaifa na kimaendeleo. Falsafa ya msingi basi ni katika kutambua umoja wa kitaifa kutokana na taswira ya wingi lugha. Tatizo kuu, kwa maoni ya Mmusi ni utekelezaji na ubainifu wa katiba kimatendo, katika uhalisia wa kijamii na hasa katika ufundishaji.

Ingawa hali ya Afrika Kusini inaonekana kutatanisha, angalau walipiga hatua ya kushinikiza dira na rajua ya lugha katika katiba. Nchi nyingi za Afrika hazijapata ujasiri wa kutimiza angalau matamko yenye kutambua lugha za asili katika katiba. Hali ya Kenya na utata unaozunguka marekebisho ni mfano mojawapo. Bamgbose, (1991:8) akijadili suala la lugha katika katiba, sera na mipango ya mataifa ya Afrika anahoji:

The various areas in which the language question arises call for a coordinated plan of solution. This must involve the formulation of policies and the provision of mechanisms for their implementation. Models of language planning provide a paradigm as to how this should be done. However, African language policies are generally characterized by avoidance, vagueness, arbitrariness, fluctuation and declaration without implementation.

Hali hii haijabadilika mno licha ya mpito wa wakati.

LUGHA NA UAMILIFU WA MASHINANI

Wakala wa maendeleo wanahitaji kujiuliza maswali yafuatayo mintarafu uteuzi na matumizi yao ya lugha na wanavyowasiliana na wateja kwa ajili ya maendeleo katika maeneo ya mashinani. Endapo wana miradi ya kutekeleza kwa manufaa ya wananchi, bila shaka wanahitaji kuwasiliana nao. Wanahitaji kufanya uchunguzi na maandalizi ya namna za kuwasiliana, kutagusana, kupakia habari na maarifa, na mbinu za kuyafikia haya yote kwa mujibu wa manufaa ya pande zote. Maswali basi ni kwamba:

- Je, wanatagusana na wateja wao vilivyo?
- Je, wanawasiliana nao kwa namna ya kuelewana?
- Je, wanaeleweka na kuwaelewa wateja wao?
- Je, mielekeo yao inalandana na uhalisia wa hali na mazingira ya wateja wao? Na ikiwa hailandani, wanaweka mikakati gani ili kuhakikisha kuwa wanalandana?
- Je, wanaweka mikakati ya kudumisha malengo wanayodhamiria kutimiza kwa manufaa ya jamii au ni malengo ya kufaa tu katika vipindi na nyakati za wao kuwepo?

Itabainika katika vijelezi vyetu kuwa makundi na mashirika ya mashinani huzingatia haya yote katika uwekaji wa makundi hayo, upokeaji wa wanachama, uteuzi wa miradi, utumiaji wa mazingira na mipango mingineyo kwa mujibu wa mahitaji na ilhamu zao.

Suala kuu katika haya yote ni mawasiliano kwa kutumia lugha na amali nyingine za kisemiotiki. Si lazima wanamashinani wawe na kisomo cha juu, (japo wanakihitaji bila shaka), ili kuweza kutekeleza haya kwa sababu mara hujitathmini na kushughulikia lugha na viwango vya uelewa kwa mujibu wa maarifa waliyo nayo. Huambaa baina ya lugha za asili, Kiswahili (na Kiingereza kwa nadra sana) na mbinu nyinginezo ili kuhakikisha udumishaji wa mitagusano na mawasiliano. Kinachochomoza hapa basi ni harakati na mbinu za wenyewe kwa wenyewe ili kukidhi na kukabiliana na masuala ya kuwahusu kijamii na kimaendeleo.

Katika mifano inayotolewa wananchi wanatia fora kuwasiliana na kuwezeshana ili kuchangia maendeleo yao; kuweka na kutekeleza mipango na miradi ya kimaendeleo kwa namna za kuwafaa wenyewe. Wanategemea tajriba za kibinafsi, kitaaluma na kimawasiliano ili kushiriki maendeleo ya pamoja. Muhimu ni utambuzi wa nafasi ya kila mmoja, waume kwa wanawake, kama washiriki wa makundi ambayo yana azma ya kujiendeleza. Uamilifu wa lugha kwa upande mmoja; na haki ya kumiliki na kutumia lugha ya/za kumfaa yeyote yule hutegemea nadharia tete kuwa:

1. Hakuna sheria dhidi ya matumizi ya lugha za kibinafsi.
2. Uamilifu wa lugha huenda na tajriba, radhi ya kuteua na kuweza kutumia lugha ya kufaa katika miktadha na mazingira ya mawasiliano na utendaji kazi.
3. Inabidi kutahadhari na uyakinifu wa matumizi ya lugha katika miktadha rasmi na isiyo rasmi.
4. Kuwepo wa lugha ya taifa, Kiswahili, kumechangia ukuzaji wa kimtagusano baina ya jamii mbalimbali za Kenya

Katika muktadha huu, maeneo ya mashinani yanaunda na kutekeleza ajenda zao zenye kuakisi namna, uwezo na malighafi zilizopo na zenye kutokana na mazingira yao. Kuna makundi na mitandao mbalimbali ya wanawake wa mashinani na makundi ya kujisaidia wenyewe kwa wenyewe, ambayo madhumuni na malengo hutofautiana mintarafu ya mahitaji yao pamoja na majaliwa yao kama inavyofafanuliwa katika vijelezi.

Ni muhimu basi kwa wakala wa maendeleo kutumia mbinu za kufaa na za kukubalika. Katika mbinu hizi inabidi padhukuriwe kimaksudi uteuzi, uamilifu na matumizi ya lugha ili kujenga na kusawiri hisia na maarifa ya kufaa na yenye kuonyesha umiliki wa pamoja wa amali katika miradi. Kuna umuhimu wa kuwaelewa wanajamii katika misingi ya jinsi wanavyojitambua na kujieleza, hasa katika hali ya kulenga kuwashirikisha katika maendeleo na mikakati ya kimaendeleo ya kuwahusu. Maendeleo katika muktadha huu yanahusu mambo yanayotendeka au mahitaji ya kupangiwa na kutekelezwa.

Suala la mawasiliano ni nyeti hasa linapowekwa katika miktadha ya uamilifu wa kipragmatiki. Ilivyobainishwa awali, suala la lugha linahusishwa na uamilifu wa kimaendeleo. Inabidi basi liangaliwe katika muktadha wa jinsi ambavyo lugha humfaa anayeitumia. Lihusishwe pia na tajriba za kuhitajika ili kudumisha uamilifu wa lugha kwa manufaa ya maendeleo, hasa ya mashinani.

> *Language is not an inherited characteristic, but rather a social construct developed within a linguistic community. To the extent that community is also defined .... due to segregated living patterns, or by specific territory, it can coincide with other commonly recognized sources of ...difficulty of enforcing linguistic fairness through public policy ... universal rules of fairness vs interaction of people from varying linguistic backgrounds – conflict vs harmony in diversity. (Kibbee 1998:x-xi)*

Kutokana na nukuu hili, uteuzi wa maksudi wa lugha maalum yenye kuwakilisha jamii-lugha tofauti kwa minajili ya mawasiliano na maendeleo huwa ni hatua muhimu ya maendeleo. Kiswahili kimetimiza jukumu hili la kushikamanisha jamii na kudumisha mawasiliano katika muktadha wa harakati za mashinani na maendeleo kote nchini. Inapohitajika, lugha nyingine za asili pia hutumika sambamba na Kiswahili, au kwingineko hutawala kama namna kuu ya kujieleza. Ni muhimu basi kuzingatia upangaji na uwekaji wa sera ya lugha ikiwa ni zana na mbinu kuu ya mawasiliano na ya kuwezesha maendeleo, hasa mashinani.

Kwa mfano, kuna uhusiano wa kiuamilifu na wa kipekee baina ya lugha na sheria. Uhusiano huu unaakisiwa vile vile katika miktadha ya uhusiano baina ya jamii na lugha kimaendeleo. Kwa mfano:

- Sheria husimbwa kwa kutumia lugha na papo hapo sheria hutimiza majukumu ya kuratibu mienendo ya wananchi; huratibu mahusiano baina ya watu maalum na/katika jamii; na pia huratibu mahusiano baina ya makundi ya wanajamii na kushughulikia namna lugha inavyotumika kimaadili kwa kuweka sheria na mahusiano ya kijamii mintarafu kanuni na sheria za kikatiba.
- Isimu hutalii lugha za kibinadamu; ni muhimu katika mienendo na mitagusano baina ya wanadamu; ni tabia mojawapo ya kijamii; huhusisha ubunifu na tabia za kimakundi zenye kutawaliwa na ama tamaduni au sheria.
- Sheria haitimiliki bila lugha na kwa upande mwingine lugha hulindwa na sheria. Mielekeo hii miwili huhitaji mazingira ya jamii kama jukwaa, amali, malighafi na uwanja wa kutekelezea maazimio na matarajio yao.

Maelezo haya yanaonyesha mwingiliano uliopo baina ya lugha na sheria kiasi kwamba uchunguzi wa kiuamilifu na kipragmatiki kwa kutambua nafasi ya jamii hauepukiki, (Kibbee 1998:)[14] . Katika muktadha huu, tasnifu ya sura hii, tunavyoieleza mara kwa mara ni kwamba, haitoshi tu kuangalia lugha kimaumbile na katika ombwe tupu bali ni muhimu vile vile kuzingatia jinsi ambavyo inamfaa mwanadamu kama amali maalum ya maendeleo, mitagusano na majukumu mengineyo. Ni katika muktadha kama huu ambapo lugha inahusishwa na masuala ya kuleta/kutafuta amani. Vivyo hivyo, utii na uzingativu wa haki za kiisimu huwapatia wananchi fursa ya kuitumia vilivyo kwa manufaa yao ya kijamii na kimaendeleo jinsi inavyobainishwa hatimaye.

---

14 Katika **Legal and Linguistic Perspectives on Language Legislation** (P.1-23).

HALI NA MAZINGIRA YA MASHINANI: UWEZESHAJI, UCHUMI NA AMANI

Licha ya matatizo mengine yenye kusababisha umaskini kwa sababu ya maafa ya kimazingira, hali ya anga na ya kutokana na ukosefu wa amani, mienendo ya kilimwengu ilichangia kuongezeka kwa umasikini katika sehemu za mashinani na hata katika vitongoji vya uchochole katika maeneo ya mijini. Asasi za utoaji wa huduma, ufadhili wa kifedha na mikopo ziliporomoka, kufuatia mabadiliko ya kiuchumi na ufadhili wa madola ya kigeni zikawa ghali na/au kuondolewa katika maeneo ya mashinani kiasi kwamba wananchi walijikuta hohe hahe bila pa kushikilia. Ni wakati huu pia ambapo waanzilishi wa kuhudumu katika sekta ya umma walistaafu kwa wingi, ama kwa hiari, kwa kufikisha umri au kwa kulazimishwa kufuatia uanzilishi wa Structural Adjustment Programs. Walijikuta katika hali ya kutojua cha kufanya na maisha yao ilhali mahitaji yalizidi kuongezeka. Ilibidi watafute na kuweka mikakati ya kujinasua katika lindi la umasikini na maangamizi lililowatishia.

Ni wakati huu basi ambapo tunakuta mashirika mengi ya kiasili yakibuniwa na miungano ya aina mbalimbali baina ya wananchi ikizuka ili kukabiliana na mitaji ya kiuchumi. Maeneo ya mashinani yaliathirika mno kwa sababu hata wale ambao walikuwa na ajira za maeneo ya mijini walilazimika kurejea mashambani baada ya ama kustaafu, kuachishwa kazi au hata kutopata kazi. Ni kama, hata bila ya kuambiana, washiriki wa mashinani - maeneo mbalimbali - walidhamiria kushikilia hatamu za maisha yao, maendeleo ya kuwahusu na kuendesha gurudumu la maisha yao. Walidhamiria kuweka miundo msingi ya kuwafaa na ambayo wangeweza kuilinda na kuilea kadri ya tajriba na uwezo wao. Ni ujelezi wa namna hii ya kushikilia maisha ya wanamashinani ambapo sura hii inazamia hasa juhudi za makundi ya wanawake ya kushiriki katika *Rural Women Peace Link (RWPLA)*[15] kama namna ya kujeleza umuhimu wa lugha na mawasiliano katika maendeleo ya kupatikana katika maeneo ya mashinani.

Kwa kurejelea kundi la wanawake la RWPLA, tunajadili harakati za maendeleo ya mashambani zilizoanzishwa kwa ajili ya manufaa ya wa-

---

[15] Natoa shukrani kwa shirika la SNV, afisi ya Eldoret, Kenya, ambao kwa hisani yao niliweza kupata habari kuhusu RWPL. Nimefuata harakati na maendeleo yao tangu 2005 nilipotangulizwa kwao wakati wa kujaribu kuregesha amani baada ya mizozo ya kisiasa ya 1997. Ifahamike kwamba wakati wa mizozo taarifa hutolewa lakini mara husahaulika na wanamashinani wakabaki katika hali ya hohehahe huku wakitafuta kujiauni wenyewe jinsi wanavyofanya wana RWPLA. Shukrani za dhati ni kwa Bi. Seline Korir na Bw. Daniel Were ambao hushiriki harakati za nyanjani na kutagusana na wananchi mara kwa mara, huku wakijiweka katika hali za hatari kwa maisha yao mara kwa mara.

nachama wenyewe kwa wenyewe. Wameungana kupitia uwezo wao wa kutagusana na kuwasiliana, kubadilishana maarifa na kubuni njia za kujiimarisha na kujiendeleza. Tunatambua mikakati iliyotumiwa katika mkusanyiko huu wa makundi ili waweze kung'amua upekee wa tajriba, mahitaji na amali zao katika maendeleo yenye kuasisiwa mashinani.

Awali, kabla ya hapa, katika miaka ya sabiini, kanuni na maazimio ya Benki ya Dunia yalitambua umuhimu wa kujenga maeneo ya mashinani ili kupunguza idadi ya watu waliokuwa wakihamia maeneo ya mijini ili kutafuta kazi. Isitoshe, walidhamiria pia kueneza maendeleo ili yashirikishe harakati nyingine za uzalishaji mali bila kutegemea tu viwanda. Benki kuu ililenga hasa sekta ambazo zilikuwa zimepuuzwa na ambazo wananchi hawakutaka sana kushiriki. Sekta ya ukulima na uzalishaji wa bidhaa za ukulima ilipewa kipaumbele, (Alila, 1992)[16].

Fahamu pia kwamba ni wakati huu, katika miaka ya sabiini ambapo mwamko wa wanawake ulitia fora na kutoa changamoto ya wanawake kujihamasisha na kutafuta kujiondoa katika umasikini na ukengeushi kwa kushiriki miradi ya mashinani na kuwasiliana wenyewe kwa wenyewe kwa dhamira ya kuhimizana na kuwezeshana. Hii ni pamoja na Mkutano wa Wanawake wa Ulimwengu mzima, Mexico, 1975; Kongamano la wanawake la ulimwengu mzima baada ya mwongo mmoja, Nairobi, Kenya 1985; Ukumbi wa Beijing, 1995; na vielelzo vinginevyo[17].

Haiwezekani kujadili suala la maendeleo ya mashinani bila kugusia masuala ya kinisai. Awali ya miungano ya mashinani ni katika juhudu za wanawake kubebeana mizigo hasa nyakati za misiba na ugumu wa kiuchumi kama vile mahitaji ya kimsingi ya nyumbani kama vile vyombo vya matumizi na watoto kuhitaji karo ya shule. Makundi haya yalikuwa ni namna mojawapo ya kuwasiliana, kutagusana, kufarijiana na kuwezeshana. Kadri hali za maisha zilivyobadilika ndivyo wanachama walijizatiti kutafuta afueni, kwa mfano, kukabiliana na mabadiliko, kulea jamii zao, kushiriki katika masuala yanayowahusu kama kikundi, kubebeana mizigo, na kudumisha uhusiano mwema. Majukumu yalizidi kubadilika na kuimarika kadri walivyobuni nyenzo mpya za kutagusana, (Shitemi 2003[18]). Slayter & Rocheleu, (1995:8) wanahoji ya kwamba,

> Gender is central to positioning both men and women vis-à-vis institutions that determine access to land and other resources and to

---

[16] Akirejelea Ripoti ya Benki Kuu ya Dunia, **World Bank Rural Development Sector Policy Paper**, World Bank, Washington, USA, 1975.
[17] http://www.un.org/womenwatch/daw/beijing/platform/plat1.htm Tovuti imezuriwa Sept. 2008
[18] Katika **Women's Grassroots Welfare Organizations: Towards Empowerment & gender Equity** (2003) – www.makerere.ac.ug/womenstudies/congress/abstracts/; na **Rural Women Peace Link Network Groups of Western Kenya, katika Canadian Woman Studies Journal: Women and Peace building Vl. 22 No.2, 2003**. A York University Publication. Canada.

the wider economy and policy. Conceptualizing gender is essential for disaggregating and interpreting information about the functioning of households and community organizations in natural resource management. Gender analysis of rights, responsibilities, labour, knowledge and authority helps to clarify the indefinite boundaries of household and family. It illuminates the complex ways of family, household, community and ecosystem linked. ... The immediate implications of structural adjustment policies of 1980s...rural populations affected by policies, impact on family and welfare. Insufficient food, environmental degradation, high cost of living, declining services ...

Nafasi ya serikali na mashirika yasiyokuwa ya kiserikali katika maendeleo ya mashinani haiwezi kupuuzwa. Asasi hizi zimekuwa kichocheo cha kuhamasisha wanamashinani, kuwawezesha kwa namna mbalimbali ikiwemo huduma za kimawasiliano, maarifa na ufadhili wa kifedha. Hata hivyo, awali ya makundi mengi ya mashinani ni mianzo ya kibinafsi na watu wachache ambao walijitegemea wenyewe.

Hali ya kujitegemea inahisika pia katika aina ya majina wanayopatia makundi yao. Mengi ni majina ya kuhamasisha na kuonyesha miito na mbiu zao kwa mfano, kuna majina kama vile *Umoja, Amani, Upendo, Tupendane, Jilinde, Maendeleo, Pamoja,* na majina mengine ya aina hii kutokana na lugha za asili. Baadhi ya makundi pia huunda majina ya akronimu kutokana na majina yao, kwa mfano kuna kikundi chenye kujiita MWALUKUNA, jina lisilopatikana popote kwani linatokana na herufi za kwanza za majina ya asili ya wanachama. Ni nadra sana kupata makundi kama haya yakijipatia majina yanayotokana na lugha za kigeni ikiwemo Kiingereza.

Hali ya kushirikiana kimakundi na kujinaki kisitiari kupitia lakabu za majina yao inaashiria umoja na ushikamano wa dhati miongoni mwa wanachama na kwamba, labda, haiwezekani kuongeza wanachama au haparuhusiwi mwanachama kuacha chama. Msingi katika muktadha huu ni taashira ya uamilifu wa lugha kama chombo patanishi na silaha dhidi ya maafa ya kuwapata wananchi wa mashinani.

Katika makundi na mashirika haya ya kibinafsi, kanuni kadhaa hutawala kama dira ikiwemo:

i. Changamoto ya kutaka maendeleo

ii. Utambuzi wa udhaifu wa kiuchumi wa washiriki na kwa hivyo uwekaji wa kanuni na masharti ambayo yatawaweka pamoja na kuwaongoza lakini ambayo hayatawalemea na kuwakatisha tamaa.

iii. Nafasi ya kushirikiana kimaarifa na kiamali kupitia usambazaji na ushiriki wa habari; uanzilishi wa namna za kuchanga na kuwekeza pesa; utekelezaji wa miradi midogo midogo yenye kuinua afueni ya nyumbani kama vile kujenga vyoo, kuchimba maji, kununuliana vifaa nya nyumban kama vile sahani, sufuria, vijiko, blanketi, majiko, kabati, n.k., na hatimaye hata kujengeana nyumba na kununua mifugo.

iv. Uwekaji wa miundo msingi yenye kubainisha nyenzo za kushirikisha kila mwanachama, kuwakilisha na kuwasilisha maoni yao kwa pamoja na ikibidi, kuzingatia masuala ya soko la bidhaa na mazao yao.

v. Kuwazia hali zao za kibinafsi, kuweka na kuelewa asasi za kimsingi zenye kuwatawala.

vi. Mara kwa mara pia hushughulikia usuluhishaji wa mizozo katika familia na kudumisha uhusiano mwema.

vii. Kubebeana mizigo hasa ya afya kwa kulinda na kulea wagonjwa hasa wa UKIMWI na kujali maslahi ya wajane na yatima.

Mashirika ya wanamashinani huibuka kama asasi maalum yenye kuwa na miundo msingi na pia kutimiza majukumu maalum ikiwemo:

1. Wingi wa tajriba zenye kuleta maarifa ya aina aina miongoni mwa washiriki
2. Kufaidi maarifa na mapitio ya washiriki katika kujenga na kukuza umoja na ushirikiano
3. Udhati wa kutaka mabadiliko yanayotokana na maendeleo ya kiuchumi na uwezeshaji
4. Kuzingatia mambo ya kuwezekana bila kupoteza wakati katika masuala ya kimjadala na kidhahania
5. Kutekeleza mikakati katika mazingira ya kuwahusu na ya kufahamika kiuchumi, kijamiii kitaaluma na, hata ikibidi, kwa kutumia lugha zao kimawasiliano na katika uwekaji wa kumbukumbu.
6. Kupangia mambo ya papo hapo na ya baadaye kwa kuzingatiwa kama hali za mahitaji ya msingi na ya dharura zimepata afueni.
7. Mchango wa asasi za kidini na mashirika ya kidini katika mitagusano, mikakati na kuhimizana
8. Ushiriki wa hiari na uongozi wa kidemokrasia.
9. Mitandao ya ndani kwa ndani na ya kwingineko kwa kutegemea suala husika.
10. Mahusiano ya kijamii
11. Mahusiano baina ya jamii zenye kuwakilishwa katika shirika, k.m., katiba zinazobainisha nafasi ya kila mwana familia katika rajua ya manufaa inayowekwa na shirika.
12. Uanzilishi, ubunifu au upataji na umiliki wa amali za utendaji kazi na uzalishaji mali.

Suala la maelewano ya kijinsia na ushiriki wa majukumu ya pamoja ni muhimu katika maendeleo ya mashinani. Wananchi hawana budi kulitafakari na kulikabili katika shughuli zao za kimaendeleo. Hata bila kudhamiria wanajikuta wakishikilia majukumu ambayo kwa kawaida utamaduni haungeruhusu jinsi tutakavyoona. Chambilecho Slayter na Rocheleu (1995: 13):

> *In the event of uneven power relations, men's and women's roles continue to be renegotiated based on a logic of flexible complimentarity with frequent instances of overlap and changing boundaries.*

Uamilifu wa lugha katika harakati hizi zote basi unahusu namna ambavyo lugha kama chombo na pia kama amali, (Shitemi & Mwanakombo, 2001) inatekeleza yafuatayo:

a) Ubainishaji wa matamanio ya washiriki
b) Elementi na vipashio vya kuzingatiwa na namna ya kuvizingatia
c) Ufafanuzi wa masuala na uwekaji wa mikakati
d) Usuluhishaji wa mizozo na kutoelewana; udumishaji wa mitagusano
e) Uwekaji wa katiba, madhumuni, malengo na mikakati
f) Uwekaji wa miundo msingi ya mashirika
g) Utambuzi wa tajriba na amali zilizomo katika kila mshiriki na uwajibikaji unaotarajiwa
h) Udumishaji wa mahusiano mema na mitagusano ya manufaa kwa wote
i) Mbinu za mawasiliano; uzalishaji mali; na maarifa kuhusu soko na mauzo; ushiriki katika ulimwengu mpana wenye kuzingatia masuala ya kulingana na ya makundi na hata masuala ya fadha;
j) Mikakati ya kushiriki katika utamaduni; siasa; imani na masuala mengineyo ya kijamii ikiwemo afya na sekta ya umma
k) Kutagusana na wafadhili na kupata maarifa ya ziada, k.m., kujikinga dhidi ya VVU/UKIMWI na maradhi mengine ya kuambukizwa; kuweka mazingira safi kulea na kulinda wagonjwa, n.k.

RWPLA: Mkusanyiko wa makundi ya wanawake wa mashinani

Kundi hili lilianzishwa mnamo 1994. Lengo lao la awali lilikuwa ni kununua vyombo vya nyumbani, k.v., vikombe na sahani katika msingi wa mzunguko huku mahala pa kukutana pakizunguka duara kutoka nyumba ya mwanachama mmoja hadi kwa mwingine na kuchangisha pesa katika mfumo unaoitwa *table-banking*. Uanachama ulikuwa wazi kwa mwanamke yeyote mwenye ari, uwezo wa kulipa kiingilio na aliyejitolea kwa maono ya kundi.

Wanachama walitoa ada ya uanachama ya Shg. 100 (takriban $1). Mwenyeji wa mkutano unaofanywa ndiye hufaidi kutokana na pesa zinzochangiwa kwake. Aghalabu wanachama wawili hufaidi ikiwa kikundi ni kikubwa ili kuhakikisha mzunguko wa haraka la sivyo wengine hukata tamaa wakisubiri zamu zao. Katika kila kikao Shg. 50 huwekwa kama akiba ya wanachama.

Kila kunavyokucha, ununuaji wa vyombo vya nyumbani umepanuka na kujumuisha matandiko ya kitandani. Uokaji wa mikate na ufugaji wa kondoo pia vimejumuishwa hivi punde katika miradi ya kuzalisha mali.

Mradi wa ufugaji wa kondoo umefana sana. Walianza mradi huu na kondoo wawili na kila mara wanachama wamefaidi kutokana na kupewa mwanakondoo anayezaliwa. Kila mwanachama anatarajiwa kufuga kondoo wake ili waongezeka na kuwawezesha kupata bidhaa za mauzo. Kondoo hao wanafugwa na kuuzwa ili kupata pesa za kulipa ada za shule na kukidhi mahitaji mengine. Wanachama pia wamo mbioni kujenga mabirika ya maji kwa kila mmoja wao ili wapate maji safi na kuokoa wakati unaopotezwa katika safari wakitafuta maji yasiyopatikana karibu.

Wanachama pia wanachanga bia kwa ajili ya kulipa ada za shule za watoto wao mbali na kuwa na miradi mingine ya kibinafsi kama vile kununua mashamba na kugharamia sherehe mbalimbali kama vile tohara, harusi, sherehe za watoto kufuzu shule na vyuoni, na nyinginezo. Wanashughulikia vilevile kufarijiana wakati wa msiba.

Kundi la RWPLA limechangia katika uimarishaji wa amani na kuridhiana miongoni mwa watu waliotoroka kwao kufuatia vita vya kikabila vya 1992 na 1997. Hatimaye, kwa kuchuma nafuu ya stadi za mtandao wao, kundi hili linashiriki katika kuwaelewesha na kuwasaidia watu wanaoathiriwa na VVU/UKIMWI, ama maafa mengineyo yenye kuhitaji usaidizi.

Christian Community Services (CCS): Mradi wa kidini wa maendeleo mashinani[19]

Hili ni kundi la kidini lenye kutoa huduma na ufadhili kwa jamii. CCS, shirika la kidini, linahudumu katika wilaya saba za utawala kaskazini mwa Mkoa wa Bonde la Ufa. Kuna makundi ya mashinani yenye kutumiwa na CCS, k.v., makundi 34 wilayani Uasin Gishu, 13 ya Keiyo na 6 ka-

---

19 Natoa shukrani kwa afisi ya CCS ya kanisa la Kianglikana, Uaskofu wa Eldoret, Kenya, kwa kunipa taarifa na habari kuhusu mahusiano na miradi yao katika maeneo ya mashinani. Muhimu ni kwamba wanalenga kitengo cha familia lakini katika miktadha ya kushiriki katika makundi ya wenyewe kwa wenyewe yaliyosajiliwa. Hatua hii huvutia wengi na kuwatia ilhamu ya kutaka kushiriki kwa hivyo hujiunga na makundi au kuanzisha yao. Kwa njia hii wanamashinani wengi hushiriki na kuchangia harakati za maendeleo yao. Hutumia mbinu na amali za kutokana na mazingira yao huku wakipewa ufadhili wa maarifa na amali kadri ya mahitaji na miradi wanayoweka.

tika Marakwet. Makundi mengine yanatoka wilaya za Trans Nzoia, Pokot Magharibi na Turkana[20]. CCS hutumia makundi yaliyopo ya wanawake na makundi mengineyo ya kujisaidia kama miingilio katika jamii za kulengwa na huduma zao. CCS hawashughuliki na watu binafsi ila kupitia katika makundi yao na, kwa hivyo, wao huhimiza watu kujiunga katika makundi pale ambapo hayapo.

Kwa hivyo, CCS huteua na kutumia lugha kadri ya mahitaji na umilisi wa wahusika. Wanatumia lugha za kiasili sambamba na Kiswahili kama lugha sambazi pale ambapo makundi yanayohusika ni ya mchanganyiko wa makabila, na/au hayana umilisi wa Kiswahili. Lengo la CCS ni kuwezesha jumuia katika kutambua na kukuza ufahamu wa mahitaji yao ya kiroho, kijamii, kiuchumi na kimazingira na vile vile uwezo wao kiroho, kiuchumi na kimazingira ili kuboresha na kudumisha hali zao za maisha. Wanahamasisha jumuia kwa mbinu za Tathmini Shirikishi za Mashambani (Participatory Rural Appraisal) na Usimamizi wa Athari Shirikishi (Participatory Impact Monitoring).

Katika mwelekeo wa CCS, wanachama na makundi yao hutiwa changamoto ili waweze kutambua na kuzungumzia matatizo yao, wayawekee mikakati ya namna ya kuyakabili na kuyasuluhisha kwa kutumia amali za kutokana na mazingira yao. Hali hii huwasaidia kuimarika katika kujitegemea na kusuluhisha masuala ya kuhusu maisha yao, hasa kiuchumi na katika kuboresha hali ya maisha. Harakati za maendeleo hutekelezwa kwa pamoja baada ya kila mmoja kutambua mahitaji yake na kuyapangia. Ratiba ya utekelezaji huandaliwa ili kuweza kufaidi kutokana na amali za washiriki wengine pamoja na kuweka wakati ili waweze kushiriki pamoja katika kila mradi.

Muungano wa CCS hulenga kitengo cha familia japo ni lazima familia ziwe wanachama wa makundi maalum ya kujisaidia. Muungano huhimiza uimarishaji wa usawa na ugawaji wa majukumu kwa namna ya kushirikisha wanawake na wanaume kwa pamoja. Muhimu katika muktadha huu ni utambuzi kwamba, "mielekeo ya kulenga wanawake na kutenga wanaume huzua ukosefu wa usawa ambao husababisha wanaume hatimaye kupuuza majukumu yao na kuwatwika wanawake". Upo uwezekano pia wa uhasama kuibuka katika familia na jamii kwa jumla wakati ambapo wanawake tu huelekea kufaidi. Usalama wa nyumbani huwa hatarini.

Kwa kutumia Tathmini Shirikishi Mashambani, CCS huwaelekeza wanachama wa vikundi kuweka kanuni na madhumuni ya kujenga utambuzi na uwekaji wa utaratibu wa jinsi ya kushirikisha na kuheshimu kila mwanachama katika majukumu ya pamoja.

---

20 Baada ya kuwekwa Katiba mpya mnamo Agosti 2010, itabidi maeneo ya utawala nchini Kenya yabadilike. Maeneo ya Wilaya yatafanyiwa marekebisho ambayo yatapisha tawala za County na kwa hivyo

CCS hushirikiana na mashirika yasiyokuwa ya kiserikali, wizara za serikali na mitandao mingineyo ya kuchangisha na kusambaza mitaji kwa makundi ya wanawake yenye kushiriki. CCS huhamasisha ubunifu na matumizi ya nyenzo za kutokana na mazingira na tajriba za wanachama wenyewe. Huwahimiza kushughulika na kupunguza matatizo yao ili kukimu mahitaji yao ya kimsingi. Mahitaji hayo ni pamoja na kilimo bora, kutoa huduma ya afya na maji bora yenye kupatikana kwa urahisi. Lengo kuu ni kukuza na kuendeleza hali ya kujitegemea.

Kila kundi linahimizwa liibuke na mpango wa kutenda kwa kuzingatia tathmini ya kimashambani ili kutambua matatizo yao, malighafi zilizopo, jinsi ya kufaidi kutokana na malighafi zilizopo na za kuhitajika, namna ya kuzipata, n.k. Haja za mafunzo pia hutambuliwa na kupangiwa ama na wataalamu wa kutokana na wenyewe au makundi mengine au watoa huduma wa CCS lakini kwa kuheshimu upekee wa masuala husika katika muktadha wa jamii husika. Mipango ya muda mfupi na muda mrefu hufanywa kwa kila familia kupitia kwa makundi ambayo kwayo wanajibainisha.

Ufuatao ni mfano wa jinsi wanajamii hujitathmini ili kuweka mikakati ya maendeleo, kila mmoja kwa mujibu wa mahitaji ya familia yake na mahitaji ya kikundi kwa jumla. Muhimu vile vile ni uchunguzi na utambuzi wa amali ambazo tayari wanazo au zinaweza kupatikana katika mazingira yao kabla ya kuulizia amali za kutoka kwingine au zenye kuhitaji fedha ili kupatikana.

Jedwali 1: Tathmini za hali, kubainisha matatizo na kupendekeza suluhisho

Matatizo	Suluhisho
Vifaa na huduma duni za afya	Kukusanya pesa ili kununua madawa, maji safi ya mfereji, kuendeleza usafi katika maeneo husika, kuweka umeme katika taasisi za afya
Ukosefu wa kazi na kutokamilisha masomo	Kuahamasisha ustawi wa kilimo, kuendeleza ufugaji wa mifugo na biashara. Uanzishaji wa miradi katika jamii kwa kutumia malighafi yaliyopo
Matatizo na nyenzo za usafiri	Kukusanya pesa ili kununua zana za kukimu barabara na kuwalipa vibarua
Upungufu wa chakula na mbinu mbovu za kilimo	Haja ya kuwa na vituo vya ushauri kupitia kuwatembelea na kufanya ziara za kilimo, haja ya kuwa na maji mengi kwa ajili ya kunyunyizia mashamba; kusimika mabirika ya kuhifadhi maji
Ukosefu wa mitaji	Haja ya mikopo ya kifedha na vifaa
Ukosefu wa maji	Haja ya kuwa na maji mifereji na mabirika ya kuhifadhi maji
Ulevi	Kuwapata watu wanaohusika na juhudi za maende leo; kazi za kimakundi na zile kijamii zinazoboresha mahali
Ukame	Uhifadhi wa kimazingira na upandaji wa miti; bustani ya miche, uhifadhi wa maji na mabirika
Ukosefu wa stadi za usimamizi	Ufundishaji na kuwaweka watu katika vikundi

Jedwali 2 linaonyesha uchunguzi wa kina na mapendekezo ya namna ya kutatua matatizo na upungufu ambao umebainishwa. Zingatia ratiba wanayoweka kuhusu *nani, nini, lini, wapi, sababu, vifaa, hofu na namna ya kuondoa hofu*. Kundi hili linajumuisha wanachama kadhaa na kila mmoja wao anatoa kipaumbele kwa kile anachohitaji sana. Licha ya juhudi zao za pamoja katika kutafuta masuluhisho ya pamoja, walilenga kutatua matatizo ya kibinafsi. Ni wazi kwamba wakati wa kuorodhesha mahitaji na kuyasuluhisha huenda sambamba baina ya familia ili waweze kushiriki baadhi ya amali ikiwemo kusaidiana katika kutekeleza miradi ili wasitumie fedha kuajiri watu wengine. Kwa kufanya hivyo, kila mwanachama hufikia maendeleo na kuinua hali au kiwango cha maisha kwa njia ya kudumu na isiyohitaji gharama ya juu. Jambo la msingi katika ufanisi uliotengwa ni mawasiliano ya kutosha na kubadilishana mawazo.

Jedwali 2: Uchunguzi wa mapendekezo ya kutatua matatizo na upungufu uliobainishwa

Nani	Nini	Lini	Wapi	Sababu	Vifaa	Hofu	Suluhisho	
A	Birika la maji	Apr.	Nyumbani	Haja ya maji	Vifusi, mawe, changarawe, maji	Vifaa vya ujenzi	Birika kufanya nyufa	Kukausha Birika
B	Birika la maji	Apr.	Nyumbani	Maji safi na salama	Vifusi changarawe kokoto	Vifaa vya ujenzi	Birika kufanya nyufa	Kusimamia ukaushaji wa birika
C	Kisima	Mei	Nyumbani	Maji safi na salama	Vifusi changarawe kokoto	Vifaa vya ujenzi	Birika kufanya nyufa	Usimamizi bora
D	Choo	Jun.	Nyumbani	Afya na usafi wa mazingira	Vifusi changarawe kokoto	Vifaa vya ujenzi	Choo kuporomoka	Usimamizi bora
E	Birika la maji	Julai	Nyumbani	Maji safi na salama	Vifusi changarawe kokoto	Vifaa vya ujenzi	Birika kufanya nyufa	Usimamizi bora
F	Birika la maji	Julai	Nyumbani	Maji safi na salama	Vifusi changarawe kokoto	Vifaa vya ujenzi	Birika kufanya nyufa	Usimamizi bora
G	Birika la maji	Agosti	Nyumbani	Maji safi na salama	Vifusi changarawe kokoto	Vifaa vya ujenzi	Birika kufanya nyufa	Usimamizi bora
H	choo	Agosti	Nyumbani	Afya na usafi wa mazingira	Vifusi changarawe kokoto	Vifaa vya ujenzi	Birika kufanya nyufa	Usimamizi bora

Mashauriano na Upatanishi

Ilivyo tajwa awali, RWPLAA ilianza kama shirika la kuleta pamoja makundi ya wanawake katika eneo ambalo limeshuhudia mizozo ya aina mbalimbali na kwa hivyo kuishi katika hali ya kutokuwa na usalama bila kujua ni lini fujo zitazuka. Ni eneo la kupatanisha wanajamii ambao asili yao ni ufugaji wa mifugo na kuna tamaduni hasi ambazo huamdamana na aina hii ya mifugo ikiwemo umiliki wa ngombe na haja ya kutaka kupora ngombe wa majirani ili kuonyesha ushujaa. (Kuna sababu nyingine nyingi ambazo hutolewa katika kufafanua hali hii). Tatizo ni kwamba maisha hupotea na uhasama hudumu miongoni mwa watu huku wakiishi bila kuaminiana. RWPLAA ilichukua jukumu la kushauriana kuhusu namna ya kupunguza au kuondoa kabisa maafa yanayotokana na harakati hizi za kitamaduni. Isitoshe, ni eneo ambalo pia limeathiriwa na mizozo ya kisiasa kwa sababu kuna uchangamano wa watu na makabila/tamaduni mbalimbali ambazo licha ya kutolingana hufanya watu pia kuwa na ukengeushi wa kisiasa. Eneo hili limeathirika mara kwa mara kutokana na mizozo ya kisiasa, kwa mfano, mizozo ya kikabila ya iliyotokea kabla ya uchaguzi wa 1992 na 1997; na mizozo ya hivi majuzi baada ya uchaguzi wa 2007.

Ifuatayo basi ni mifano ya jinsi ambavyo kikundi hiki, RWPLAA, kimeshiriki katika harakati za kutafuta amani na kupatanisha wanajamii wa janibu mbalimbali.

Tambiko la kuridhiana I: Mkutano wa RWPLAA, Juni 28, 2002

Kundi la Women Rural Peace Link (WRPL) lilipanga kumtembelea mwanachama wao mmoja pamoja na familia yake. Mkutano huo ulilenga kuleta amani na maridhiano miongoni mwa makundi tofauti ya jumuia tofauti zilizoishi mle – Jumuia A na Jumuia B. Wanachama wa Jumuia A walitembelea familia katika Jumuia B. Wageni walileta blanketi ambalo aligubikwa mkewe (mwenyeji wao); kibuyu cha maziwa na vikombe, na mwisho bidhaa za nyumbani. Ile ziara ilikuwa aina ya sherehe ambayo ilikuwa ikifanywa kidesturi na kundi la RWPLA katika kutafuta amani na maridhiano miongoni mwa makundi yaliyozozana. Kule kuwagubika blanketi na shuka wenyeji huchukuliwa kuwa ni ishara ya kuwabariki. Yaani, wanabarikiwa ili wafanye kai fulani fulani. Pia ilikuwa ishara kuwa sasa kundi moja limebariki uhusiano wao na kundi lingine. Kule kutoa maiwa na vikombe ni ishara ya mardhiano kati ya makundi yanayozozana. Kunywa maziwa kutoka kwa kibuyu kimoja kunaonyesha kuwa tangu "sasa" tofauti zimeyeyushwa na wamekuwa kitu kimoja. Hivyo basi wanaishi katika udugu na ujirani mwema. Udugu na ujirani huu mwema unaakisiwa katika jamii kwa jumla. Zawadi ya bidhaa za nyumbani inadhamiria kuinua hali ya maisha ya familia ya wenyeji. Hii ni aina ya shukrani kwa kuwa wenyeji kwa wageni na kuonyesha urafiki baina ya jumuia zile mbili (Jumuia A na B).

Tambiko la Kuridhiana II: Ushauriano wa kulenga amani RWPLAA, Juni 23, 2003

Washiriki katika mkutanohuu walitoka katika Jumuia C na D ambao wamekuwa na misukosuko ya kiutamaduni na kisiasa kwa muda mrefu. Makundi yote ni wafugaji ambao wana imani kuhusu uporaji/wizi wa ng'ombe kama njia ya kuonyesha udume wao, ubabe na uwajibikaji. Yafuatayo ni mambo waliyoyaona wanawake.

Mhusika mmoja alisema kwamba alifurahia kuwa kwa mara ya kwanza alisikia kuwa wanawake pia ni muhimu katika kutafuta amani. Alisema, angependa sana kukutana na wanawake wa Jumuia D na hata kuitembelea Jumuia D. Alidai kwamba alikuwa hajaonana na jamaa yeyote kutoka kwa Jumuia D tangu uvamizi wa Machi 2001 wakati ambapo nyumba ziliporwa na kuchumwa, watu wakauawa wakiwemo baadhi ya majirani na ahali zake.

Mshiriki mwingine alidai kwamba alikuwa na furaha kwamba wanawake wangehusika kama watafutaji wa amani. Alidai kwama wanawake huathriwa mno na kwamba wanaishi kwenye mapango na kwa sababu hii vita ni bughudha kwao. Wenzake walimwunga mkono katika dai hili; wanawajibika kuwabeba watoto huku wakipanda juu na chini ya milima. Isitoshe, wanawatafutia familia zao chakula huku wakiishi kwenye mharara, mbali sana na mashamba yao. Wahusika walidai kuwa ni vizuri kwamba wanawake watahusishwa katika juhudi za amani kwani kufikia wakati huo ni wanaume tu walihusishwa. Walichukulia mtindo huu kuwa fursa ya wanawake kutagusa. Mmoja wao alihitimisha kwamba kwa kuwa wao ni Wakristo, ni sharti waingiliane.

Hata hivyo baadhi ya wanawake waliona tatizo katika ukosefu wa elimu na ukristo miongoni mwa watu wa Jumuia D. Ukosefu wa elimu hupelekea uvivu. Kwa hivyo, ipo haja ya kueneza Ukristo katika Jumuia D. Wanawake wa Jumuia C walidai kujua kwambam wenzao wa Jumuia D pia walikuwa wanataka amani. Si watu wote wanaotaka kuvamia; hususan baadhi ya wazee hawaipendi tabia hiyo. Wahusika waliona tatizo katika utamaduni wa Jumuia D na kusema kuwa laiti watu wa Jumuia D wangebadili utamaduni wao, amani ingetimia.

Kwa kuwa mwanamke ni chanzo cha amani nyumbani mwake, anaweza pia kuwa chemi chemi ya amani katika jumuia. Ni heri wanawake waje pamoja ili kubuni njia zao za kuwafundisha vijana wao. Wao kama mama ni walimu wa watoto. Ni muhimu kwa wanawake wa jumuia zote mbili watagusane kwanza ili kujadili masuala – katika semina na warsha. Na kwamba wanawake wa Jumuia D na wale wa C yafaa wapange semina ya kukua kiroho. Wanawake wa Jumuia C huhofu kuwa wenzao wa Jumuia D wanaogopa kuja kwa Jumuia C au iwapo wako tayari kuwaalika wanajumuia C kwa upande wa D. Katika kuufunga mkutano, wanawake walisema, "Asante sana kwa kuwa mmekuja na ujumbe mwema".

Wanawake walijadili sababu zinazotibua amani na wakaorodhesha hizi zifuatazo: ukame, umaskini, wizi ambao ni tabia maarufu katika jumuia, kuachia shule njiani a uvivu. Pia walidai kwamba mambo yafuatayo huusha wizi wa mifugo: malaibon au watabiri ambao huwabariki waporaji, wanawake wanaowahimiza a kuwamotisha waume zao na watoto wao kwa kuisifu mifugo iliyoporwa; vijana wanaotafuta umaarufu kama wababe; wasichana wanaoimba na kucheza wakiwasifu vijana kwa mifugo waliyoipora, hadhi katika mitala ambayo kwayo mifugo lazima itolewe; na imani za jamii kwa jumla, k.v., mganga yeyote wa kiutamaduni ni lazima awe amemwua mtu kutoka kabila jingine. Matatizo mengine ni kama vile uchochezi kisiasa, mizozo ya mipaka, misukosuko kuhusu ardhi, ari kihistoria ya kutaka kuvumbua masuala, mizozo juu ya malisho, ardhi ya kilimo, kinyongo na mizungu.

Juhudi za kutafuta amani zinazofanywa na wanawake huenda zikatokea kwa njia nyingine; kuwawezesha watu kupitia semina na hivyo kuwapa uwezo na mikakati ya kuzungumza dhidi ya uvamizi miongoni mwa watu wa marika mbalimbali ya vijana/wanaume, na wazee.

Wanawake pia huhimiza kuanishwa kwa miradi ya kujisaidia inayoazimia maendeleo ili kupunguza umaskini na kuwaelewesha wanaume wajikimu na kujishindia riziki. Pia inawahimiza wanaume wakatae kila kitu kinacholetwa na waume zao na vijana wao kutokana na uvamizi. Wanawake wanapinga utolewaji wa wanawake ili waolewe kwa mahari duni. Hatimaye wanaombea amani na kuhimiza utolewaji wa elimu ya bure na ya lazima ili kubadili mienendo na imani.

Taarifa hizi zilitolewa na waratibu wa SNV katika vipindi mbalimbali. Asasi hii hugharamia na kuratibu harakati za RWPLA mara kwa mara, hasa za kimaendeleo na za upatanishi. Ifahamike pia kwamba shughuli za RWPLA zimezaa faida na matokeo mema kiasi kwamba baada ya miaka zaidi ya kumi wametambulika na mashirika ya wafadhili kupitia SNV na asasi nyingine kama vile CCS hugharamia baadhi ya harakati zao jinsi ilivyo na juhudi hizi za upatanishi. Makundi ya wanawake yanayounda RWPLA yanaweza kushirikiana na ama SNV au CCS kwa pamoja kwa sababu ya malengo mbalimbali ya kufuatwa. SNV huzingatia mno masuala ya amani na upatanishi ilhali CCS huzingatia uweteshaji wenye kulenga manufaa ya kiuchumi na maendeleo ya jamii. Taarifa inayofuatia ni ripoti ya matokeo ya harakati za upatanishi baina ya jamii mbalimbali za kuzozana baada ya uchaguzi wa 2007. Inanukuliwa jinsi ilivyotolewa japo kwa kufanyiwa muhtasari wa hapa na pale na kufutika utambulisho wa wahusika.

Taarifa ya mashauriano ya upatanishi III: Julai – Agosti 2008[21]

The Rural women Peace Link (RWPLA) has successfully conducted three dialogue meetings ... revolving around forgiveness and reconciliation between two main antagonistic communities... Although the trigger to the current clashes is ostensibly owed to the outcome of the 2007 general elections, deep seated animosities heightened by hatred and suspicion of each other are generally manifesting as some of the main underlying issues to the violence that has since been witnessed and experienced since 1992. Observers, including local residents themselves have been asking themselves the same question: *How can people who have been residing together, inter-marrying and even participating in socio-economic activities, including even attending same churches, schools, etc, suddenly rise against each other so brutally, if mercilessly – destroying each others lives and property?.* ... Families have found themselves displaced, distraught, impoverished, confused and hopelessly insecure, hanging on any streak of luck that is swayed their way. ... **The RWPLA has stood apart among other organizations to give the whole crisis a human face by fostering dialogue**. It is no wonder now that some sections of the communities who swore never to 'greet' or talk to one another can now even embrace. This, however, is not a one-day affair and a lot is yet to be done to achieve the real objective of the peace dialogues, which is good neighborliness encapsulated in sustainable peaceful coexistence among the communities. the peace dialogues have been able to congregate 108 women.

Peace Dialogue Prognosis:
Peace Dialogue #1:

Convened on 17th July, 2008 and involved 26 women from community A with the objective to listen to their side of the story and gauge their sentiments in terms of healing and reconciliation. The emotional women expressed their anger and anguish .... Being the first meeting of such a nature for them, a lot of time was dedicated to the women to pour out their pain and anguish, uninterrupted... animosity, hatred, poverty, lack of essential commodities, squalid living conditions were identified among

---

21 Taarifa hii na nyingine zinatokana na ushauriano wa nyakato mbalimbali ambao uliendelezwa hadharani na kutolewa kama ripoti kwa umma. Harakato hizi zilitokana na michafuko ya kisiasa kila baada ya uchaguzi mkuu tangu 1992, 1997 na 2008, mchafuko ambao ulipita kifani kwa makali, athari na hasara zake. Asili ni Ripoti za Uhazili kufuatia mikutano ya upatanishi ambayo iliendelzwa na makundi ya wapatanishi kutoka katika jamii za kuzozana na wengineo wenye kujali maslahi na haki za binadamu. Ripoti hizi zilipatikana kwa heshima na hisani ya Bw. Daniel Were, ambaye ameshughulikai uhazili na unakili wa mashauriano tangu 1992 katika maeneo haya. Zimenakiliwa ilivyobidi katika ujenzi wa tasnifu ya makala kufuatia idhini ya mnukuzi huyu, Daniel Were.

other problems facing the women and their families. Suggestions to hold joint – face-to-face meeting with their nemesis came up as a way forward, ... and first step to dialogue.

Peace Dialogue #2:
Convened 23rd July, 2008 ... to speak out and give their side of the conflict. ... Emotions of anger, anguish and bitterness were equally elicited. ... Counter accusations matched the first dialogue meeting with denials of instigating or planning the spontaneous violence, accusing their nemesis of gross disrespect to their culture, overbearing dominance and arrogance, ... The meeting also appreciated that many community B had also suffered great casualties in the ensuing violence .... 26 women attended the forum.

Peace Dialogue #3: Joint
On 2nd August 2008 the joint ... dialogue took place bringing together 55 women. A somber mood characterized the encounter at first before the women were skillfully given time to pour out their pain. Slowly by slowly, one by one, they began describing particular events. Thank God a wise elderly Community A woman was the first to speak. She sounded reconciliatory in describing her friendship her community B neighbor (also present at the meeting) lamenting their friendship and wondering exactly what would have gone so wrong for the two communities to deal one another such a blow. The analogue was followed by a brief reconciliatory embrace. That set the pace and spirit of the following discussions, interrupted only by very brief incidences of bitter exchanges as the women tried to blame each other. All in all, the women were able to identify issues that divide *(voting, political affiliations, negative ethnicity and tribalism, hatred, intimidation) and/or unite (group projects e.g. merry-go-round, social activities, joint trade/businesses, social services e.g. Churches, Schools, midwifery)* them. The meeting also appreciated as an outcome that: everybody is a looser in the conflict, all were affected in one way or the other, poverty is biting everyone and there is need for normalcy to return so that everyone can engage in productive activities. As a way forward, participants agreed to form and enhance visitations, common/joint markets/businesses, peace committees to campaign against prejudice, merry-go-round/activity groups and prayer groups.

Mikutano ya aina hii, ya kulenga upatanishi, imefanywa pia baina ya vijana na wazee wa kutokana na makundi mbalimbali ya kuzozana chini ya uratibu wa RWPLA na bado inaendelea. Matokeo ni kwamba angalau yale makali ya uchungu na chuki ya baada ya uchaguzi yamepunguka na wanamashinani wanatambua kuwa, licha ya asili zao na mirengo ya kisiasa, wote walipata na wanazidi kupata hasara endapo wataendeleza uhasama miongoni mwao.

Rural Women Peace Link, (RWPLA), kikundi ambacho kilianza kwa unyonge wa uchochole wao kimekua na sasa ni cha kutajika katika eneo zima kwa sababu mbalimbali ikiwemo upatanishi wa hali ya juu. Jambo la kutambua na kufahamu, hasa katika harakati za upatanishi na utafutaji wa amani ni kwamba, si jambo la kupelekwa haraka haraka. Mizozo ya miaka ya tisini ilikuwa bado inasuluhishwa wakati wa kuzuka mizozo ya 2007. hii bila shaka itachukua hata muda mrefu kutuliza na kusuluhisha. Kwa hakika, wapiganapo fahali wawili ziumiazo ni nyasi na huchukua muda mrefu kuota tena. Wanamashinani wamejua wasipojitetea na kukabiliana na matatizo yao, wataachwa pakavu. Licha ya dhamiri yao, ni muhimu pia kutambua kwamba wanapata ufadhili na himizo la kutoka kwingineko na kwa hivyo kazi yao inarahisika kiasi na pia kutambulika pakubwa.

MATOKEO: FAIDA NA ATHARI

Kutokana na hali ya kuhamasishana wenyewe kwa wenyewe, kuungana kimakundi na kutiwa changamoto ya mali na amali na wafadhili na wakereketwa wengine, makundi ya wanawake yamefaidi kwa njia mbalimbali. Katika miktadha mingi pia wameshirikisha waume na vijana katika baadhi ya malengo yao. Yafuatayo ni baadhi ya matokeo ambayo yameboresha maisha ya wanajamii.

- Stadi mbali mbali zimepatikana, k.v., mbinu za upatanishi, uzalishaji mali, uzazi na ulezi wa watoto, ukuzaji wa mazingira safi na afya bora.
- Kuna utoshelevu kwa kiasi fulani na chakula, maji safi na usawa katika kugawana nyadhifa na kusuluhisha matatizo katika familia na jamii.
- Wanaume na wanawake wanaheshimiana na kushirikiana zaidi katika familia na jamii; mielekeo imebadilika na mapato yameimarika.
- Uimarishaji wa uwezo umefuatiliwa na kutekelezwa katika viwango mbali mbali vyenye kuongeza uwezeshaji; na hali ya maisha kuimarika kwa kupata vifaa bora kama vile vyoo, maji safi na huduma za afya katika mazingira safi.
- Wakala wa uuzaji wameibuliwa miongoni mwa wanachama ili kupunguza unyonyaji kupitia kwa watu wengine wasiojali maslahi yao.
- Ufuatiliazi na mihadhara ya umma umefanywa kwa kutumia kumbi za shule wanamosoma watoto wao na shule hizi pia hufaidi manu-

faa ya kutokana na harakati za makundi haya ya mashinani. Kwa mfano, upandaji wa miti, uchimbaji wa mabirika ya maji.

Wanawake na wanajamii kwa jumla wameshajiishwa na kuimarika kihadhi. Wanaelezea hisia zao na kuhoji masuala huku wakidai majibu na uwajibikaji. Wanategemewa katika hafla za umma kama wanenaji na watoa ushauri. Baadhi yao wanahudumu katika bodi za shule na kamati za serikali za tarafa na wilaya. Idadi ya machifu na manaibu wa machifu wa kike pia inaongezeka katika eneo hili. Elimu si kikwazo kikuu kwani vikao vya mafunzo hutumia lugha za kufahamika, vielelezo na vifaa vinginevyo vya kiamali vyenye kurahisisha uelewa.

Kwa jumla utambuzi na uteuzi maalum wa lugha kwa ajili ya maendeleo ya mashinani huweza:

- Kurahisisha usambazaji mwafaka wa ujuzi wa kitamaduni na wa kisasa pamoja na elimu ya mbali kwa redio, mabaraza vijijini na hata hafla kama vile maziko au njia nyingine zozote za vijijini ambazo kwazo watu hukusanyika. Miktadha hii hutoa fursa ya watu kukutanika na viongozi kutoa matangazo na taarifa za kuwafaidi wote.
- Kuwawezesha watu ili wapate ujuzi wa kuchangia kuwapigia debe maskini na hivyo kuongezea utiririkaji zaidi wa malighafi na utengenezaji mitaji na asasi za kijamii.
- Kukuza mielekeo ya elimu iliyo rasmi na isorasmi, na utamaduni wenye kupiga vita umaskini na kuweka sera dhidi ya umaskini.
- Kukuza, kuchangia na kushirikiana kijamii katika ukusanyaji, uhifadhi na usambazaji wa turathi za kumbukumbu ambazo ni za kipekee kwa kila kundi na ambazo ni muhimu kwa maendeleo.
- Kuangazia mbele na nyuma kuhusu utimiaji wa maono na malengo ya makundi.
- Kutafuta kuanzisha jumuia za maeneo ambazo zimejikita katika ujuzi wa jamii na hivyo kusambaza nyenzo za kuimarisha maendeleo mashambani.
- Kuanzisha jamii yenye ujuzi katika misingi ya kugawana ujumbe unaohusu pembe za kijamii-utamaduni na maadili ya kukuza maendeleo ambayo kwayo maendeleo ya mashinani na upunguzaji wa umaskini utafikiwa.
- Kuwasiliana na kujenga namna za kutambulika, kuimarisha ujumuikaji na uwajibikaji wa jumuia katika usimamizi wa tamaduni na turathi zao.
- Kuwasiliana ili kupasha ujumbe kwa kutegemea nyenzo zilizopo

katika jamii na ambazo kwazo maskini wanawezeshwa ili watafakari na kuchukua hatua za kuleta ukombozi na uhuru wa kibinafsi.
- Kutafuta habari kuhusu jumuia zilizotafitiwa kwa kushughulikia mazingira kupitia matumizi ya lugha, mawasiliano na uwajibikaji

Hitimisho

Enzi za sasa ni enzi za teknolojia, habari na mawasiliano. Zana kuu ni lugha na amali za lugha na mawasiliano ikiwemo semiotiki na uamali. Wataalamu, wanasiasa na wadau wengine hawana budi ila kutafakari suala la lugha kwa makini. Kwa upande mwingine, maendeleo ya mashinani ni muhimu sana endapo maazimio mbalimbali ya kitaifa na kimataifa yatafikiwa, ikiwemo malengo ya milenia na rajua ya Kenya yenye kulenga maendeleo ya kiuchumi ifikapo 2030.

Katika enzi hizi za utangamano wa kiutandawazi, maendeleo ya kiuchumi na kasi ya maendeleo na matumizi ya Teknolojia, Habari Mawasiliano (TEKNOHAMA) kote ulimwenguni, wataalamu hawana budi kutilia makini masuala ya lugha. Serikali zinawajibika hata zaidi kupangia masuala ya lugha, uwekaji wa sera na umiliki wa habari na maarifa. Wataalamu wanahitaji kushiriki tafiti na kutoa ushauri kuhusu namna za kukabiliana na kupangia miktadha ya uamilifu wa lugha kama chombo na zana ya kijamii jinsi inavyojelezwa katika juhudi za Tume ya Marekebisho ya Katiba, Kenya. Ni muhimu kuzingatia namna ambavyo lugha huweza kukuza ushikamano na pia jinsi ambavyo inaweza kutenganisha ili yale yaliyo ya manufaa katika kuipangia yashinikizwe na kuchomozwa.

Mifano kama ile ambayo imetolewa humu, juhudi za asasi za kimataifa kupangia lugha na kuweka mikakati ya kuihusisha na amani ulimwenguni ni baadhi ya namna za kutambua na kukuza uamilifu wa lugha. Harakati za mashirika ya mashinani za kusaka na kuregesha amani na mapatano ni namna nyingine ya matumizi ya lugha kama amali ya kisemiotiki inayohitaji kutambulikwa, kukuzwa na kusherehekewa huku watu wakiwezeshwa kuitumia na kuidumisha inavyofaa ili kuweka amani.

Ifahamike vile vile kuwa ni katika sehemu za mashinani ambako uamilifu wa wingi lugha unahitaji mno kuzingatiwa na kupangiwa, hasa ikiwa huduma za kitaifa zitawafikia inavyokusudiwa. Uteuzi na upangaji wa lugha kwa uamilifu bora hauepukiki. Inapowezekana, lugha za mashinani zinahitaji kupewa nafasi ya kunawiri na kutumika kupitia mipango na utekelezaji maalum. Papo hapo, ili kudumisha utangamano na mitagusano ya kitaifa, hapana budi ila kutafakari na kupangia uamilifu wa Kiswahili kwani habari zenye kusambazwa kupitia lugha hii zitawafikia wananchi bila kuathiriwa na tajriba za kipekee wakati ambapo habari hizo huwekwa katika lugha za mashinani kupitia ama tafsiri au ukalimani.

Kila aliye na umilisi wa Kiswahili na sajili husika atapata ujumbe bila wasiwasi. Ni muhimu basi kuwekeza katika lugha hii kwa kutambua wingi na upana wa mawanda yake ya kimatumizi ikiwemo sajili mbalimbali.

Wataalamu na wakala wengine wa lugha wanahitaji kuchangia katika kuwaelekeza wapangaji wa sera kuhusu faida za kisiasa, kiuchumi na kimaendeleo zinazotokana na kuwekeza katika lugha kwa ajili ya maharubu maalum. Sera zinahitaji kuzingatia pia mahitaji ya lugha kikanda ili mawasiliano ya kanda yaimarishwe na kuoanishwa katika mipango ya kitaifa. Lugha za mawasiliano mapana huhitaji kutumika kimfumo ili kuingiliana na mahitaji ya kimawasiliano na uhalisia wa kimaendeleo katika mazingira husika na baina ya wanaotagusana. Kwa sababu hii, tafiti za miktadha na mazingira mbalimbali ya kudhihirika matumizi ya lugha na uwekaji wa mikakati ya uimarishaji na utekelezaji zinahitajika kwa dharura.

Marejeleo

Alila P. O. 1992. Occassional Paper No. 62 IDS. *A Case of Western Kenya Grassroots Borrowing and Lending in an Institutional Development Practice.* Nairobi: Institute of Development Studies, University of Nairobi.

Bamgbose, A. 1991. *Language and the Nation: The Language Question in Sub Saharan Africa.* Edinburgh: Edinburgh University Press.

Cernea, M. M. (Ed.). 1985. *Putting People First: Sociological Variables in Rural Development.* New York: Oxford University Press.

Chambers, R. 1983. *Rural Development: Putting Last First.* Longman, New York.

Fawcett, R. P. n.k. (whr.). 1984. *The Semiotics of Culture and Language Vl.2. Language and other Semiotic Systems of Culture.* London: Frances Pinter.

Kasonde, A. R. M. 2000. *Language, Law and Development in Third World Countries: A Comparative And Historical Analysis of the Use and Abuse of Linguistic Rights in South Korea and Zambia.* Hamburg: Lit Verlag.

Kibbee, D.A. (Ed.). 1998. *Language Legislation and Linguistic Rights.* Amsterdam: John Benjamins Publishing Company.

Kibbee, D.A. 1998. Legal and Linguistic Perspectives on Language Legislation. In: *Language Legislation and Linguistic Rights.* Amsterdam: John Benjamins Publishing Company.

Lamb, S. M. 1984. The Semiotics of Language & Culture: A Relational Approach. In: *The Semiotics of Culture and Language Vl.2. Language and other Semiotic Systems of Culture.* London: Frances Pinter.

Mararike, C.G. 1995. *Grassroots Leadership: The Process of Rural Development in Zimbabwe.* Harare: University of Zimbabwe Publications

Mateene, K. 1998. OAU Resolution on African Languages and State Implementation.In: *Language Legislation and Linguistic Rights*. Amsterdam: John Benjamins Publishing Company.

Mmusi, S. 1998. On the Eleven Official Language Policy of New South Africa. In: *Language Legislation and Linguistic Rights*. Amsterdam: John Benjamins Publishing Company.

Shitemi N. L. & M. M. Mwanakombo (Whr.). 2001. *Kiswahili A Tool for National Development: The Multiplicity Approach.* Eldoret: Moi University Press.

Shitemi N. L. 2003. Women's Grassroots Welfare Organizations: Towards Empowerment & gender Equity. www.makerere.ac.ug/womenstudies/congress/

Shitemi N. L. 2003. Rural Women Peace Link Network Groups of Western Kenya. *Canadian Woman Studies Journal: Women and Peace building.* 22, 2.

Shitemi N. L. 2007. Formal Response to Augustine Simo Bobda's Paper, Facing

Some Challenges in Language Planning in Cameroon. In: Kembo-Sure, nk. *Language Planning for Development in Africa.* Eldoret: Moi University Press.

Shitemi N. L. 2007. Mikabala ya Tafsiri Katika Taaluma Kiswahili: Ilhamu kutokana na Maazimio ya Kilimwengu. Katika: *Toleo la Kusherehekea TUKI 75.* Dar es salaam: Institute of Kiswahili Research, University of Dar es Salaam, Tanzania.

CHAPTER FOURTEEN

LITERACY AND DEVELOPMENT: A CASE STUDY OF KENYA WITH SPECIAL REFERENCE TO JACK GOODY

James N. Ogutu
Department of Linguistics and Foreign Languages
Moi University

Sura hii inatathmini nadharia za Jack Goody kama zilivyoelezwa katika vitabu vyake vikuu viwili na jinsi vinaweza kutumiwa katika jamii ya Afrika. Ukosefu wa habari una maana kwamba kuna ukosefu wa maendeleo. Habari muhimu hupatikana kupitia kwa kusoma na kuandika. Mtu huzipata stadi hizi muhimu kupitia kwa elimu. Kwa hivyo, kusoma na kuandika vinahusiana moja kwa moja na maendeleo. Kwa sababu ya uhusiano huu, watu ama wana maendeleo au hawana maendeleo. Uwili huu wa jamii ya binadamu unaweza, hata hivyo, kutozagaa katika ulimwengu wa sasa kwani watu wengi wanaelekea kuwa na ujuzi wa kusoma na kuandika. Goody ni mwanasayansi jamii wa Uingereza aliyetalii jamii kwa mwelekeo wa kihistoria-anthropolojia. Anasisitiza mawasiliano ya kimaandishi katika mageuzi ya jamii za binadamu. Kutokana na vitabu vyake viwili ambavyo tunavirejelea hapa, nadharia zake zinaelekea kuwa muhimu katika nchi zinazoendelea, hususan Kenya.

1. Introduction

While the fundamental significance of the spoken language for human interaction is widely acknowledged, that of writing is less well known. Few people, perhaps none, have contributed towards understanding the role of written communication as has Jack Goody. This is why we have chosen to look critically at two of his greatest books in relation to a developing country, Kenya. His work as a whole gives great insights into some of the major challenges in the world today. If more people in Kenya and in sub-Saharan Africa had greater awareness of his research work, we are in no doubt that there would be reason for more optimism and hope in the Kenyan (and African) society than at present.

This chapter is organized as follows. We first define the terms "writing" and "development" in the perspective both of Goody and of this chapter. Then we present Jack Goody's profile followed by a presentation of the pertinent points in his two books. Subsequently, we make a discussion linking the two books to the Kenyan case before making concluding remarks.

2.1. Writing

According to Gelb (1973: 8), writing manifests itself not through objects but through marks (traces) on the objects or on any other support. It is a system of signs realized most often by the action of hands which draw, paint, scratch or make cuts. Gelb defines writing as a system of intercommunication between human beings by means of visible, conventional signs (op. cit., p. 15). Writing began, he notes, when man learnt to communicate his thoughts and sentiments using visible signs that could be understood not only by himself but also by any other person more or less initiated into this system. Aristotle himself, in the introduction to his *Logique, de interpretatione*, said that "Spoken words are symbolic representations of a mental experience and written words are symbolic representations of spoken words" (Gelb, op. cit., p. 16, our translation).

There exist three main types of writing today. These are logo-syllabic writing, syllabic and alphabetic writing. Logo-syllabic writing is both logographic and syllabic, using one sign (logogram) to represent one or more words in a language, while at the same time a sign can represent one or more syllables in the same language. Examples of logo-syllabic systems are Sumerian, Hittite and Chinese. Syllabic writing is a simplification of logographic writing. Examples of syllabic writing are the Japanese, Cypriot and the western Semitic writing (Phoenician, Hebrew and Aramaic). In the third writing type, alphabetic, a sign generally stands for one or more phonemes of a language. In English, for instance, **b** represents the phoneme /b/, although **c** is valid for /k/ and /s/. The isolation of the individual sounds in writing is the distinctive mark of the alphabet, and the Greeks were the first to create an alphabet, improving the egypto-semitic syllabary they had earlier borrowed.

Three types of alphabet are in use today all over the world and they vary from one another by the way vowels are written. Type I alphabets include the Greek and Latin alphabets where vowels are indicated using distinct signs: a, e, i, o, u. In type II alphabets, vowels bear clear diacritic marks, e.g., ġ, ġ, ğ, ĝ, attached to the sign. An internal modification of the sign may also indicate a vowel. Examples of type II alphabets are the Aramaic, Hebrew and Arabic alphabets (Gelb, 1973: 212-228). In type III alphabets, the diacritic marks attached to the sign or an internal modification of the sign indicates a vowel. Examples of type III alphabets include the languages of

India and the Ethiopian alphabet. Alphabetic writing is found in all the four corners of the world and it dominates man's civilization at present. In summary, writing can be said to have evolved from the Egyptian logo-syllabic form, to the western Semitic and eventually to the Greek alphabet (Gelb, 1973: 227). This is what could be termed a complete life cycle of writing. The concept of "writing" in this chapter thus includes all three types of writing mentioned above.

2.2. Development

The term "development" is multi-faceted. In this chapter the concept is used with a socio-economic bias. It is viewed as "change plus growth" (Colm & Geiger, 1962, cited in Ayot & Briggs, 1992: 88) so as to create a society with certain basic qualities (Ayot & Briggs, 1992: 86-114), namely:

1. sufficiency – the absence of want; the reduction and elimination of poverty, unemployment and inequality.
2. security – law and order, national defence and freedom from abuse by officialdom, employer, landlord, etc.
3. satisfaction – changes in attitudes, beliefs and customs; life should be enjoyable, i.e., sufficiency should be achieved but not at too high a cost in terms of the overall quality of life.
4. stimulus – it should be a society of individual opportunity to develop one's full potential; the right of the individual to take part in decision-making at all levels in his society.

Miguda-Attyang' (in Owino (ed.) 2002: 293) defines development as "the absence of poverty and improved living conditions for the marginalized poor" (sic). She further argues that "by poverty one generally implies the following characteristics: small per capita incomes, poor health and educational systems, lack of industrialization, absence of economic growth and development, a legacy of large-scale illiteracy and lack of skills and modern attitudes" (loc. cit.).

Research confirms a direct correlation between education (perceived as literacy) and development. Studies also reveal that "increases in literacy affect the output per worker. They also affect life expectancy." (Ayot & Briggs 1992: 98 - 99). In a survey of 83 less developed countries (LDCs) the World Bank (1984) found that the ten fastest growing economies during the period 1960-1977 started with above average literacy rates. The study was made with regard to adult literacy rates (which reflect primary education, basic education, adult education and so on). Japan and South Korea have achieved outstanding growth rates, for example, that seem clearly to have been associated, in large part, with early mass literacy and numeracy and advanced education.

When scholars were beginning to recognise the importance of human capital in development in the early 1960s (Ayot & Briggs, op. cit.), Jack Goody had already published several ethnographic works from his studies of West African indigenous communities. In 1954, he had written *The Ethnography of the Northern Territories of the Gold Coast, West of the White Volta* (London: Colonial office). In 1957 he published "Anomie in Ashanti?" in Africa 27: 356-365. One of his latest publications is a book titled *La peur des représentations (The Fear of Symbols)*, 2003. Jack Goody takes an anthropological view of literacy. From his work he has come to classify human beings into two clear categories: the written cultures (those that have practised reading and writing over many centuries) and the oral cultures (those without a writing tradition).

3.0. Jack Goody

A former chairman of the department of social anthropology (i.e. ethnology) at the University of Cambridge in England, Goody is now Emeritus Professor at this University. He has written extensively since the 1940s. The major themes of his written works include social organization, orality and writing. Many of his books have been translated into French, German, Italian, Spanish, inter alia. This is besides his articles published in numerous languages. The following are some of his acclaimed titles and their versions in the French language:

1. The Domestication of the Savage Mind, 1977 (La raison graphique. La domestication de la pensée sauvage, 1979).
2. The Logic of Writing and the Organization of Society, 1986 (La logique de l'écriture. Aux origines des sociétés humaines, 1986).
3. The Interface between the Written and the Oral, 1987 (Entre l'oralité et l'écriture, 1994).
4. The Fear of Symbols (La peur des représentations, 2003).

It is the first two books, (a) and (b), which we study in this chapter since they outline the theoretical and conceptual framework of Goody's work. The versions on which this study is based are those in the French language (1979 and 1986 respectively). Following are the highlights of the two books.

Highlights

1). Goody, Jack (1977) **The Domestication of the Savage Mind.** London: Cambridge University Press. [French version : **La raison graphique, la domestication de la pensée sauvage**. Paris: Minuit.1979.]

The first chapter of this book opens with a citation of L. S. Senghor: "Emotion is black, reason is Hellenic." The chapter then quotes Claude-Lévi Strauss (*La pensée sauvage*, 1962) who categorizes all mankind as either primitive or civilized. This dichotomy is between the wild and the domesticated, with distinctive characteristics:

Domesticated	Wild	Page # in Levi-Strauss (1962)
cold	hot	309
modern	neolithic	24
uses of science of abstraction	his science is concrete	3
scientific thinking	mythical thinking	33, 44
scientific knowledge	magical thought	33
he is an engineer	he uses crude tools	30
abstract thinking	relies on intuition, imagination and perception	24
uses concepts	uses signs	28
uses historical information	timeless (a-chronological) thinking	348

At the end of this chapter, Goody asserts that the adoption of written forms of communication was an intrinsic condition for the development of nation states and of more abstract and impersonal systems of government. He says further that once the simple verbal exchange could be replaced, less importance was now attached to face-to-face meetings which previously had quasi-religious significance (p. 57).

Chapter two narrates how West African traditional societies came into contact with Islam, the Arab culture and with Arabic writing. This gave rise to what Goody calls a "limited writing culture" in northern Nigeria and to the north of Ghana. By the end of the 19th century, one al-Hajj Umar was running a school in a small town called Salaga in the north of Ghana. He had by this time published his first book in Cairo and he also ran a library which he had inherited from his father. Among the individuals who formed the small African intelligentsia in the region were Dan Fodio and his brother Abdallah. Writing, though limited, had introduced a specific intellectual tradition in this part of Africa. The earliest evidence of writing in Ghana is the *Gonja Chronicle* which was written in the 18th century A.D. (op. cit., p. 164). Finally, written communication is more esteemed than oral communication but the price of book knowledge was a reduction in the spontaneity of expression.

2). Goody, Jack (1986). **The Logic of Writing and the Organization of Society**. London: Cambridge University Press. [French version : **La logique de l'écriture, aux origines des sociétés humaines**, Paris, Armand Colin, 1986].

Pursuant to Jack Goody's thesis on the critical role of writing in economic and scientific development, this book takes off from where the previous one stopped. It gives more details and more evidence on why writing is a valid yardstick for classifying humanity into oral and written cultures. In chapter one, on pages 16-17, we learn that in the simplest societies (those without writing), religion was an ethnic affair. Each ethnic group had its own religion into which new members were born and initiated. The author cites two examples: the Kikuyu ethnic group of Kenya and the Ashanti of Ghana. He says that one had to be a Kikuyu to practise the Kikuyu religion. A similar scenario obtained for the Ashanti. This ethnic religion was also in a constant state of flux. It could vary greatly over centuries. Whereas the religions of written cultures (religions of the Book, as Goody calls them, e.g., the Bible, the Koran, the Hindu Vedas) are generally those of evangelization (proselytization), those of oral cultures were not. Each ethnic group spoke its own language and they hardly bothered about neighbouring ethnic groups except in times of conflict.

When Arabs came into contact with sub-Saharan Africa, they also brought Koranic education, access to reading and writing was for the very few. Religious chiefs exercised a near-total monopoly on education, especially on advanced training in matters of writing. The religions of the Book had a lot of access to property, notably to land which they used to build hospitals and schools (p. 30). The schools in turn kept the Church close to the ruling elite. But the twin bureaucracies, Church and State, sometimes disagree and even quarrel.

Writing made book-keeping possible. When people were able to count, they began to keep accounts. This boosted more organized commerce and businesses became more profitable and lasted longer too. The mastery of figures also lent more precision to science. Measuring and observation instruments were invented. Technology had arrived. The keeping of books was in large part responsible for the birth of science, explains Goody (p. 72.).

The organized storage of information allowed the separation of the person and the office in business. Without this separation, an enterprise easily dies with its founder as all the assets are sub-divided and shared out among the family members. The only way that the enterprise can continue to exist is when its sub-division into small units is avoided. For this to happen, family members have to distinguish between the continuity of the organization and sharing out of the assets among heirs (p. 115). By way of written wills, writing helps reduce wrangling within the family and within the society (pp. 150-153). On the other hand, it is writing which causes social stratification, promoting the exploitation of the ignorant masses by the privileged literati. And if none of the big faiths of the world today, namely Christianity, Judaism, Hinduism, Taoism and Islam, is either African or American in origin, it is because the written cultures of China, India, Japan and the Middle East did not protect their societies against military defeat but against a cultural onslaught from the marauding European powers. The written cultures reduced the hegemonic effects of contact with the conquering nations.

Since early times, writing always conferred a privileged status on whoever practised it. In ancient Egypt, scribes were second in rank only to royalty by virtue of their ability to read and write (p. 14ff). In pre-colonial Africa, the first people to get formal education formed a thinking elite which started questioning the administration of their society. In a similar way, writing played a role in the attainment of political independence earlier in Asia than in Africa (pp. 93-94).

4.0. Discussion

Goody's two books are very informative. Indeed the author bases his arguments on either documented proof or particular case-studies prior to making a pertinent observation. For instance, when he says that African traditional religions were ethnic and pantheistic, or that written wills reduce family feuds, it is true information that can be proved so even today. This is why we find the two books challenging, albeit with one or two begging questions as we now explain. Firstly, the contrast in the earliest dates of writing in Western Europe and in Africa. While it is clear that the Romans were writing in Latin even before the French and German languages got to be written in 842 A.D., Goody states that in sub-Saharan Africa writing does not go back earlier than the 18th century A.D. This prompts one to wonder whether Goody was aware that in Ethiopia and in Madagascar specific forms of writing, not based on the Greek alphabet, existed well before 1000 A.D. (Battestini, 1997: 85). Or did he find that Ethiopia and Madagascar had little to do with black Africa? Even so he should have been aware that Arab traders started visiting the East African coast as early as the 7th century A.D. Sorobea Nyachieo Bogonko, a Kenyan professor of education, claims that Koranic schools existed along the Kenyan coast in the 7th century A.D. teaching Africans "how to read and write and do arithmetic in Arabic script." (Bogonko, 1992: 11). Come the 16th century, Europeans (especially the Portuguese) were setting up dwellings along the Kenyan coast. Goody says nothing at all of this early Islamic presence and its cultural effects on local populations.

The economic gap between Western Europe and sub-Saharan Africa is beyond dispute. It could most logically be explained by the different degrees to which formal education has marked both Western Europe and sub-Saharan Africa. Europe had its industrial revolution from the renaissance period of the 16th century. At this time, writing was already available to the citizens of Western Europe. In France, for instance, one out of four French people was literate at the beginning of the 17th century (Lancrey-Javal 2001: 528). This early culture of scientific awareness is what explains, for example, that leading global industrial concerns today such as Bouygues, Lagardère, Michelin and Peugeot-Citroën, Renault (from France), Barclays Bank (UK), Fiat from Italy and the American group Ford all started as family enterprises. Today, they are major world economic players. Sub-Saharan Africa has no enterprises that can be compared to such established names. Furthermore, on the economic front, the success of Western Europe (a written culture) has no parallel in sub-Saharan Africa. Even the countries of the Orient which also have written cultures are economically incomparable to sub-Saharan Africa. According to Bindra (2003), the three richest individuals in the world (all from the USA) own more wealth than the twenty-eight poorest nations on earth combined (virtually all of these countries are in sub-Saharan Africa)[1] . Does wealth creation today not go hand in hand with good book-keeping and planning?

Lastly, the role of the religions of the Book in fostering education can be seen in the fact that early Christians founded some of the first institutions of higher learning in the United Kingdom (Cambridge and Oxford), in the United States (Harvard, Yale and the Massachusetts Institute of Technology (MIT)) and even in Africa, Muslims built a university at Timbuktu in Mali in the 16th century and made the city a revered centre of learning. We have already quoted Bogonko (1992: 11) affirming that Koranic schools existed along the Kenyan coast in the 7th century A.D. As for western formal education, again it is the Christian missionaries who built the first primary

---

1 The three richest men are William H. Gates III (aka Bill Gates), Warren Edward Buffet and Paul Gardner Allen; while the twenty-eight nations, ending with the poorest by purchasing power parity (World Bank, 2003: 18-20), are: Haïti, Cambodia, Togo, Nepal, Uganda, Angola, Central African Republic, Tajikistan, Kenya, Benin, Burkina Faso, Eritrea, Rwanda, Chad, Madagascar, Mozambique, Nigeria, Mali, Republic of Yemen, Zambia, Niger, Guinea Bissau, Ethiopia, Malawi, Burundi, Republic of Congo, Tanzania and Sierra Leone. (Bill Gates is no longer the richest man in the world in 2008, but Sunny Bindra's position is still correct.)

and secondary schools in Kenya; Maseno (Primary) School in 1906 and Alliance High School (A.H.S.) in 1926. The latter was the first secondary school in Kenya and opened its doors to African children on March 1st 1926. Europeans in Kenya already had primary schools for themselves, e.g., the Rift Valley Academy at Kijabe was built by the African Inland Mission (AIC) in 1902 while Catholics opened a similar school in Nairobi in 1903 (Bogonko, op. cit., p.24). Between 1902 and 1950, school education was largely in the hands of (western) Christian missionaries. This meant that when Kenya became independent in 1963, the new government was composed of Africans who had gone through the Christian schools. The first cabinet of ministers of independent Kenya (1963), for instance, had eighteen (18) full ministers and thirteen (13) of them (72%) were former students of just one secondary school, Alliance High School[2], which had been founded by the Church Missionary Society, the AIC and the Presbyterian Churches. The first African Member of Parliament in Kenya (Eliud Mathu), the first African full Minister (B. A. Ohanga), the first female mayor of Nairobi City (M. Wambui Kenyatta) and the first African PhD in Kenya (J. G. Kiano) were all students of Alliance High School. Since there was no secondary school for African girls, the first female students were admitted at A.H.S. before African Girls' High School (now Alliance Girls' High School) opened its doors in 1948.

The Mwai Kibaki Government of 2004 was composed of ministers most of whom attended these same Christian schools, mainly Mang'u High School which was built by the Catholic Church and remains Catholic, and Alliance High School which is still Protestant. President Mwai Kibaki, his Vice-President Moody Awori, Education Minister Prof. George Saitoti, among others, attended Mang'u. Prof. Peter Anyang'-Nyong'o, Minister for Planning and National Development, David Mwiraria, Finance Minister, Ochilo Ayacko, Energy Minister, Attorney-General Amos Wako (like his predecessors Matthew Guy Muli and Charles Mugane Njonjo) and Evan Gicheru, the Chief Justice, are Alliance (High School) alumni, while the Health Minister Charity K. Ngilu is an alumnus of the Alliance Girls' High School, sister school to Alliance High and founded by the same Protestant missionaries. At present (2008), most of the best secondary schools

---

[2] Out of the 18 full cabinet ministers, the following 13 were former students of the Alliance High School: Prime Minister – Jomo Kenyatta; Home Affairs – J. Oginga Odinga; Labour and Social Services – E. N. Ngala; State – P. Mbiyu Koinange; Health and Housing – Njoroge Mungai; Lands and Settlement – J. H. Angaine; Commerce and Industry – J. G. Kiano; Co-operative Development – D. Mwanyumba; Education – J. D. Otiende; Finance and Economic Planning – J. Gichuru; Natural Resources – L. Sagini; Attorney-General – C. M. Njonjo, and, Secretary to the Cabinet – Duncan Ndegwa. The rest of the Cabinet comprised: Justice and Constitutional Affairs – T. J. Mboya; Agriculture – Bruce Mackenzie; Information, Broadcasting and Tourism – R. A. Oneko; State – J. Murumbi and, Local Government and Regional Affairs – S. A. Ndolo (Excel Printers, 2003 and A.H.S., 1988: 31-48).

in Kenya in terms of academic performance are those that were founded by Christian groups (e.g. Alliance Boys and Girls, Mang'u, Precious Blood Riruta and Strathmore Schools). Therefore, as Jack Goody notes, the religions of the Book, in this case the Church, remain very close to the seat of power in Kenya.

The religions of the Book (Christianity and Islam) also constructed health facilities in addition to educational ones. Catholic mission hospitals are common in Kenya, whereas the best eye hospital countrywide belongs to the Presbyterian Church. PCEA Kikuyu Hospital which houses this eye unit is situated in the same place as the two Alliance Schools.

But as Goody observes still, the Church and the State may fall out at times. In Kenya this is very true. During the Moi regime (1978-2002), the Church constantly kept the Government on its toes on matters of political reform and democracy. Even on matters of health, when the Government supports modern methods of family planning, the Catholic Church, which counts about 50 % of Kenya's population among its faithful, has preferred traditional birth-control methods such as abstinence and strongly opposed even the introduction of sex education in the school system.

On the economic front, Kenyans were poorer in 2003, 40 years after political independence, than they were when they obtained this independence in 1963. Income distribution has continued to be unequal with the richest 10% of Kenyans owning over 90% of the country's wealth. The privileged few who control the country's resources are more literate than the suffering masses. The rich have greater access to educational and medical facilities. Education, as Goody writes, has once again proved a tool for social oppression.

As we already noted earlier (cf. 2.2.- 3.0.), education correlates directly with development. To corroborate Goody's theories, Bindra (2003) compares Kenya's development record with that of South Korea. When Kenya became politically independent in 1963 it had many things in common with South Korea. "Both countries were mired in grinding poverty, with little or no industrialization to speak of. Both had similar, very low, per capita income levels"[3]. By the dawn of 2003, 40 years later, Kenya was on its knees. Over 56% of its citizens lived in absolute poverty with less than US$ 1 to spend in a day (Anyang'-Nyong'o, 2003) - it "is an international pariah." South Korea, on the other hand, emphasized education and research. Knowing its own market had limited capacity, it targeted export growth. It instilled discipline in its workforce. It used foreign aid wisely and judiciously. It recorded average annual economic growth rates of over 8% throughout the 1970s and 1980s. By 2003, it was no longer a "devel-

---

[3] S. Bindra, in Sunday Nation newspaper, May 11, 2003, Nairobi, NMG, p. 16.

oping" country. It enjoyed a per capita income close to that of European nations with centuries of growth behind them. By 2003, 68% of South Koreans were connected to a broadband internet service, compared to 8% in western Europe. Kenya had no broadband connectivity to speak of, only 2 million mobile telephone lines and just 300 000 fixed telephone lines. South Korea had 25 million landlines and 30 million mobile connections at that time.

How did the Koreans do it? They did it through planning. They had a strategy. They thought things through. After the Korean war which ended in 1953, the South Korean Government used American aid specifically on infrastructure: a nationwide network of primary and secondary schools; modern roads and a modern communication network. Koreans emphasize education and knowledge, and place great value on its acquisition. Literacy levels are extremely high. Almost 40% of high school graduates enter college each year. South Korea has a very highly developed university system, with particularly aggressive investments in engineering. The country (measuring 99 000 km2 compared to Kenya's 583 000 km2) has over 100 regular universities and colleges and an additional hundred technical colleges. South Korean companies of a certain size are required to provide training as a matter of law. Most senior managers hold advanced degrees and doctorates. Research and development (R & D) is given great emphasis, both at company and country levels; over 3% of South Korea's GNP is invested in research, as compared to 3% for the USA and only 1.5% for countries of the European Union (Allègre in L'Express, 11.09.2003, p.31). Kenya is still struggling to guarantee (free) universal primary education introduced in January 2003 while less than 1% of Kenyan children in the eligible age-group receive university education[4].

Ayot & Briggs(1992: 43) argue that "Economic development provides the basis for all other kinds of development, including the personal one of every individual". However, education is also more directly useful at the individual level. Wherever one looks in the world, one finds that there is a positive relationship between the amount of education an average individual has and his level of earnings. Many such calculations have been made and the resultant earnings' profiles have been drawn up both for more and less developed countries and the results are always the same. The more education an individual receives, the more he earns in his lifetime (Ayot and Briggs, op. cit., p. 27). Research has further shown that more educated couples have fewer, healthier, more intelligent and longer-living children. Ayot & Briggs (p. 99) cite studies showing "that in small families we find bigger and more intelligent children who have a longer life

---

4 Bindra, *Sunday Nation*, 14.09.2003, p. 15.

expectancy (even when class differences are controlled for)." Similarly, it has been proved that more educated women get married at an older age and get fewer children. Moreover, further education produces a better-informed individual with better health (Ayot and Briggs, pp. 101-107).

Jack Goody concludes that writing is a valid criterion for calling human beings either primitive or civilized. Simon Battestini (1997: 192) concurs that literacy "provokes, stimulates and consolidates all development". But the latter insists that sub-Saharan Africa had its own forms of writing. "The concept of writing entails alphabetic, syllabic, mythographic as well as logographic forms of writing and sub-Saharan Africa had more of the last three forms than the first one" (Battestini, op. cit., p. 274). For this reason, Battestini observes that the debate as to whether black Africa is a written culture or not "should remain open and it should take into account the African input" (op. cit., p. 168). Battestini notes that the best book in the French language written by Goody is *La logique de l'écriture, aux origines des sociétés humaines* (Paris, Armand Colin, 1986 (*The Logic of Writing and the Organization of Society*)). But the bibliography of this book does not contain a single author from sub-Saharan Africa (Battestini, op. cit., p. 168). Goody does not even mention in his works the theory that writing in ancient Egypt could have been borrowed from black civilizations of the Upper and Mid-Nile regions such as the Nubians (Van Sertima, 1989, cited in Battestini, 1997: 388ff). Battestini therefore accuses Goody of harbouring prejudices which render his argument euro-centric and lop-sided.

Olson, a cognitive psychologist, has researched the concept of writing a lot. In his book titled in English *The World on paper: the conceptual and cognitive implications of writing and reading* (London: Cambridge University Press. 1994. The French language version is *L'Univers de l'écrit*. Paris: Editions de Retz. 1998.) he analyses Goody's theories on writing and dismisses them as incomplete. He says that writing per se does not make one person superior to another. What writing does is that it transforms how the human brain thinks and uses language. Quoting Vygotski and Luria, Scribner and Cole, inter alia, Olson affirms that writing turns speech and language into objects of reflexion and analysis (Olson, 1998: 50ff). In other words writing organizes and structures man's thinking, reasoning and memory, making man more effective and more efficient in his work.

5.0. Conclusion

By way of conclusion, we would therefore say that reading and writing enable man to plan how best to utilize limited natural resources at his disposal in a sustainable manner. That, at least, is proof that writing is useful to man. Failing to plan is planning to fail. This is why we still find Goody's reasoning pertinent to Kenya's development. We wonder, if sub-Saharan Africa had a written culture, why did it (the culture, the tradition) not help Africans against being dominated by other races? Why does (black) Africa remain a pariah continent in matters of development today? While the debate rages as to whether the black African culture is written or oral, one truth is that literacy promotes economic development and sub-Saharan African countries such as Kenya should urgently accord priority to literacy, education and manpower development before they can achieve meaningful economic progress. Ogechi (in Owino, 2002: 329) is of the same conviction as he says that "formal education is crucial to the attainment of improved socio-economic development in Kenya." However, development planning should guard against the phenomenon of jobless university graduates.

Abbreviations used in the chapter
AIC   African Inland Church, also known as African Inland Mission
GNP   Gross National Product
LDCs   Least Developed Countries
NMG   Nation Media Group
PCEA   Presbyterian Church of East Africa
R & D   Research and development

Bibliography
Africa. 1957. 27. Bloomington, USA: Indiana University Press.
Allègre C. 2003. In: *L'Express. Paris* : Groupe Express-Expansion.
Anyang'-Nyong'o P. In *Daily Nation* newspaper, 21.04.2003, p. 16.
Assal Munzoul Abdalla M. 2002. A discipline asserting its identity and place: Displacement, Aid and Anthropology in Sudan. *Eastern Africa Social Science Research Review*, 18, no. 1, (January): 63-96.
Ayot, H. O.& H. Briggs. 1992. *Economics of education.* Nairobi: Educational Research and Publications.
Battestini, S. 1997. Ecriture et texte. Contribution africaine. Ottawa and Paris: *Les Presses de l'Université Laval and Présence africaine.*
Bindra, S. 2003. In *The Sunday Nation* Newspaper, Sunday, May 11. Nairobi: NMG.
Bogonko, S. N. 1992. *A History of Modern Education in Kenya.* Nairobi: Evans Brothers.
Colm & Geiger .1962. cited in Ayot & Briggs, op. cit., p. 88.
Gelb, I. J. 1973. (1952). *Pour une théorie de l'écriture.* Paris: Flammarion.
Goody, J. 1979. Original version: 1977. *The *Domestication of the Savage Mind.* London: Cambridge University Press.

-----1986. Original version: 1986. T*he Logic of Writing and the Organization of Society.* London: Cambridge University Press.

----- 994. Original version. *The Interface between the Written and the Oral.* London: Cambridge University Press.

----- 2003. *La peur des représentations.* Paris: La Découverte.

Harbison, F.& C. A. Myers.1964. *Education, Manpower and Economic growth: Strategies of human resource development.* New York: McGraw-Hill Book Company.

Miguda-Attyang. 2002. Language, Communication and Poverty Alleviation, in Owino F. R. (ed) *Speaking African. African Languages for Education and Development.* Cape Town: CASAS. Pp. 293-300.

Ogechi, N. O. 2002. The African Languages Dilemma in Publishing in Kenya, in Owino F. R., op. cit., pp. 329-336.

Olson, D. R. 1998. *L'Univers de l'écrit. Comment la culture écrite donne forme à la pensée.* Paris: Retz.

Owino, F. R. (ed.) .2002. *Speaking African. African Languages for Education and Development.* Cape Town: CASAS.

Pividal R. 1976. *La maison de l'écriture.* Paris: Seuil.

Psacharopoulos G. 1995. *Building human capital for better lives.* Washington, D.C.: World Bank.

Schultz T. W. *1963 The Economic Value of Education.* Columbia: Columbia University Press.

Todaro, M. P. 1977. *Economics for a Developing World.* London: Longman.

-----1985. *Economic Development for the Third World.* New York: Longman.

Von Thunen H. 1968. Costs of Education as Formation of Productive Capital, in *Readings in the Economics of Education.* Paris: UNESCO.

World Bank. 2003. World Development Indicators, 2003. Washington, D.C.: The World Bank.

www.ingramcontent.com/pod-product-compliance
Lightning Source LLC
Chambersburg PA
CBHW022006220426
43663CB00007B/976